U0756118

"十二五"国家重点图书出版规划项目

21世纪普通高等教育法学精品教材

债权法总论

◆ 刘心稳 著

（第三版）

中国政法大学出版社

2022 · 北京

声　明　　1. 版权所有，侵权必究。

　　　　　　2. 如有缺页、倒装问题，由出版社负责退换。

图书在版编目（CIP）数据

债权法总论/刘心稳著. —3版. —北京：中国政法大学出版社，2022.12
ISBN 978-7-5764-0093-9

Ⅰ.①债…　Ⅱ.①刘…　Ⅲ.①债权法－研究－中国　Ⅳ.①D923.34

中国版本图书馆CIP数据核字(2022)第186906号

出　版　者	中国政法大学出版社
地　　　址	北京市海淀区西土城路 25 号
邮　　　箱	fadapress@163.com
网　　　址	http://www.cuplpress.com (网络实名：中国政法大学出版社)
电　　　话	010-58908435(第一编辑部) 58908334(邮购部)
承　　　印	固安华明印业有限公司
开　　　本	720mm×960mm　1/16
印　　　张	19.5
字　　　数	350 千字
版　　　次	2022 年 12 月第 3 版
印　　　次	2022 年 12 月第 1 次印刷
印　　　数	1～5000 册
定　　　价	56.00 元

作者简介

刘心稳 中国政法大学民商法学专业教授，硕士研究生导师。曾获"司法部部级优秀教师""首都高校优秀年轻教师""中国政法大学优秀教师""中国政法大学优秀教师特别奖"等荣誉。

个人撰写的作品有：《债权法总论》（"十一五"国家重点图书出版规划项目）、《票据法》（普通高等教育"十一五"国家级规划教材）。

参加编写的作品有：《民法通则教学案例选析》、《民法学原理》（司法部部级优秀教材一等奖、北京市普通高等学校教学成果一等奖、国家教委国家级教学成果二等奖、教育部全国普通高等学校优秀教材二等奖）、《民法学》（普通高等教育"十一五"国家级规划教材）、《民法》（中国政法大学精品系列教材）、《中国民法》（全国司法院校法学教材）、《合同法通论》、《法学概论》、《中国民法学研究述评》、《商法学》（司法部高等政法院校规划教材）、《商法学教程》、《中国公司法原理与实务》、《票据流通中的风险防范》等。

出版说明

　　"十二五"国家重点图书出版规划项目是由国家新闻出版总署组织出版的国家级重点图书。列入该规划项目的各类选题，是经严格审查选定的，代表了当今中国图书出版的最高水平。

　　中国政法大学出版社作为国家良好出版社，有幸入选承担规划项目中系列法学教材的出版，这是一项光荣而艰巨的时代任务。

　　本系列教材的出版，凝结了众多知名法学家多年来的理论研究成果，全面系统地反映了现今法学教学研究的最高水准。它以法学"基本概念、基本原理、基本知识"为主要内容，既注重本学科领域的基础理论和发展动态，又注重理论联系实际满足读者对象的多层次需要；既追求教材的理论深度与学术价值，又追求教材在体系、风格、逻辑上的一致性；它以灵活多样的体例形式阐释教材内容，既加强了法学教材的多样化发展，又加强了教材对读者学习方法与兴趣的正确引导。它的出版也是中国政法大学出版社多年来对法学教材深入研究与探索的职业体现。

　　中国政法大学出版社长期以来始终以法学教材的品质建设为首任，我们坚信"十二五"国家重点图书出版规划项目的出版，定能以其独具特色的高文化含量与创新性意识成为法学教材的权威品牌。

中国政法大学出版社

第三版说明

　　《中华人民共和国民法典》（以下简称《民法典》）颁行后，中国政法大学出版社安排我修订拙作《债权法总论》，起初，我内心有些忐忑，主要是《民法典》不设置债权法总则，再以"债权法总论"面世，是否妥当有所顾忌。由此曾经提议修改一下书名，未成，最终还是延续了原名。使内心平复的理由大体是：首先，《民法典》虽然不设置债权法总则，但是，第一编"总则"编的第118条明确规定，债权是因合同、侵权行为、无因管理、不当得利以及法律的其他规定，权利人请求特定义务人为或者不为一定行为的权利。这一规定，用"债权"这个概念来统辖合同、侵权行为、无因管理、不当得利等民事法律关系中权利人的权利，整体性地确定了债权的外延和内涵，奠定了债权法律规范的框架结构。其次，第三编"合同"编第一分编"通则"的第468条规定，非因合同产生的债权债务关系，适用有关该债权债务关系的法律规定；没有规定的，适用本编通则的有关规定，但是根据其性质不能适用的除外。其中"没有规定的，适用本编通则的有关规定"这一规定，无疑是在非合同之债与合同之债具有诸多共同之处的基础上，采取"合并同类项"的方法，将非合同之债与合同之债的共同之处纳入同一法律规范体系。最后，《民法典》第118条和第468条足可认为"债权的总括性规定"，而第三编"合同"编第一分编中规定的各种债权债务关系的共同性规则，如债的类型（第515条至第519条）、债的履行及债务人的抗辩权（第520条至第532条、第560条至第561条等）、债的保全（第535条至第542条）、债的变更（第543条至第556条）、债的消灭（第557条、第568条至第576条）等，可以理解为立法"以合同债权为核心"展开了债权的共同性规则，而第三编各分编和其他相关各编中各种债权债务关系的规定，则是各种具体债的个别性规定。

由此，在第118条的统领下，形成以第三编第一分编为核心，债权的总括性规定、共同性规定和个别性规定密切关联的关系。这样的布局，构成了有"总"有"分"、"总、分"有机、和谐的"债权法律规范体系"，呈现了立法与长期形成的债权理论密不可分的关系。可以认为，《民法典》虽然不设置"债权法总则"但是并不是否定债权总论和分论的理论体系。在此基础上，本书沿用"债权法总论"名称，按照债权法总论的体系展开内容，与《民法典》不设置债权法总则不存在冲突。

在具体内容方面，本次修订主要是：

1. 力图最大限度地收纳《民法典》关于债权共同性规定的部分，进行适合本科生教学需要的阐释说明。尽管个人能力以及本书篇幅所限，不能使读者通过本书对《民法典》的相关规范、相关理论、相关规范和理论之间的逻辑关系、相关规范和理论的价值取向，相关规范和理论的运用方法及规则等一览无遗，但是在修订过程中力求体系相对完整、理论逻辑严谨、释论准确清楚、举例简明恰当。

2. 突出使读者"知法律、明法理、会运用法律与法理认识和解决问题"的意愿，对《民法典》的相关条文和法理进行适当的阐释说明，继续辅之以恰当的例子，目的是帮助读者训练"请求权思维"能力。

3. 删除了与最高人民法院废止的司法解释相关的内容，充实了新的司法解释的规定，尤其是"第七章 债的债权担保"，删改部分较多。

4. 对原第六章"债的履行原则与不履行的效力"进行了调整。将债务不履行部分割离出来，与"违约责任"合写为第十一章"债务不履行的共同性规则及违约责任"，目的是站立于"债权法总论"立场，把不履行合同债务的"违约责任"纳入"债务不履行"的范围。

5. 修正了述说不当之处。

本人以为，《民法典》是我国人民群众不断提升"民事权利意识"和"维护民事权利的能力"的教科书，是当代法治文明希冀和引导"公权力在民事权利面前谦恭"的领军旗，是衡量法官审理民事案件能力的"水平仪"，更是中华民族伟大复兴的强大推进器。随着《民法典》的精神逐渐深入人心并落实于亿万人民群众的行动，落实于公权力机关及其工作人员，落实于司法审判，这部法典必将为亿万人民群众的幸福安康，为中华民族的伟大复兴发挥巨大的作用。

衷心感谢中国政法大学出版社和本书的编辑、审稿人以及相关的工作人员！自 2009 年以来，中国政法大学出版社和本书的编辑、审稿人以及相关的工作人员为本书的出版、修订操心费力，热情和精到之处使我感动不已。衷心感谢本书的读者，读者的不弃，是本书得以再次修订的动力。

刘心稳

2022 年 10 月 5 日于中国政法大学

第二版说明

本书自 2009 年面世以来，得到读者尤其是中国政法大学青年学子的抬爱，给了我许多的鼓励，中国政法大学出版社的各位朋友也给予我诸多的支持。借今次修订的机会，谨对读者们特别是中国政法大学的同学们以及中国政法大学出版社的各位朋友，由衷地表示感谢！你们的鼓励和支持永远是我努力的动因。

今次修订有以下方面的改进：

第一，对内容进行了部分调整和充实，吸收了新的法律规定，进一步增强其理论性和实用性。增加了一些司法解释的相关规定，并增加了适当的学理解释和个人的讨论，如在吸收《最高人民法院关于适用〈中华人民共和国合同法〉若干问题的解释（二）》、《最高人民法院关于审理城镇房屋租赁合同纠纷案件具体应用法律若干问题的解释》等司法解释的一些规定的时候，在学理解释层面对这些法律规定进行了一定的阐释，意图为读者更方便地理解这些规定提供理论帮助。此外，对《最高人民法院关于审理买卖合同纠纷案件适用法律问题的解释》、《最高人民法院关于当前形势下审理民商事合同纠纷案件若干问题的指导意见》等司法解释的有关精神也有适当的吸纳，以帮助读者同时掌握理论、立法和相关的司法解释。

第二，修正了个别过时的或者不妥的说法。例如，本书第一版第 11 页关于承租人同等条件下优先购买权对第三人效力的问题，付梓时，《最高人民法院关于审理城镇房屋租赁合同纠纷案件具体应用法律若干问题的解释》尚未颁行，今次修订，按照该司法解释作了矫正。

此外，对个别章的先后顺序作了调整，以期全书的逻辑更加顺畅；对个别文字错误和其他错误进行了勘正。

民法中，债权法的内容最为丰富，债权法总论则是债权法理论中高度抽象的部分，债的发生、变更、消灭的理论是债权法总论的基本框架，而债权实在是债权法总论乃至整个债权法的魂魄。本书属于高等法律教育使用的教科书，整体构架、基本概念、基本知识和基本原理遵循"通说"，不敢妄自"创新"，但是，在务实求真方面作了力所能及的努力，其中，稍有建构的部分当属第五章"债的效力"中的第二节"债权的效力"。该节着力从体系化的立场揭示债权是"为达至给付利益归属债权人的'有机的权利母体'"，债权的效力是体系化的结构而不是传统教科书中叙述的"给付请求力、执行请求力、给付利益保有力"，试图为读者描画"债权效力的体系"，帮助读者在传统原理的基础上开拓新的视野、建立体系化的权利思维。此一点，实乃作者拳拳之心！

刘心稳

2014 年 12 月 8 日

目　录

第一章

债与债权法的意义和性质

【本章提要】债是财产流转型法律关系的统一称谓。它包括合同关系、侵权赔偿关系、无因管理关系、不当得利关系等具体的债。这一类法律关系，性质相同，都是财产流转型法律关系；效力相同，产生的都是权利人得请求特定义务人为特定行为的权利和义务人须为特定行为的义务。债权法是调整民事主体之间债权、债务关系的法律规范的总称，是民法的组成部分。在《中华人民共和国民法典》体系中，债权法包括合同法以及非因合同产生的债权债务关系的法律规范。

与物权关系相比较，债有三个特定：一是义务人为特定人，二是客体为特定行为，三是内容为特定权利、义务。这三个特定，是研究债权法的逻辑起点。

债的相对性及相对性的例外，是本章的难点。

第一节　债的意义

一、债的定义

债是按照合同的约定或者依照法律的规定，在当事人之间产生的特定的权利和义务关系。

《中华人民共和国民法典》（以下简称《民法典》）没有给债下定义，这是《中华人民共和国民法通则》（以下简称《民法通则》，已失效）第84条给债的定义，该单行法随着《民法典》的施行而失效，但是，从理论层面讲，这个定义仍然具有说明意义。

对债的定义做以下解释：

（一）债是一类法律关系的总称

汉语中债的本义为"欠人的钱财"，[1]与民法上债的意义相通而不相同。[2]

---

〔1〕《词源》，商务印书馆1988年版，第136页。

〔2〕在此语境，债的含义包括三个方面：一是何人欠何人钱财；二是欠债者应当"如数、按期偿还"，债主能要求欠债者如数、按期偿还；三是债主通过欠债者的偿还，收回钱财。罗马法中，"债的本质不在于我们取得某物的所有权或者获得役权，而在于其他人必须给我们某物或履行某事。"［意］彼德罗·彭梵得：《罗马法教科书》，黄风译，中国政法大学出版社1992年版，第283页。用汉语中的债对应罗马中的"obligatio"，二者意义相通，不同之处是包容有所不同。

民法上的债的概念，是用汉语言翻译罗马法上的"obligatio"一词的结果。

在罗马法中，"obligatio"这个词，被定义为"债是依国法使他人为一定给付的法锁"。[1] 所谓法锁，即指特定的当事人之间的法律关系，[2] 包括因合同发生的法律关系、因法律的规定发生的法律关系。

我国自清末至今，民事立法及民法理论一直深受德国民法的影响，不仅立法体系和理论体系而且绝大多数基本术语都是如此，债权法作为流转型财产关系的法律，也是如此状况。但是《德国民法典》没有对债下定义，而是从法律关系层面规定为"债务关系"。[3] 民法理论界对债有多种不同的定义，都把债界定为一类法律关系，[4] 有时也称债权关系，或债务关系。

法律关系有人身关系和财产关系，财产关系又有对物支配型关系和对人请求型关系，前者为物权关系，后者包括各种各样的民事合同关系、非因合同产生的对人请求型关系等，债就是对人请求型这一类法律关系的总称。

（二）债是义务人特定的法律关系

所谓"特定"，是"特别确定"的意思。特定人，即在债发生时，按照约定或者法律已经确定并在债中享有权利、承担义务的那个人或者那些人。

任何法律关系的权利人都是特定的，否则权利将无归属。

但是，义务人是否特定，依法律关系性质的差别有所不同。物权关系的

---

[1] 周柟：《罗马法原论》（下册），商务印书馆1994年版，第677页；[意] 彼德罗·彭梵得：《罗马法教科书》，黄风译，中国政法大学出版社1992年版，第284页；徐国栋则另有译文："债为法锁，约束我们根据我们城邦的法偿付某物。" [古罗马] 优士丁尼：《法学阶梯》，徐国栋译，中国政法大学出版社2005年版，第343页。

[2] 周柟：《罗马法原论》（下册），商务印书馆1994年版，第677页。

[3] 陈卫佐先生认为，《德国民法典》第二编的编名，由德文翻译为中文时，直译是"债务关系法"，也可以译为"债权法"或"债务法"。参见陈卫佐译注：《德国民法典》，法律出版社2006年版，第81页脚注 [2]。该法第241条第1款规定，"根据债务关系，债权人有向债务人请求给付的权利。给付也可以是不作为"。第2款规定："债务关系可以在内容上使任何一方负有顾及对另外一方的权利、法益和利益的义务。"陈卫佐译注：《德国民法典》，法律出版社2006年版，第83～84页。

[4] 诸如："债是特定人与特定人之间得请求为特定行为的法律关系。"王家福主编：《中国民法学·民法债权》，法律出版社1991年版，第1页；"债者，指特定当事人间得请求一定给付的法律关系。"王泽鉴：《债法原理》（第一册），中国政法大学出版社2001年版，第4页；"债权债务之法律关系，自权利之方面言之，谓之债权关系。日民名其第三编曰债权。自债务之方面言之，谓之债务关系（德 Schuldverhaeltnisse）。瑞士名曰债务法。我民法不曰债权债务，单称曰债者，就债权债务综合而言之也。"史尚宽：《债法总论》，中国政法大学出版社2000年版，第1页；"债 [Obligation] 这个法律概念系指联系两个法律人格、赋予每个法律人格以具有法律效力的相互权利、义务的约束或纽带。" [英] 戴维·M. 沃克：《牛津法律大辞典》，北京社会与科技发展研究所组织翻译，光明日报出版社1988年版，第650页。

义务人是不特定的任何人，而合同、侵权责任等法律关系的义务人，是特定的人。

所以，债，就是"某个人与某个人之间的权利义务关系""某个人与某些人之间的权利义务关系""某些人与某些人之间的权利义务关系"。

债的当事人，享有权利者叫作"债权人"，负担债务者称为"债务人"。

试以下列两例说明：

［例1］买卖合同关系

甲、乙二人订立买卖合同，约定甲购买乙的500号硅酸盐水泥10吨，买方甲应向卖方乙支付约定的货款，乙应当在甲付款时交付水泥。

说明：此买卖合同成立时，在付款义务上，甲是债务人，乙得请求甲履行付款义务，对其他人无此请求权。同理，在交货义务上，债务人特定为乙，其他人对甲无此义务。

［例2］侵权赔偿关系

赵某故意打坏钱某价值800元的眼镜，按照《民法典》第1165条第1款"侵权责任"的规定，赵某对钱某应照价赔偿。

说明：根据法律的规定，钱某的赔偿义务人只能是赵某，其他人对钱某没有"赔偿眼镜损失800元"的债务。

（三）债是按照意思表示或者法律规定发生权利、义务的法律关系

债，有的因意思表示发生，有的因法律行为之外的行为发生，分别形成"意定之债"和"法定之债"。

1. 意定之债。即依行为人设定权利、义务的意思表示发生的债。如［例1］的买卖之债。这一类债，完全依照行为人的意思表示发生权利、义务。

在意定之债中，合同之债为数居多，且在法律生活中作用巨大、地位显赫。自然人和法人为自己的权益，通过合同，与他人形成特别的个人连接，互通有无、交换利益，既能满足当下需要，又能预先安排将来的需要，规划将来的活动和发展，使合同成为民事主体之间的纽带和桥梁。

2. 法定之债。即因法律行为之外的行为发生的债。如侵权行为、无因管理行为、不当得利行为、缔约过失行为等，根据法律的规定直接导致当事人之间发生债。这些债的权利、义务，由债权法具体规定。

（四）债是特定的权利、义务关系

所谓特定的权利义务关系，一是指债的内容特定，二是指债的客体特定。

债的内容是债所包容的权利和义务。通称债权、债务。债的内容特定，是指在债成立时，或依当事人的意思表示，或因法律规定，债权、债务特别确定为某种具体的权利义务，且不同的债，因其发生原因的不同，内容各具

特点、互不相同，呈现个别化态势。如买卖之债和租赁之债，前者的内容是转让标的物所有权与价款所有权的权利义务，后者以让与标的物使用权和交付使用费为权利义务。即便同为买卖之债，即时履行者和分期分批履行者，权利义务也不相同。相反，物权关系的内容，因物权法定原则，统一为对物支配权和不妨害物权人支配行为的义务，不但不具特定性，反而有一律化的形态。

债的客体是指债权债务共同指向的对象。通称"特定行为"或者"给付"。它是债所确定的债务人当为的行为，包括当为的作为和不作为。债的客体特定，是指债权债务共同指向的对象，是合同约定的或者法律规定的债务人的特定行为。在债成立时，债的客体按照合同或者法律规定确定为某个具体行为。相反，物权关系的客体，统一地为特定物。

债的特定性决定了当事人须按照债的内容享有权利、负担义务，不能违反债的内容要求对方负担义务，不能背离债的客体要求对方作为或者不作为。

（五）债是债权人请求债务人为特定行为取得利益的法律关系

所谓特定行为，是当事人约定的或者法律规定的债务人当为的那个行为。如［例1］中的"约定货款"的付款行为。在债法中，此等特定行为叫作"给付"。

债的效果，主要是一方从对方取得财产利益。根据"人格独立"和"私权自治"原则，任何民事主体都不能强迫他人而取得其财产利益，债所确定的财产利益，在让与之前属于债务人，债权人不能像物权人那样"直接支配标的物而享受利益"，只能通过债务人的"财产让与行为"，才能受领财产、享受财产利益。因此，债权人须请求债务人为债所确定的特定行为。

相反，物权关系则是权利人直接支配标的物享受其利益的法律关系。

试以下列两例说明：

［例3］无因管理关系（因：法定或约定的原因）

孙某晕倒，路人李某送其到医院救治，用去医药费100元、交通费20元。按照债法上"无因管理"制度的规定，孙某应向李某偿付管理费用120元。

说明：李某没有法定或约定的义务（无因），用去医药费和交通费，是为了孙某的利益而善意管理孙某的事务，孙某受益、李某受损。根据《民法典》第979条第1款，"管理人没有法定的或者约定的义务，为避免他人利益受损失而管理他人事务的，可以请求受益人偿还因管理事务而支出的必要费用；管理人因管理事务受到损失的，可以请求受益人给予适当补偿"。事务被管理而受益（包括免受损失）者，有义务向管理人偿还管理所发生的费用。尽管如此，管理人李某只能请求孙某为偿还行为，不能径直从孙某的财产中取走应偿还的管理费。

[例4] 不当得利关系（不当：没有法律上或者合同上的根据而不正当。不当得利：没有合法根据而从对方取得利益。）

A、B 二公司签订买卖合同，买受人 A 公司向 B 公司预付货款 20 万元。后来，双方商定解除了合同，但是，B 公司无理拒绝退还 20 万元。

说明：B 公司继续占有 A 公司预付款，已丧失法律上和合同上的依据，按照《民法典》第 985 条的规定，构成不当得利，B 公司是债务人，对 A 公司有返还不当得利的义务。

A 公司有权请求 B 公司返还 20 万元及其合法利息，但是，在 B 返还之前，不能支配这笔钱。

上述事例是交易关系中的不当得利，在非交易的场合，也能发生不当得利。如拾得人将拾得物据为己有。再如，他人错送物品，收取人将错就错而据为己有。

不当得利问题在民法和民法理论中有重要地位，当着力研习。

（六）债是财产流转型法律关系的统称

所谓财产流转，是特定财产利益由一人移转给另一人的经济现象。如财产的买卖、借贷、租赁、加工，以及其他经济利益在当事人之间的移转。债所覆盖的合同关系、无因管理关系、不当得利关系等法律关系，性质相同，都是财产流转型关系；效果相同，都发生特定义务人向权利人负担给付义务而权利人享有给付请求权的法律效果。用债这个抽象概念概括此类法律关系，在认识论和方法论上能收类型化的效果。

相对应的，合同、侵权责任、无因管理、不当得利等财产关系，就是"合同之债""侵权责任之债""无因管理之债""不当得利之债"。

因此，债这个抽象概念，与"合同之债""侵权责任之债""无因管理之债""不当得利之债"等形成上位阶概念和下位阶概念的关系。具体到社会生活和审判实践，则是诸如各种物品的"买卖合同之债"、各种财产的"租赁合同之债"等具体合同之债，以及各种各样的"无因管理""不当得利"等具体的债，这些具体的债，属于在概念上不能再细化的具体的财产关系。

二、债的狭义和广义

债的意义，可以从狭义和广义两个方面理解。[1]

---

[1] 王泽鉴：《债法原理》（第一册），中国政法大学出版社 2001 年版，第 5 页；黄立：《民法债编总论》，中国政法大学出版社 2002 年版，第 4 页。

（一）狭义的债

狭义的债，是指单一的、个别的债权、债务关系。如买卖之债中，出卖人负有按照约定交付标的物的义务，买受人享有标的物交付请求权；出卖人有转移标的物所有权的义务，买受人享有标的物所有权让与请求权。就这两对债权、债务分别地讲，就是两个狭义的债。

完成约定或者法律规定的单一债务的，即发生狭义的债的消灭。

（二）广义的债

广义的债，是指多个债权、债务串联所形成的债，也就是多个狭义的债的有机综合体。

如买卖之债，从成立到消灭，有下列个别的债权、债务：①出卖人的标的物交付义务，买受人的标的物给付请求权；②出卖人的标的物所有权移转义务，买受人的标的物所有权让与请求权；③出卖人的标的物使用说明义务，买受人的使用说明请求权；④债务人不履行债务时的损害赔偿义务，债权人的损害赔偿请求权；⑤债的担保关系中的担保义务，债权人的担保权利，等等。这些债权、债务义务的共同体，就是广义的债。

个别债务履行，其他债务未履行的，不能使广义的债消灭。债务全部履行的，广义的债才消灭。比如上述买卖之债，债务人按照约定交付了标的物，但是没有履行所有权移转义务，前一个别之债消灭，其他个别之债仍然存在，广义之债不消灭。债权人得行使标的物所有权移转请求权、损害赔偿请求权、担保权等。

狭义的债，是对广义的债的分割式理解和表述，在债法和债法理论中，除有特别说明者外，一般都是广义。

三、侵权责任关系和债

《民法典》把侵权行为的后果定性为"侵权责任"，因侵权行为产生的法律关系，究竟是债的一种，还是债之外的单独为一类的法律关系，有思辨的必要。从《民法典》第七编"侵权责任"的内容看，立法没有像第三编"合同"那样明确地使用"债权、债务""债权债务关系"等概念，而是大量使用"侵权责任""赔偿责任"等术语，但是，决不能因此就认为立法没有把侵权行为产生的法律关系定性为"债权债务关系"、不属于"债"。相反，《民法典》第118条第2款明确规定："债权是因合同、侵权行为、无因管理、不当得利以及法律的其他规定，权利人请求特定义务人为或者不为一定行为的权利。"这界定了侵权行为之债。同时，从法律理论所必需的类型化、体系化来讲，侵权责任关系具备了债的特征和性质，自然属于债的一种。

第二节　债的性质

一、债是动态财产关系

债权人和债务人之间，发生财产由一方移转至对方的运动状态，因此债是动态财产关系。物权关系不发生财产的流通转让，所以是静态财产关系。

二、债是相对性财产关系

债的相对性，是指债与物权关系相比较，三要素所具备的特定性和有条件性。

（一）义务人特定，决定了债的对人效力的相对性

债的义务人特定，限定了债的主体只能是因一定私人利益而相互特别联结的当事人。无此私人利益而不当事者，自然不会特别联结。因此，债的效力，原则上存在于当事人之间，不能约束当事人之外的人，债权人只对债务人享有债权，债务人只对债权人负担债务；[1] 债权人转让其债权必须通知债务人，否则其转让行为对债务人不发生效力。[2] 相反，物权关系的义务人是不特定人，物权关系的效力，存在于物权人和不特定人之间，物权人得排除任何人对其合法支配行为的干预；物权的转让，依法公示即生效力，无须实际通知不特定之义务人，不知物权变动公示者，不得以不知公示而对抗受让人的物权。

（二）客体特定，决定了债权、债务所指对象的相对性

债的客体，是当事人约定的或者法律规定的特定行为。如买卖合同中的"物的交付行为"、保管合同中的"保管行为"等。债的客体被当事人的约定特定化，或者被法律特定化，双方的债权、债务所指向的对象，只能是该特定行为。因此，债权人无权请求债务人为超出约定或者法定范围的行为，债务人也无义务为超出约定或者法定范围的行为；当事人任何一方都不得擅自

---

[1] 《民法典》第 465 条第 2 款中规定，"依法成立的合同，仅对当事人具有法律约束力，但是法律另有规定的除外"。

[2] 《民法典》第 546 条第 1 款规定，"债权人转让债权，未通知债务人的，该转让对债务人不发生效力"。其义是债权人转让其债权未通知债务人的，对债务人来说，如同没有发生债权转让，债务人得对抗受让人的履行请求，并得照旧对债权人履行，债权人不得以债权已经转让而拒绝受领。

改变客体，欲改变原定客体的，必须依当事人的新约定，或者法律的新规定。如前述［例1］水泥买卖之债，客体是乙的"交付500号硅酸盐水泥10吨的行为"，双方的债权、债务即锁定在这个特定行为，对该行为的任何改变，都必须由双方一致同意。

相反，物权关系的客体是特定物，除法律禁止者外，物权人得对客体自由地为占有、使用、收益、处分等各种支配行为。

（三）债的内容特定，决定了债权、债务具有相对性

债的内容是按照当事人的约定或者法律规定发生的债权、债务。对其相对性：

1. 从债权债务的依据看，当事人的约定或者法律的规定是债权、债务的依据，没有此种依据的不能成立债权、债务；

2. 从债权、债务的相互关系看，债权与债务相对存在，无债权即无债务；债权决定债务，有什么样的债权，对应的就有什么样的债务；

3. 从债权、债务的效力讲，债权是债权人得请求债务人为特定行为的法律之力，而债务恰恰是债务人当为该特定行为的法律约束，二者效力对应；

4. 从债权、债务的实现看，债权的实现以债务的履行为条件，债务不履行，债权即有落空之虞，因此，债权具有相对性。另一面，债务的履行，以债权人的受领为必要，所以也有相对性。债权、债务的相对性，决定了债的相对性。

相反，物权关系是对物支配关系、对世权关系、绝对权关系，适用物权法定原则，义务具有一般性而无特定性，物权的实现只需义务人的不作为，因此在法理上认其为绝对权关系，与债的相对性明显区分。

（四）债的相对性的例外

债作为相对性法律关系，其效力原则上存在于当事人之间，不能约束当事人之外的人，但是，在特殊条件下有例外情形。《民法典》第465条第2款规定，依法成立的合同，仅对当事人具有法律约束力，"但是法律另有规定的除外"。该"但书"部分就是债的相对性的例外的一般性规定。例外情形主要有：

1. 法律对某种债的效力做了扩张性规定，使其对债之外的特定人有约束力。

（1）租赁合同对租赁物买受人有约束力。《民法典》第725条规定，租赁物在承租人按照租赁合同占有期限内发生所有权变动的，不影响租赁合同的

效力。此即民法上"买卖不破租赁"规则。[1]

（2）受托人同第三人订立的合同充分法定条件的，对合同外特定第三人有约束力。《民法典》第 925 条规定，受托人以自己的名义，在委托人的授权范围内与第三人订立的合同，第三人在订立合同时知道受托人与委托人之间的代理关系的，该合同直接约束委托人和第三人；但是，有确切证据证明该合同只约束受托人和第三人的除外。在此情形，站在受托人与第三人所订合同角度看，委托人是合同外的特定第三人，合同对他有约束力。

2. 债权人代位权和撤销权，使债有对外效力，对特定第三人有约束力。

（1）债权人代位权，使债务人的债务人受到约束。债权人代位权，是债权人享有的为保全债权而以自己名义代位行使债务人对其债务人的权利的权利。

如，甲欠乙 10 万元，丙欠甲 12 万元到期未还而甲不请求，甲不能清偿对乙的债务，乙即得通过法院，行使债权人代位权，从丙欠甲的 12 万元中得到清偿，丙不得以自己与乙之间无债权债务关系为由对抗乙的代位权。

《民法典》第 535 条第 1 款规定，因债务人怠于行使其债权或者与该债权有关的从权利，影响债权人的到期债权实现的，债权人可以向人民法院请求以自己的名义代位行使债务人对相对人的权利，但是该权利专属于债务人自身的除外。此即为债权人代位权的规范依据。

显然，债权人代位权使债的效力及于债务人的债务人（特定第三人）。

（2）债权人撤销权，使债的效力及于无偿取得者和以明显不合理价格取得从债务人受取财产利益的恶意第三人。

债权人撤销权，是债权人享有的，当债务人以放弃其债权、放弃债权担保、无偿转让其财产等方式无偿处分财产权益，或者恶意延长其到期债权的履行期限，影响债权人的债权实现的，得请求人民法院撤销债务人行为的权利。

如，债务人丁某将其房屋赠送好友田某，丧失还债条件，债权人 A 银行即得请求人民法院撤销丁某的赠与行为，使丁某的财产回复赠与之前的状况。

《民法典》第 538 条规定了债权人撤销权。

---

[1] 《德国民法典》第 566 条第 1 款规定："出租人的房屋在交给承租人后，被出租人让与第三人的，取得人代替出租人，加入在出租人的所有权存续期间基于使用租赁关系而发生的权利和义务。"陈卫佐译注：《德国民法典》，法律出版社 2006 年版，第 203 页。《法国民法典》第 1743 条第 1 款的规定也有类似效果。

3. 为第三人利益的合同，效力及于合同指定的第三人。为第三利益的合同，是合同约定由特定第三人享受合同利益的合同。合同指定的第三人，依合同而有利益，对债务人有合同利益给与请求权。

为第三人利益的保险合同即属此类债的典型。《中华人民共和国保险法》（以下简称《保险法》）第 39 条第 1 款规定，人身保险的受益人由被保险人或者投保人指定。第 40 条规定，被保险人或者投保人可以指定一人或者数人为受益人。受益人为数人的，被保险人或者投保人可以确定受益顺序和受益份额；未确定受益份额的，受益人按照相等份额享有受益权。根据这些规定，受益人为被保险人或投保人之外的第三人的，依据保险合同享有权益。

4. 经预告登记的合同之债，对不特定之第三人有约束力。预告登记，是不动产转让合同的当事人，为保全不动产移转请求权、限制出卖人对标的物另为处分的效力，将合同登记于法定登记机构。

《民法典》第 221 条第 1 款规定，当事人签订买卖房屋的协议或者签订其他不动产物权的协议，为保障将来实现物权，按照约定可以向登记机构申请预告登记。预告登记后，未经预告登记的权利人同意，处分该不动产的，不发生物权效力。

按照《民法典》的这一规定，不动产物权变动合同理应属于债权合同，[1]因此，买卖房屋或者其他不动产物权的合同的预告登记，是对债权合同的登记。但是，因预告登记具有权利公示效果，不特定之第三人受到预告登记的约束，预告登记的债权合同产生了约束第三人的效力。依《民法典》第 221 条第 1 款，出卖人未经预告登记的合同权利人同意而处分该不动产的，第三人不能取得物权。

5. 房屋租赁合同对出租房屋的买受人有一定程度的约束力。房屋出租人出卖出租房屋时，承租人的合同权利虽然对出租人和一般第三人的买卖合同没有排除的效力，但是，承租人行使同等条件下的优先购买权的，租赁合同对出租人及第三人有一定程度的约束力。《民法典》第 726 条第 1 款规定，出租人出卖租赁房屋的，应当在出卖之前的合理期限内通知承租人，承租人享有以同等条件优先购买的权利；但是，房屋按份共有人行使优先购买权或者出租人将房屋出卖给近亲属的除外。在此种场合，租赁合同的相对性有所突

---

〔1〕《民法典》第 215 条规定："当事人之间订立有关设立、变更、转让和消灭不动产物权的合同，除法律另有规定或者合同另有约定外，自合同成立时生效；未办理物权登记的，不影响合同效力。"

破，对出租人及非房屋按份共有人和非出租人近亲属的第三人具一定程度的约束力。[1]

三、债是请求型、利益间接性财产关系

近现代的民法，反对把人身和人的行为异化为物或者财产，不容许权利人支配义务人的人身。[2] 债权人不能像物权人那样支配标的物直接享受财产利益，他的债权只保障他能够请求债务人为特定行为，从债务人取得财产利益。此故，债属于请求型财产关系。

债权人必须通过债务人履行债务才能享受财产利益，所以，债务人的特定行为，是债权实现的媒介和条件，债权人的财产利益是间接的。

物权是得直接支配标的物享受利益的权利，物权人对标的物的利益是直接的、无媒介的。在此意义，物权关系是支配型财产关系。

请求型和利益间接性，决定了债权人利益的期待性，也决定了债是利益期待性财产关系，而支配型和利益直接性，则决定了物权关系是利益现实性财产关系。

四、债是期限性法律关系

债的期限，是指债权、债务有效的时间范围。一般的债，期限较短，有的短到成立的同时就消灭。如即时交易。有些债的期限比较长，但是，与所

---

[1] 《民法典》第 726 条原则性地规定了出租人"应当在出卖之前的合理期限内通知承租人"，没有规定"应当通知"的具体时间范围，为避免解释混乱，有待立法解释或者司法解释早日予以明确。

《民法典》第 726 条第 2 款规定："出租人履行通知义务后，承租人在 15 日内未明确表示购买的，视为承租人放弃优先购买权。"据此可以认为：承租人在接到出租人通知后有法定的 15 天的考虑期限。

这个期限对出租人有法律约束力，出租人不得在此期限内将出租房屋出卖给非按份共有人和非近亲属的第三人。否则，这个法定期限就失去了意义。

本书之所以认为房屋租赁合同对出租房屋的非按份共有人和非出租人的近亲属有"一定程度"的约束力，一方面出于对"承租人同等条件下的优先购买权"的"优先力"的考虑，另一方面则出于对《民法典》第 728 条的思考。该条规定，"出租人未通知承租人或者有其他妨害承租人行使优先购买权情形的，承租人可以请求出租人承担赔偿责任。但是，出租人与第三人订立的房屋买卖合同的效力不受影响"。显然，立法在出租人妨害承租人优先购买权的条件下，没有规定出租人与第三人的合同无效，而是规定承租人对出租人有赔偿请求权，实际上就是认可出租人和第三人的合同可以履行。如此，承租人的优先购买权就会不能行使而不能买得承租房屋，出租人和第三人受租赁合同约束的程度显然大幅度减弱。

[2] "罗马古代，把债的关系视为人身关系，债务人不履行债务，债权人就可以拘押债务人，从而以人身为债的担保。"参见周枏：《罗马法原论》（下册），商务印书馆 1994 年版，第 677 页。

有权、用益物权等相比较，期限还是要短很多。

《民法典》第705条第1款规定，租赁期限不得超过20年。超过20年的，超过部分无效。相反，《民法典》第332条第1款规定耕地的承包期债的期限，在意定之债由当事人确定；在法定之债，原则上由法律规定。

债的期限性，取决于债的社会功能。债是流转型财产关系，而财产流转的要素之一就是效率，适当的期限能够提高效率。

第三节　债权法的意义、模式与性质

一、债权法的意义和模式

（一）意义

债权法有狭义和广义。狭义的债权法，指民法典中的债权、债务编或专门的债法立法文件。[1]广义的债权法，是指调整债权、债务关系的法律规范的总称。包括"《民法典》中的债法""《民法典》之外的债法"。[2]民法典之外的债法，是指调整债权、债务关系的单行法，行政法规，立法解释，司法解释，国家参加的有关债权、债务关系的国家公约等。

（二）债权法的立法模式

1. 大陆法系的两种债权法模式。债权法是大陆法系国家民法调整动态财产关系的法律规范，是民法的组成部分。英美法系的财产法使用财产关系的概念，没有与大陆法系相同的债权法。

在大陆法系内部，德国法系和法国法系的债权法，理念和形式都有所不同。

以《德国民法典》为代表，在理念上对财产权进行了"物权、债权二分"，在形式上，民法典第一编"总则"中规定了与债密切关联的"意思表示"和"合同"成立的一般规则；在第二编专门设置债法编，定名为"债务关系法"，内容分为两部分：一部分，第一章至第七章，是关于债的共同性的

---

〔1〕 民法典中的债权、债务编，如《德国民法典》第二编"债务关系法"，《意大利民法典》第四编"债"，日本民法典第四编"债权"，《荷兰民法典》第六编"债法总则"，《俄罗斯民法典》第三编"债法总则"、第四编"债的种类"等。专门的债法立法文件，指独立的债法典。如《瑞士债法典》。

〔2〕 ［德］迪特尔·梅迪库斯：《德国债法总论》，杜景林、卢谌译，法律出版社2004年版。

规则，包括债务关系的内容、债务关系的消灭、债权的转让、债务的承担等，理论上称该部分为"债法总则"，或"债法通则"。另一部分即第八章，是"各种债务关系"，规定了各种合同、无因管理、不当得利、侵权行为等具体的债，理论上叫作"债法分则"。

债权法总论、分论（也叫"各论"），是与债法总则、分则相对应的两个债权理论部分，总论研究总则，分论讨论分则。

《法国民法典》没有物权、债权的区分，没有专门的债权编，其第三卷"取得财产的各种方式"，属于调整债权、债务关系的规范，而且，抵押权、质押、时效和占有，也都是取得财产的方法。[1]

2. 我国债权法立法模式的历史演进。我国自清朝末年主动继受德国民法的制度与理论后，在理论体系和立法思路上接受了德国民法的模式。民国时期的民法典，承继清末的理论成就，与《德国民法典》财产权"物权、债权二分"的理念和立法思路、规范体系、编制形式等大体相同。在该法典的第二编，规定了"债"，意在明示债既是债务关系，也是债权关系，体现立法对债权、债务的兼顾。该债权法在我国台湾地区仍在适用。

我们当今所说的债、债权、债权行为、债权法等，都存在于"物权、债权二分"的意义域。如果离开这个意义域，进入法国民法的范畴或者英美法系的体系，债的理论基础、制度理念与规范设计、法的构架等都有很多差异。

中华人民共和国成立初期到经济体制改革初期，国家采取"计划经济"的经济运行模式，社会经济生活没有为债权法提供生命基础。没有民法典，也没有专门的债法体系。

期间，虽然有一些冠以"合同"的行政规章，但都是完成国家经济计划的工具，没有债法的实质。

1982年7月1日实施的《中华人民共和国经济合同法》（以下简称《经济合同法》），立法宗旨仍然有浓重的计划经济色彩，难认为真正的债法组成部分。随着社会主义市场经济的建立，该法寿终正寝。

1987年1月1日，《民法通则》施行，其中第四章的第一节"民事法律行为"、第五章的第二节"债权"、第六章"民事责任"，构成我国"债权法"的框架性规范体系。1988年4月2日，最高人民法院颁布了《关于贯彻执行〈中华人民共和国民法通则〉若干问题的意见（试行）》（以下简称《民通意

---

[1] 罗结珍译：《法国民法典》（下册），法律出版社2005年版。

见》），有大量条文是关于债权的规范，使我国债权法得到一定程度的发展。

1995 年 10 月 1 日，《中华人民共和国担保法》（以下简称《担保法》）施行。2000 年 12 月 13 日，最高人民法院颁行《最高人民法院关于适用〈中华人民共和国担保法〉若干问题的解释》（以下简称《担保法解释》），对债的担保问题做了比较详细的司法解释。由此，形成有体系的、比较详细的债的担保制度。

1999 年 10 月 1 日，《中华人民共和国合同法》（以下简称《合同法》）施行，最高人民法院于当年 12 月 19 日实施《最高人民法院关于适用〈中华人民共和国合同法〉若干问题的解释（一）》（以下简称《合同法解释（一）》）。2009 年 2 月 9 日通过《最高人民法院关于适用〈中华人民共和国合同法〉若干问题的解释（二）》（以下简称《合同法解释（二）》），于当年 5 月 13 日起施行。2009 年 6 月 22 日通过《最高人民法院关于审理城镇房屋租赁合同纠纷案件具体应用法律若干问题的解释》，同年 9 月 1 日起施行。此外，最高人民法院先后陆续发布了《最高人民法院关于确定民事侵权精神损害赔偿责任若干问题的解释》《最高人民法院关于审理人身损害赔偿案件适用法律若干问题的解释》《最高人民法院关于审理技术合同纠纷案件适用法律若干问题的解释》《最高人民法院关于审理商品房买卖合同纠纷案件适用法律若干问题的解释》《最高人民法院关于审理买卖合同纠纷案件适用法律问题的解释》（以下简称《买卖合同解释》）等。这些法律规范，使我国的债权法有了一定规模的立法资源和规范基础。[1]

2009 年 12 月 26 日，第十一届全国人大常委会第十二次会议通过了《中华人民共和国侵权责任法》（以下简称《侵权责任法》）并于 2010 年 7 月 1 日起施行。这一立法从侵权责任的角度，对我国债法的逐步健全发挥了重要作用。

但是，由于《民法通则》《担保法》《合同法》《侵权责任法》等都是民事单行法，其中关于债的规定，或因历史原因，缺漏很多；或属于各种具体债的规范，不具备债法总则的功能和地位；各种相关的司法解释，更不能成为债法的一般规则。

第十三届全国人民代表大会第三次会议于 2020 年 5 月 28 日通过、并于 2021 年 1 月 1 日起施行的《民法典》，既没有借鉴德国民法中债务关系法的结构，也没有参考法国民法的模式，而是另辟蹊径，创设了独特的债权法架构体系。

---

〔1〕《民法典》施行后，最高人民法院实施的一大批和民事案件相关的司法解释，或被废止，或进行了修订，应予注意。

（三）我国《民法典》的基本架构

首先，不设债权法总则、分则。其次，在第一编"总则"中以第118条为先导，确认民事主体依法享有债权，并确认债权是因合同、侵权行为、无因管理、不当得利以及法律的其他规定所发生的权利。再次，以合同债权制度总揽债权法律规范，同时规定"非因合同产生的债权债务关系"也适用合同编关于债权债务的规定。该法第三编"合同"编规定了债权的一般规则和各种具体之债的规则。其中，第一分编"通则"是债权一般规则的规定，第二分编"典型合同"是各种有名合同之债的规范，对"无因管理之债"和"不当得利之债"则纳入"准合同"列为第三分编。为达拾遗补阙之效果，在第464条第2款规定，"婚姻、收养、监护等有关身份关系的协议，适用有关该身份关系的法律规定；没有规定的，可以根据其性质参照适用本编规定"。又在第468条规定，"非因合同产生的债权债务关系，适用有关该债权债务关系的法律规定；没有规定的，适用本编通则的有关规定，但是根据其性质不能适用的除外"。这样的安排，实际上就是以第118条为先导，加上第三编的规定，涵盖了一切债权债务关系。最后，专设第七编"侵权责任"规定侵权行为之债。正如第118条和第468条的规定，侵权责任关系属于债权债务关系。

二、债权法的性质

（一）债权法是民法的组成部分

在成文法国家，债权法是民法的组成部分，毫无例外。这种关系，取决于债法与民法的内在关联性。

（二）债权法是动态财产关系法

民法调整的财产关系，分为财产支配关系和财产移转关系。财产支配关系是民事主体对财产占有、使用、收益和处分的关系，财产移转关系是财产在特定民事主体之间流通转让的关系。两相比较，后者具有财产及财产权流动的特质，前者尽管也有一些财产和财产权移转现象，如各种他物权的设定，但不是其本质特点。在此区别的意义上，财产移转关系被认为"动态财产关系"，财产支配关系被当作"静态财产关系"。静态财产关系，不是债权法的调整对象。

债权法调整的财产关系，诸如合同、无因管理、侵权赔偿、不当得利等关系，都是财产移转关系。

（三）债权法是集中反映市场交换关系一般规则的规范体系

债权法所调整的合同关系，绝大多数是市场交换关系。因此，民法所调整的合同，绝大多数为双务、有偿合同。合同当事人之间的财产移转，按照自愿、公平，等价有偿的市场交换规则进行，市场交换的规则自然地反映到合同法中。

无因管理、不当得利、侵权赔偿责任等关系，表面只有财产移转而无交换，似乎与市场交换规则无关。其实，只要稍加分析就能看到：在无因管理关系，按照管理人已发生合理费用的数额确定偿还额和补偿额；在不当得利关系，按照得利人所得不当得利的价值额确定返还额；在侵权赔偿关系，按照侵权行为致被侵权人的损失确定赔偿额，都是直接使用货币计量的方法，而用货币计量方法确定当事人所移转财产的价值额，正是市场交换一般规则的表现。

比较特殊的，是精神损害赔偿关系中，被侵权人精神痛苦和肉体痛苦不能以货币计量，否则有违人伦道德，但是，精神损害对被侵权人来说，或不得不尝受强加的痛苦，或生活成本加大，或失去个人正常发展的条件，受损害是既成事实。为使被侵权人得到切实有效的救济，法律要求侵权人赔偿一定数额的金钱，毋庸讳言，也是参照货币计量方法的结果。

所以，受社会经济生活的决定，债权法天然地贯彻和体现市场交换一般规则。

（四）债法是民法中的任意性规范体系

依据"物权、债权二分"的财产法理念，物权是对物支配的绝对权、对世权，其行使和变动，不仅与当事人有关，更重要的是与不特定义务人有利害关系，因此，民法采取"物权法定""一物一权""公示与公信"等原则，对物权的名称、种类、内容、效力、变动要件等，统由法律作强制性规定，当事人不得自行创制物权，不得改变法定的物权变动要件，否则不能发生物权变动的法律效果，可谓强制限制多多。鉴于此，物权法本质上属于强制性法律规范体系。

相反，债权是对特定义务人的请求权，债权人不能直接支配标的物，债权、债务关系不能直接发生标的物的物权变动的效果，其效力具有相对性，一般对第三人没有约束力，更主要的是，债权、债务关系的变动，通常不与当事人之外的人发生利害关系。因此，民法对债权、债务不做过多的强制性规定。

而且，法律范围内最大限度的自由，是市场交换关系的必要条件，债权法既然是市场交换规则的法律形式，就必须遵从市场交换关系的客观规律，向当事人，其实也是向进入市场的全体自然人、法人，提供法律范围内的最大限度的自由。在此意义，对债权法，就不能像对物权法那样定位于强制性规范体系。

债权法的任意性表现为：在不违反法律的强制性规定、不违背公序良俗的前提下，充分尊重当事人的意思自治。与物权法相比较，具体是：

1. 在"意定之债"，即因法律行为发生的债，采取"债权意定"，当事人得依其意思表示，自由选择债的类型、内容、效力、债务清偿和债权实现的条件等；在因法律的规定发生的债，即"法定之债"，当事人得自由协商债务履行条件。

2. 对债的客体，即债务人的特定行为，因人的行为具有可重复性，只要债务人能够依债为给付，法律放任债务人可以就相同的行为，同多人发生多个债权、债务，不存在一行为一债权之限制。

3. 债权变动，国家极少进行直接干预，绝大多数的债权变动，无须公示，也不适用公信原则，只要当事人达成变动的合意，即按照其合意发生变动效果。

现代民法出于公平、正义的法律精神和诚信原则，对一些债进行干预，如对格式条款的特别规定等，[1]但是，这些干预，目的是限制强势集团利用其有利地位和条件，对弱势群体强加损害，从而保护弱势群体的意思自治。债权法为任意性规范体系的本质，没有因此改变，也不能改变。

三、我国民法典起草中债权法总则的取舍

自 1998 起，我国开始了第四次民法典起草工作。在起草过程中，对是否设置债权法总则，有不同的认识。立法机关采取了舍弃的立场，在 2002 年 12 月 25 日第九届全国人大常委会第三十三次会议分组审议的《中华人民共和国民法（草案）》中，没有债权法总则。[2]但是，理论界多数人赞同设置债权法总则，具有典型意义的是三件民法典草案专家建议稿，[3]清一色的建议设置债权法总则。

《民法典》起草过程中，不设债权法总则成为立法机关的最终选择和法学界的主导性共识。该法典的颁行，确定了这一共识。

---

〔1〕　见《民法典》第 496 条至第 498 条关于格式条款的规定。

〔2〕　该草案有九编：第一编总则，第二编物权法，第三编合同法，第四编人格权法，第五编婚姻法，第六编收养法，第七编继承法，第八编侵权责任法，第九编涉外民事关系的法律适用。共 1209 条。

〔3〕　梁慧星为负责人的《中国民法典草案建议稿》，法律出版社 2003 年版。王利明主编：《中国民法典草案建议稿及说明》，中国制出版社 2004 年版。徐国栋主编：《绿色民法典草案》，社会科学文献出版社 2004 年版。

第二章

债的要素

【**本章提要**】本章是关于债的主体、客体和内容三要素的解析。

主体部分的重点和难点，是多数人之债中多数债权人或多数债务人的外部关系和内部关系。对此点，在"债的分类"一章还有进一步的讨论。

对债的客体，主要是掌握"给付"的意义、要件和类型。

对债的内容，重在理解债权的特定性及债权与债务的关系。

第一节　债的主体

一、债的主体的意义

债的主体，指依约定或法律规定，在债中享有权利、承担义务的当事人。享有权利的，是债权人；负担义务的，是债务人。

债的主体，可以是自然人、法人、非法人组织。[1]国家在特殊条件下也担当债的主体，如发行国债等。

二、债的主体的地位

债的主体的地位，指当事人在债中担当债权人或债务人的法律地位。

因意定之债和法定之债的区别，当事人的地位有差异。

（一）意定之债

在意定之债，主体享有债权、负担债务的情形有三种：

1. 大多数的合同之债，当事人双方互为债权人、债务人。《民法典》第三编第二分编规定的典型合同，除赠与合同外，其余都是这种情形。其他诸多的非典型合同或者叫做无名合同，也属于这种情形。在这种情形，当事人双方的债权、债务相互对待。所谓债权、债务对待，是指双方的债权、债务处于相对应状态，一方享有什么样的债权，对方就负担与该债权对应的债务；

---

[1]　《民法典》第2条规定："民法调整平等主体的自然人、法人和非法人组织之间的人身关系和财产关系。"据此，非法人组织得为债的主体，即债权人、债务人。

反过来看也相同，即一方负担什么样的债务，对方就享有与该债务相对应的债权。

相互对待，即双方都有对待的债权、债务。如买卖合同，当事人双方的债权、债务，主要是约定的"标的物的交付与标的物所有权的移转"和"价款支付"。就对待而言，在标的物交付与标的物所有权的移转，出卖人是债务人，负担按照约定交付标的物与移转标的物所有权的义务，买受人是债权人，享有标的物受领权和标的物交付请求权；反过来，在价款支付，出卖人是债权人，享有价款受领权和价款支付请求权，买受人是债务人，负担按照约定支付价款的债务。

2. 少数的合同之债，当事人一方只有债权人地位，对方只有债务人地位。如赠与合同，赠与人是债务人，负担按约定交付赠与物的义务，无债权人地位；而受赠人是债权人，无对待的义务。再如不消耗物的借用合同，出借人将借用物交借用人使用，享有借用物返还请求权，始终处于债权人地位；借用人在取得借用物时其权利已经实现，所以只负担借用物返还义务，没有债权人地位。

3. 单方法律行为所生之债，有的当事人双方互为债权人、债务人，有的是一方为债权人，而对方为债务人。如悬赏广告之债，有一些是广告人与完成行为人互负债务，广告人有按其广告给与报酬的义务，完成行为人有向广告人移交行为结果的义务。例如，广告人甲悬赏 5 万元寻求解决技术难点的方案，而能够提供方案的乙须向甲提供方案，才能获得 5 万元。另外一些，则是广告人有义务，完成行为人只享有债权，因为，他完成广告所要求的行为，已然履行了义务。例如，王某丢失笔记本电脑，悬赏 2000 元寻找，李某拾得后送还，王某有给与 2000 元之义务。[1]

（二）法定之债

在法定之债，合法利益受到损害者是债权人，侵权人、受益人是债务人。

1. 不当得利之债。得利人没有法律根据，取得不当利益，受损失的人对得利人有不当得利返还请求权，无对待义务。

2. 无因管理之债。管理人没有法定的或者约定的义务，为避免他人利益受损失而管理他人事务的，受益人获益而管理人付出了管理费用，管理人享有管理费用偿还请求权和损失补偿请求权，受益人负担管理费用偿还义务和补偿义务而无对待的权利。

---

〔1〕《民法典》第 499 条规定："悬赏人以公开方式声明对完成特定行为的人支付报酬的，完成该行为的人可以请求其支付。"

管理人负担的善良管理人注意义务，包括适当管理义务、必要的继续管理义务、报告义务、结算义务等，是管理人在管理过程中的注意义务，不是他享有管理费用偿付请求权的对待义务。管理人未尽这些义务致受益人受损害的，发生债务不履行的赔偿责任，[1]无损管理人的债权人地位，也不改变受益人的债务人地位。

3. 缔约过失损害赔偿之债。当事人在订立合同过程中假借订立合同，恶意进行磋商等，造成对方损失的，依法负担缔约过失损害赔偿责任。[2]在此损害赔偿关系，受损失人是债权人，有损害赔偿请求权；致人损害者是债务人，不享有对待权利。

从债法理论层面讲，在侵权赔偿责任关系中，侵权人依法负担赔偿的义务，被侵权人享有赔偿请求权而无对待的义务。一些双方有过错的侵权赔偿责任关系，如甲、乙因口角发展至撕打，甲抓伤乙的耳朵，乙扯烂甲的上衣，双方都有赔偿义务，其实是两个独立的侵权赔偿之债：耳朵医疗费的赔偿之债、上衣赔偿之债。二人之间的债务不存在对待性。

三、主体的人数及相互地位

（一）主体人数的情形

主体人数有三种情形：

1. 双方均为一人。如前述悬赏广告关系中的甲、乙。

2. 一方为二人以上。如陈某、郑某共同损坏吴某轿车的侵权赔偿关系。

3. 双方均为二人以上。如饭店合伙经营人宋某、关某因购买养殖合伙人孙某、周某的鱼、虾发生的货款债务关系。

当事人双方均为一人的债，是单一之债。单一之债的当事人，一人是债权人，另一人是债务人，呈一对一的形态，双方的地位简单明了。

一方或双方为二人以上的债，是多数人之债。在多数人之债，多数人一方的法律地位具有复杂性：既有全体与对方的权利、义务，又有内部的权利、义务。

多数人之债，或债权人为多数，或债务人为多数，或债权人和债务人均为多数。典型如上述第三种情形。

不同人数的债，当事人的法律地位有很大的差别。

---

[1] 史尚宽：《债法总论》，中国政法大学出版社 2000 年版，第 64～65 页；王泽鉴：《债法原理》（第一册），中国政法大学出版社 2001 年版，第 344～346 页。

[2] 《民法典》第 500 条。

（二）多数人之债的多数人一方的地位

1. 多数人一方具有全体作为一方当事人担当债权人或债务人的地位。如上述第二种情形，吴某一人为债权人，陈某、郑某二人为共同债务人；第三种情形中宋某、关某二人为债务人，孙某、周某二人为债权人。

2. 多数人一方中的各个人，就己方的债权或债务与对方当事人之间，或为按份关系，或为连带关系，有法定的或约定的地位。

（1）按份关系。所谓按份，是多数人一方的各个人按照一定份额，分享债权、分担债务。在按份关系，分享债权的，是按份债权人，分担债务的，是按份债务人。

如，甲欠乙货款 10 万元，丙、丁共同与乙签订保证合同，约定二人分别担保甲的 5 万元债务，二保证人即为按份保证债务人。

（2）连带关系。所谓连带，是多数人一方的各个人，不分份额、相互牵连地享有全部债权，或负担全部债务；债权连带者，一人受领清偿，债权消灭；债务连带者，一人清偿，债务消灭。在连带关系，连带享有债权的，是连带债权人，连带负担债务的，是连带债务人。

如上述第二种情形，陈某、郑某二人对吴某，连带地负担全部赔偿债务，吴某有权请求二人中任何一人全部赔偿。

再如上述第三种情形，债权、债务发生于两个合伙之间，按照《民法典》第 973 条的规定，合伙人对合伙债务承担连带责任。因此，孙某、周某两债权人，任何一人均有权请求宋某、关某俩人或者其中一人清偿货款，宋某、关某两债务人，任何一人都有义务向孙某、周某俩人或者其中一人清偿货款。

（3）多数人一方的各个人，是否连带债权人或者连带债务人，法律有规定的，从法律；当事人双方有约定的，依其约定。

当事人之间为法定之债的，法律直接规定为连带关系。如上述第二种情形，陈某、郑某二人对吴某，连带地负担全部赔偿债务。

但是，尽管法律如此规定，按照"私权自治"原则，经债权人同意的，当事人双方也可以做相反约定。

当事人双方之间是意定之债的，可以自由协商确定相互之间是否连带关系，合同有约定的，依合同，合同无约定的，依法律规定。

如上述第三种情形，法律上明确规定合伙人对合伙的债权、债务是连带关系，如果债权人和债务人约定相互之间是按份关系，就应当按照合同确定多数人一方的各个人的按份债权人、按份债务人的地位。不过，由于连带债务有利于债权人，通常债权人不会同意多数债务人一方负担按份债务。

3. 多数人就己方的债权、债务，在内部有按份关系和不分份额的共同关系。

（1）内部按份关系。多数人一方在其内部就其债权、债务，可以按约定或者法律规定的份额，分配债权，债务，形成按份债权人、按份债务人。如合伙人对合伙的债权、债务，在内部就是按照各自在合伙中的出资份额进行分配。

（2）不分份额的共同关系。多数人一方在其内部可以不分份额，形成共同债权人或者共同债务人。如共同共有人对共有财产发生的债权、债务。

4. 多数人一方各个人之间为按份关系，但对于对方当事人是连带关系的，各个人之间有内部求偿权关系。连带债权人中的个别连带债权人受领了全部债权利益时，债权消灭，其他连带债权人对受领者有自己应得份额的求偿权。连带债务人中的个别人清偿了全部债务的，债务消灭，他就超出自己应当履行的部分，对其他未履行应与份额的连带债务人，有"内部求偿权"。

第二节　债的客体——给付

一、债的客体的意义

债的客体，是债所确定的债权人得请求、债务人当为的特定行为。[1]具体解释如下：

（一）债的客体是行为

法律关系的客体，有物、行为、智慧成果等，不同的法律关系，客体固不相同。物权关系的客体是特定物，智慧成果关系的客体是特定的智慧成果，债的客体，区别于此二者，是行为。

（二）债的客体是债务人的特定行为

债是债权人得请求债务人为特定行为的法律关系，债务人的行为，是债权和债务共同指向的对象。如买卖合同约定的标的物交付行为、价款支付行为。又如侵权赔偿之债中的赔偿金给与行为、不当得利之债中的不当得利返还行为等。

债权人的行为对债的实现也有意义，但是不具有债务人特定行为的决定性。所以不把它作为债的客体。

---

〔1〕 大陆学者多认为，债的客体是债权、债务共同指向的对象。参见王家福主编：《中国民法学·民法债权》，法律出版社 1991 年版，第 5 页。本书认为，把债的客体直接说成"特定行为"，在定义上更具体一些。

在物权关系中，也有物权人和不特定义务人的行为存在，即物权人的对物支配行为、义务人的不作为。但是，这些行为，是针对特定物的行为，没有物权标的物这个特定物，就不能成立物权。而债权关系的客体，是债务人的行为，没有物，依然成立债权。如服装加工承揽合同，当事人约定3月以后交付成衣，订立合同时成衣并不存在，而定作人的债权能够成立。

（三）债的客体是债所确定的债务人的特定行为

所谓债务人的特定行为，是指合同约定的或法律规定的、债务人当为的那个行为。如上节中所说的饭店合伙经营人宋某、关某购买养殖合伙人孙某、周某的鱼、虾，应当按照合同付款的行为。再如上节所说陈某、郑某共同损坏吴某轿车，依法应当进行的赔偿行为。

债的客体是债权人利益的载体。债权人利益的实现，标志是债务人按照合同或者法律规定为特定行为，而债务人未按照债为特定行为，必然使债权落空。因此，债务人当为的行为，对债权人来说，正是其能够请求的特定行为。

二、债的客体与相关概念的关系

（一）债的客体与债的标的

债的标的，是指债的目标、目的。通常也叫债权的标的、债务的标的。

债的客体与债的标的所指相同，都是债权人得请求债务人当为的特定行为。

因不同历史时期用语习惯的差异，或者不同学者的表述习惯的不同，有的用债的客体，有的用债的标的，没有实质区别。[1]

（二）债的客体与给付

1. 给付的意义。给付，是指有意识地、基于一定目的而使他人财产有所增益的行为。

2. 给付的构成要件。[2]

（1）须为使他人财产有所增益的行为。不能使他人财产增益者，不构成给付。财产增益，包括增加财产和获得财产性利益。财产增益行为可以是事实行为，如承揽加工合同约定的定作物的交付；亦可为法律行为，如所有权

---

〔1〕 我国民国时期的债法和相关著述，使用"债的标的"，我国台湾地区的著述一直沿用至今，远的如史尚宽先生所著《债法总论》，近一些的如王泽鉴先生撰写之《债法原理》。大陆学者则多用"债的客体"，如王家福主编的《中国民法学·民法债权》，张广兴所著的《债法总论》等。

〔2〕 这一部分的内容受王泽鉴先生启发。参见王泽鉴：《债法原理》（第二册），中国政法大学出版社2002年版，第37~38、54页。

的移转。使他人财产增益的行为，民法学上叫"给予行为"。

（2）须为有意识的增加他人财产的行为。即基于行为人的意思增加他人财产。给予行为无意识的，不成立给付。典型如精神病人发病时的财产转让。

（3）给予行为基于一定目的。该目的，称为"给付目的"。主要有两种：第一种，清偿债务目的。有的给付，为清偿意定之债务，如买方依约付款；有的为清偿法定之债务而给付，如侵权人支付赔偿金。还有基于不要因行为而给付，如保证人向债权人清偿所担保的债务。第二种，直接创立一种债的目的。如第一章第一节所举［例3］中李某因救治晕倒之孙某支付医药费的行为。

给付目的也叫"给付原因"。欠缺给付原因者，构成"给付无法律上的原因"，财产利益受领者有返还利益的义务。

3. 债的客体与给付的关系。二者所指相同，但意义域不同。二者所指，都是债务人当为的特定行为。然而，客体一词，是在法律关系要素层面的指称，其意义存在于法律关系的构成方面。给付这个术语，限于债这种法律关系范围内的特指，是债的客体的专门性称谓。在物权关系，客体是特定物而不是特定行为，就不能认其为给付。

同时，前者恒为名词，后者或为名词，或为动词，为名词时，表达特定行为的静态，如"债的客体是给付"，用为动词时描述特定行为的动态，其义是"为特定行为"，与"履行"同义，如"给付不能""加害给付"等。不同之含义，应当依不同语言场合判定。

（三）债的客体与债的标的物

债的标的物，是给付所结合的物。

有的债，给付须与物结合。如出卖人按照约定交付货物的行为是给付，约定的货物是标的物，没有标的物就不能构成给付。

有的债，给付无须与物结合，由单纯的行为构成。如旅客运送行为、保管人的保管行为，演出义务人的演出行为，等等。

给付是否须与物结合，是对债务分别而论的结果。如果从债的角度讲，所有的债都有标的物。例如，就旅客运送合同来说，承运人的给付固然不存在标的物，但是，乘客的给付却不能没有票款。而保管合同，保管人无须交付物，寄存人保管费的给付必须与货币结合。

对债的标的物，也称为"债权标的物""给付标的物"，绝大多数的语言场合，简练地称为"标的物"。[1]

---

[1] 参见《民法典》第三编第九章"买卖合同"。

（四）债的客体与履行、清偿

1. 履行。履行是债务人按照债所确定的客体为给付的过程。

如，A、B 两公司的合同约定，A 于 8 月 30 日以转账支票付款 10 万元，其中，"以转账支票付款 10 万元"的行为，是债所确定的客体，8 月 30 日是付款期限，到 8 月 30 日，A 实施"以转账支票付款 10 万元"的行为，就是履行。

履行的法律效果是部分或者全部地消灭债权、债务。有时与"清偿"同义。在用法上，一般与债务一词组合，如"债务履行""部分履行""全部履行"等。也会同其他词组合，如"不履行""迟延履行""不适当履行"等，此类表述，是指债务人没有按照合同或者法律规定为给付。

2. 清偿。清偿是指债务人所为的达致债权消灭效果的给付。

有的语言场合，清偿指债务人按照债的内容为给付的活动。如"交货期届至时，本公司已为清偿"。有的语言场合则是指债务人依债给付的效果。如"本合同约定之债务已获清偿"。有时也指未依债为给付，如"未获清偿"等。

就债权实现的过程而言，常用履行；就债的消灭原因来说，惯用清偿。

3. 债的客体是履行的实现对象、依据和效果标准。

（1）债的客体是"给付"，而履行、清偿是"为给付"。因此，履行须以客体为实现对象和依据。

（2）债的客体是债发生时由合同或者法律确定的给付，是债权人利益的载体和媒介，所定给付的实现，就是债权的实现，因此，债务人的履行必须以债的客体为实现对象和依据。

（3）检验履行是否符合约定的或者法定的条件，需要客观的、预先确定的标准，债所确定的客体，就是合同或者法律预先确定的标准，检验履行效果的标准。符合标准的，债归于消灭；不符合标准的，债继续发展，发生债不履行的各种法律责任。

三、给付的生效要件

法定之债的标的，具备法律规定的条件即为有效。

意定之债的标的，以当事人的意思表示为根据，但是，当事人表示的标的，须具备确定、可能、合法、妥当等条件，始为有效。具体是：

（一）须标的确定

所谓标的确定，是指当事人所确定的给付的诸要素，最迟在开始履行时，能够达到被具体认定的程度。

给付的要素，包括给付的性质、方式、时间、地点、标的物的数量、质量、价格等。举凡关系债权实现的诸种因素，都为给付的要素。

给付确定，始有履行可能；债成立时给付虽不确定，但于履行时能够确定的，亦有履行之可能；履行时给付不确定的，债务无确定的内容而无效。

例如，当事人双方约定 3 个月后，买卖一级小麦 50 吨，对于小麦的质量、价格、交付地点等均未表示，形成给付要素的部分不确定。在订立合同时，此情形并不影响合同的成立，当事人尽可于其后补充完善。但是，在 3 个月期限届至时，未确定之要素必须确定地补齐，否则债务无法履行。相反，如果双方仅约定 3 个月后做一笔粮食买卖，届时一方主张小麦买卖，另一方主张大豆买卖，此合意就因标的物不确定而导致给付不能确定，不能发生买卖合同的效力。

合同成立后需要确定给付的，依据《民法典》第 510 条、第 511 条的规定，主要有以下几种方法：

1. 双方补充约定。当事人可以协议，达成补充确定的合意。

2. 按照合同相关条款确定。双方不能达成补充协议的、根据合同相关条款能够确定的，可选择此法。合同相关条款包括主合同、从合同的相关条款。

3. 按照交易习惯确定。双方不能达成补充协议、就合同条款也不能确定的，可选择此法。当事人双方有交易先例可供使用的，根据其交易习惯。当事人之间无交易习惯可资根据的，根据相同交易的习惯确定。

4. 依法律规定的标准确定。《民法典》第 511 条规定了质量、价款或报酬、履行地点、履行期限、履行方式、履行费用等方面的确定标准，供当事人采用。

（二）须标的可能

标的可能，是指债所确定的特定行为，于债成立之时，按照"一般人能为"的标准判断，能够实现。不具备这种可能性的，发生给付不能的法律效果。[1]

倘若当事人确定的特定行为，在债成立时就具备了不可能性，任何人都不能实施，债务人也就无法为给付，债权人的给付请求权会因此失去意义。如，甲、乙二人约定，甲在 6 个月内向乙提供"水变油"技术，不仅甲不能提供，任何人都不能提供，乙也不能主张该技术的给付请求权。

---

[1] 2002 年 1 月 2 日重新公布的《德国民法典》修改了给付不能制度，在第 275 条设置了"给付义务的排除"，给付对于债务人或任何人是不可能的话，给付请求权被排除。参见朱岩编译的《德国新债法条文及官方解释》一书中，鲁尔夫·克尼佩尔所写的"序"，法律出版社 2003 年版。关于给付不能及其效果，本书在第十一章"债务不履行的共同性规则及违约责任"部分讨论。

标的可能，要求的是债务履行时可能，债成立时虽为不能，履行时成为可能的，属于标的可能。例如，R 公司承诺卖给 S 公司 500 套衣服，订立合同时该衣服并不存在，但是按照一般人能为的标准判断，该公司能为，此标的为可能。

标的可能，不是从债务人主观条件考虑，而是以一般人的可能为标准。一般人可能的，即为可能，即使债务人主观不能，也不影响债权人的给付请求权。

（三）须标的合法

标的合法，是要求债所确定的标的，内容和形式都不违反法律和行政法规。

《民法典》第一编第六章第三节中关于民事法律行为无效的规定，以及《中华人民共和国票据法》（以下简称《票据法》）第 12 条等，是民事法律行为无效的标准、检测标的合法性的规范依据。

但是，由于债的繁杂性，仅从法律的明文规定判断标的合法性，诚为不足。债法是私人关系法，本质上属于任意性法律规范，应当贯彻"法不禁止即为合法"的法律精神。据此，对标的合法性的认识，当以标的在形式和内容上都不违反强制性法律规范为标准。

（四）须标的妥当

标的妥当，是指债所确定的标的，不违反诚信原则和公序良俗。

《民法典》第 7 条、第 8 条分别规定了诚信原则、公序良俗原则，在第 143 条、第 153 条第 2 款、第 509 条第 2 款等条款中也有相关的规定。这些规定，就是标的妥当性的法律要求。

四、给付的类型

（一）概说

给付的类型，即债所确定的特定行为的种类。也叫债的客体的种类。

债的客体，是人的行为，在事实上和法律上都可以依据当事人约定的不同或者法律规定的原因，在形式、要素等方面有不同的类型，呈现多样性和复杂性。尤其是合同之债，贯彻"意思自治"的原则，当事人双方得尽其自由地协商确定给付的类型，多样性和复杂性最为突出。

研究给付的类型，主要有两方面的实益：①掌握不同类型给付的特点。包括要件、表现形式等方面的特点。②认识不同类型的给付的独特功效，即不同给付与债权、债务的独特关系。

（二）财产性给付与非财产性给付

1. 财产性给付。即具有财产利益内容、给付效果能够用货币计量的给付。

其特点是给付效果可以金钱计量，给债权人产生财产利益。

大多数债的给付都属于此类。如财物交付、金钱支付、智慧成果转让、服务提供、工作成果移交等行为。

2. 非财产性给付。给付内容无财产利益、给付效果无法用货币计量的，是非财产性给付。

其特点是给付效果不给债权人带来财产利益。

少数的债的给付属于非财产性给付。如《民法典》第 179 条中规定的停止侵害、赔礼道歉、消除影响、恢复名誉等，不具有债务人向债权人给付财产的特点。

（三）作为的给付、不作为的给付、混合给付

1. 作为的给付。即债务人应当为积极行为的给付。又叫积极给付。如出租人当为的租赁物提供行为，保管人当为的保管行为等。

作为的给付，要件是债务人当为积极行为。债务人不作为，或者虽有作为但是不合债权、债务要求者，属于债务不履行。

作为的给付主要包括以下几种：

（1）财物交付。财物是指具有直接财产利益内容的资源。包括物、智慧成果等。买卖、互易、租赁、保管、运输等合同之债，金钱赔偿、返还不当得利等法定之债，债务人当为的给付，都是特定财物的"交付"。

交付，在物权法理论中解释为"占有的转移"，是对特定物实施的行为。但是，不能由此得出交付仅是物权法上的行为，在债权法上，交付有着重要的地位。在买卖、赠与、借款、租赁、保管、运输、承揽等合同中，普遍存在交付。即使在委托合同，也会发生受托人向委托人交付财物。[1]

交付与给付虽然都是行为，但二者有重大区别。其一，给付是债所确定的特定行为，即债的客体，而交付是实施该特定行为，是"为"给付；其二，给付包括作为和不作为，交付属于作为，不作为不能成立交付；其三，给付兼有财产性给付和非财产性给付，交付是财产性给付的，债权人就交付取得财产利益，非财产性给付如消除影响、恢复名誉等，债权人不能就此给付取得财产利益；其四，给付是债的要求，交付是满足债的要求的一种具体方式；其五，给付的构成，一类是单一要素，债务人只需为单纯的行为，如保管行为，另一类则为二个以上要素的组合，如行为与物组合、行为与智慧成果组合、行为与工作效果组合、行为和权利组合等，单纯行为不发生交付，后一

---

〔1〕 占有也分物权法上的占有、债权法上的占有。后者如承运人对货物的占有、承租人对租赁物的占有、承揽人对定作人提供的原材料的占有等，这些占有，不发生物权变动。

类给付，须以交付方式为之。[1]

财物交付，或以物权转移为必要，如买卖；或不发生物权变动，如保管。

（2）金钱支付。金钱支付是债所确定的转移一定数额的金钱的所有权的行为。绝大多数的债都发生金钱支付。如买卖合同的价款支付、租赁合同的租金支付，以及酬金支付、赔偿金支付、定金支付等，无不以金钱支付为标的。

约定金钱支付的，以不违反金融管制法律为限度：首先，标的物通常以本国货币为主，约定以非流通之他国货币支付的，因标的物的不流通性而发生客体不合法；其次，法律明定使用票据、汇兑，或者其他金钱替代支付工具的，若约定以现金支付，会导致给付方式违法，如巨额交易之付款，不得约定现金支付；最后，法律对支付的金钱数额有强制性规定的，约定之给付不得违反该规定，否则约定无效。对此，《民法典》第586条规定，当事人可以约定一方向对方给付定金作为债权的担保，定金的数额由当事人约定，但是，不得超过主合同标的额的20%，超过部分不产生定金的效力。第680条第1款规定："禁止高利放贷，借款的利率不得违反国家有关规定。"

（3）服务提供。即以债务人的特定服务充当债的标的。典型如委托、运输、行纪、雇佣、医疗等合同的客体。服务可以是简单劳动，如打扫卫生。也可以是有技术含量的服务，如法律咨询、诊治医疗、会计账簿。还可以是用设备设置完成的服务，如物品运送、传真收发、网络商务服务、网络游戏服务等。

此类给付，由单纯行为构成，既无须物的要素，又不要求行为成果。

服务以债务人的身体活动为必要，直接关乎其人格权益，关乎公序良俗，因此，约定的服务不得损及债务人人格，不得违背公序良俗。

（4）工作成果之交付。工作成果是债权人特别指定、债务人完成的物化的劳动成果。如裁缝师制成定作之衣服、建筑公司建成设计之楼房，受托人依据委托完成之技术方案等。工作成果之交付，即是债务人将按照债权人指定完成之工作成果，移交债权人。

当事人约定交付工作成果的，工作成果是否符合债权人指定，是关键所在。

（5）权利移交。权利移交，是指不包含财物交付、单独转移特定权利的行为。包括债权、知识产权、股权等无标的物的权利的移交。如甲将其对乙的债权转让给丙，H公司将其在K公司的股权转让给N公司。所有权、用益物权、质权的转让，以标的物的转让为必要，应当归入财物交付的给付。抵

---

[1] 这一段的内容得益于张广兴先生。参见张广兴：《债法总论》，法律出版社1997年版，第116页。

押权、留置权是从权利，与其担保的债权密切关联，不能单独转让。

以权利移交作为给付，首要问题是欲转让的权利须具备可转让性，权利不可转让的，发生自始的、法律上的给付不能，导致债的无效。如，赡养请求权转让合同，即因该请求权不可转让而自始无效。

2. 不作为的给付。即债务人应不作为的给付。也叫消极给付。如甲、乙约定，甲服装店一年内只经营纺织制品而不销售裘皮衣物，"不销售裘皮衣物"的行为就是消极给付。其以债务人的"特定不作为"为内容，债务人作为的，债权人得主张损害赔偿。消极给付还可以细化为"单纯不作为的给付"和"容忍的给付"。前者是指债务债务人"应当不为他能为的行为"的给付。如上述甲服装店平时能够销售裘皮衣物，但是根据与乙的合同应当"不销售裘皮衣物"。后者是指债务人对于某种通常不应容忍的状态而依据债务应当容忍的给付。即"提供容忍的给付"。如建设工程施工发生难免之噪音，建设人与邻人签订合同，合理补偿"噪音损害赔偿金"，邻人依据合同应当对适度的噪音有所容忍，不为排除行为。

3. 混合给付。即兼有作为和不作为的给付。如《民法典》第 867 条规定的专利实施许可合同被许可人的给付，就是兼有支付使用费的作为、不得许可约定之外的第三人实施该专利的不作为。

混合给付实际上是两个给付的联合，要求债务人须兼为特定的作为和特定的不作为。如果债务人仅就其中一个给付为清偿，能够发生整个债的不履行的后果。

（四）可分给付和不可分给付

1. 可分给付。一给付在性质上能够分为数个给付且不损害债权实现者，是可分给付。换言之，即可以分解为数个给付的给付。

如马某欠肖某 3 万元，原约定一次性还清，后二人协商，马某用物品抵销其中 2 万元，其余 1 万元在 3 个月后清偿，该金额 3 万元的给付，分成抵债物品给付与 1 万元金钱给付。又如，合伙人陈某、朱某从汽车销售商 D 公司赊购轿车 1 辆，欠车款 5 万元，后二合伙人散伙，经三方商定，陈某偿还 4 万元，朱某偿还 1 万元。二人应为之 5 万元车款给付，也属可分给付。

可分给付在分解后，成为数个给付，各个给付独立具备法律意义。主要是：

（1）得部分履行。债务人为部分给付的，相关的债权、债务消灭，其他给付相关的债务依然存在。如上述马某以物抵债部分，若马某依约为给付，即属部分履行。

（2）能够发生部分不履行。如上述马某，假设其如约偿还 1 万元而拒绝以物抵债之履行，即构成该部分的不履行。

（3）能够发生部分履行不能。如上述马某，约定抵债之物品因火灾而烧毁，该部分之给付即发生履行不能。

（4）部分履行的，未履行部分单独发生债务不履行的责任。

2. 不可分给付。一给付依其性质或当事人的意思不能分为数个给付的，是不可分给付。也即不可分割而实施的"特定行为"。

如，出卖人甲应当向买受人乙交付卡车 1 辆，因卡车在事实上不可分，甲的给付即为不可分给付。此为事实上不可分的给付。又如，赵某死亡，其父、母二人继承房屋、存款等遗产 6 万元，赵某生前欠李某 2 万元，亦由二人共同继承，该 2 万元债务之给付，因法律的规定而不可分，由继承人共同清偿。此种情形，属于法律上不可分的给付。

事实上不可分的给付，当事人约定分割履行的，分割履行之债权、债务不成立。法律上不可分的给付，除法律禁止者外，债权人同意的，得变更为可分给付。

不可分给付的法律意义与可分给付不同：

（1）不许发生部分履行。因该类"特定行为"不可分割，不能由债务人分而为之。如上述甲对乙的卡车交付行为。

（2）不许部分不履行。不许部分履行，部分不履行就没有前提条件。

（3）一般不发生部分履行不能。因给付是不可分割之特定行为，该行为，能为则整体能为，不能为则整体不能为，原则上不发生部分能为、部分不能为的现象。但是，在特殊情形，如给付属于法律上的不可分而事实上可分，也不绝对排除部分履行不能。如上述继承例中的给付，依法律规定为不可分，但是，若遗产中价值 5 万元的房屋因地震夷为平地，仅余 1 万元存款，根据"限定继承原则"，继承人对超过所得遗产部分的债务，有权不履行，[1]能够发生部分不履行。

（4）债务人为数人的，发生连带债务关系。各债务人均有全部给付的义务。

（五）一时给付和持续给付

1. 一时给付。债务人当以一次行为而完成的给付是一时给付。一手交钱、一手交货等即时清结的交易，是其典型。债务人为一时给付，符合债所确定

---

〔1〕 限定继承原则，是指继承法规定的继承人以其所继承的积极遗产为限额，偿还被继承人生前债务的原则。《民法典》第 1161 条规定："继承人以所得遗产实际价值为限清偿被继承人依法应当缴纳的税款和债务。超过遗产实际价值部分，继承人自愿偿还的不在此限。"此即限定继承原则之规范。

的条件的，债务消灭。

2. 持续给付。债务人应当在一定期间内为连续性特定行为的，是持续给付。

租赁合同、雇佣合同、委托合同，以及网络使用合同，《民法典》第三编第十章规定的供用电、水、气、热力合同等所确定的客体，都是持续给付。

持续给付无适当原因中断的，债权人得就中断部分向债务人主张赔偿。[1] 持续给付的合同解除的，解除的效力无溯及力，已履行部分不受影响。

（六）单纯给付和合成给付

1. 单纯给付。单纯给付是指由一个行为构成的给付。

如买受人当为的价款交付行为、承揽人当为的工作成果交付行为等。

构成单纯给付的行为，对给付的成立与有效独立发生法律意义。该行为合法，给付成立，债权、债务成立；该行为不合法，不能成立有效之给付，债权、债务也不能成立；该行为不能实施的，形成给付不能；债务人未为此行为的，发生债务不履行的责任。

例如，合同约定出卖人田某应当向外国人托马斯提供国家一级文物殷商时期青铜器1件，该合同即因行为违反文物保护法而无效。[2]

2. 合成给付。由数个行为合构而成的给付，是合成给付。

合成给付与单纯给付在组成方面的差别，是须有数个行为，形成行为系列，共同成为一个债的客体。绝不能把各个行为认为多个债的各自的给付。

如遗赠扶养协议，扶养人应当对遗赠人实施生活物资供给、疾病治疗费用提供、居住卫生维护、死亡安葬等一系列行为，该系列行为共同构成遗赠扶养协议的客体。在协议履行过程中，不能将这些行为分解成多个债务的给付。又如物业服务合同，物业服务人根据合同，应当为业主提供建筑物及附属设施的维修养护、环境卫生和相关秩序的管理维护等物业服务，属于系列行为。该系列行为，共同构成该物业服务合同的客体。

合成给付的各个行为是给付的组成部分，关联地对债权、债务发挥法律作用：

（1）其中某一行为不合法，给付即不合法，债权、债务便无效。如上述遗赠扶养协议，若约定对遗赠人食物限量，不敷日用也不另行提供，即为不法，该协议因违反遗赠扶养协议的立法目的、违背公序良俗而应属无效。

---

[1] 《民法典》第652条中规定，供电人未事先通知用电人中断供电，造成用电人损失的，应当承担赔偿责任。第656条规定，供用水、供用气、供用热力合同，参照适用供用电合同的有关规定。

[2] 《中华人民共和国文物保护法》第52条第3款规定："国家禁止出境的文物，不得转让、出租、质押给外国人。"

（2）其中某一行为履行迟延，债权人得请求解除合同。如上述物业服务合同，若物业服务人迟迟不维修建筑物，业主有权解除合同，另行委托他人管理。再如遗赠扶养协议，扶养人不尽义务的，遗赠人有权解除协议。[1]

第三节　债的内容

一、债的内容的意义与构成

债的内容，是指债所包含的特定权利和特定义务。

特定权利称"债权"，特定义务叫"债务"。故债的内容由债权、债务构成，二者相互依存、不可或缺。

二、债权

（一）《民法典》关于债权的定义

《民法典》第 118 条第 2 款规定"债权是因合同、侵权行为、无因管理、不当得利以及法律的其他规定，权利人请求特定义务人为或者不为一定行为的权利。"这个定义：

1. 说明了债权的产生原因或者叫根据。合同、侵权行为、无因管理、不当得利等行为，是债权产生的原因。但是，除这些原因之外，还有其他原因，如《民法典》第 500 条规定的"缔约过失"行为，第 118 条第 2 款中的"法律的其他规定"，应当包括第 500 条的规定。

2. 界定了债权的性质。"请求特定义务人"一词，即明示债权属于请求权、对人权、相对权。

3. 揭示了债权的基本效力。即债权是债权人"请求特定义务人为或者不为一定行为"的权利。

在语词学意义上讲，这个定义简明扼要，有相当的说明功效。然而，从法教义学的角度讲，这个定义有进一步阐释的必要和空间。

首先，"权利人请求特定义务人为或者不为一定行为"缘于何种目的？应当从法效果或者"法益"层面观察，并给出解释。

此外，从批判思维角度考虑，"请求特定义务人为或者不为一定行为"未

---

[1] 遗赠抚养协议属于合同，抚养人不尽扶养义务即构成违约，故遗赠人有权解除遗赠扶养协议。

能最大限度地概括债权的效力，对于债权效力的揭示存在比较大的不足。简要而言，债权人依据债权，不但能够"请求特定义务人为或者不为一定行为"，而且，根据债的特点和演化，还能够直接"为或者不为一定行为"。例如债权人将其债权转让他人、免除债务人的债务、通过法院代位行使债务人对其相对人的债权而保全自己的债权。[1]因此，用权利人"请求特定义务人为或者不为一定行为"的权利来定性债权，只揭示了债权性质的一个方面。债权作为基本民事权利，其所具备的"能为性"应当最大限度地得到分析和说明。

债权是民事权利群中内涵最为丰富、效力最为繁多的权利类型，在社会生活中最为活跃。在市场经济条件下，和民事主体的生存、活动、发展所必需的利益的关系最为密切，通过理论分析和讨论，最大限度地揭示其"能为性"而给出定义，很有必要。

（二）对债权的学理解释

债权是权利人依债所享有的得就债务人的给付为各种行为的权利。[2]说

---

[1] 《民法典》第535条规定了"债权人代位权"。

[2] 对债权的概念，我国大陆学者多解释为"债权为请求特定人为特定行为的权利"，对债权的特性，也普遍认为请求权。参见王家福主编：《中国民法学·民法债权》，法律出版社1991年版，第7页；张广兴：《债法总论》，法律出版社1997年版，第21、25页；张俊浩主编：《民法学原理》（下册），中国政法大学出版社2000年版，第615、618页；江平主编：《民法学》，中国政法大学出版社2007年版，第439页。

德国民法学者多认债权为请求权。在德国"通说正确地认为，在请求权和债权之间不存在实质上的区别"。参见［德］迪特尔·梅迪库斯：《德国民法总论》，邵建东译，法律出版社2000年版，第69页。

我国台湾地区民法学者则另有解说。

史尚宽先生认为"债权者，以特定人之行为或不行为为标的之权利也""请求权以一定权利为基础而存在，依为其基础之权利之性质不同，请求权有种种之形态""在此意义，债权与请求权，并非同一体，惟后者为前者之本质的要素而已"。史尚宽：《民法总论》，中国政法大学出版社2000年版，第24～27页。

王泽鉴先生则认为"债权系将债务人的给付归属于债权人，债权人亦因而得向债务人请求给付，受领债务人的给付。易言之，债权之本质的内容，乃有效的受领债务人的给付，债权人得向债务人请求给付，则为债权的作用或权能。债权与请求权应予区别，此可从两方面加以观察：就请求权言，除债权请求权外，尚有物上请求权等。就债权言，除请求权外，尚有解除、终止等权能。债权请求权罹于消灭时效时，债权本身仍属存在，债务人仍为履行之给付者，不得以不知时效为理由，请求返还（第144条第2项）"。王泽鉴：《债法原理》（第一册），中国政法大学出版社2001年版，第9页。

本书认为，将债权定义为"请求特定人为特定行为的权利"，过度强调了债权的请求权作用，未能准确揭示债权的内涵和外延，在此基础上认债权为请求权，属逻辑不周延。王泽鉴先生之观察结果，应当是最大限度地贴近了债权的本质。研习债权法，自当重视先生的观察分析。

明如下：

1. 债权是债所包含的以"给付利益归属债权人"为宗旨的权利。债的内容由债权、债务合成。非债的法律关系所包含的权利，分别为物权、知识产权、人身权等，自不属债权。

给付利益，是债务人特定行为所负载的利益。为此利益的权利，属于债权。

2. 债权是当事人依债而享有的特定权利。当事人依意定之债或法定之债享有债权，无债而有权利者，该权利不是债权。

债有单务之债与双务之债。单务之债，当事人一方享有债权。如不当得利之债。双务之债，当事人双方互相享有债权。如买卖之债。

债权是特定权利，即依约定或者法律规定发生的权利。约定者，如合同约定出卖人享有的收取约定价款的权利；法定者，如，被侵权人依照侵权责任法对侵权人享有的请求其赔偿侵害所造成损失的权利。

3. 债权是债权人于债的范围，就给付能为各种行为的权利。

（1）权利的能为性。凡权利必有其能为性，即权利人得对权利客体为一定行为或者不为一定行为，以实现其利益的性能。如，物权的能为性，是物权人得对标的物为法律范围内的自由支配，并排除他人的干预。债权是权利的一种，债权人得对债权客体为一定行为或者不为一定行为，是债权的固有效能。给付是债权的客体，债权的效能当然地针对客体而发挥。

（2）债权的能为性。债权是财产权的典型之一，其能为性堪称充足。可以从两面观察：一面是债权人得就给付为一定行为，如收取货款得到给付利益、放弃债权而免除债务人的给付等。另一面是债权人得请求债务人为给付，如出卖人到期不交货，买受人有货物交付请求权。

债权人依债对给付所得实施的行为，正是债权效能的具体化。这一点，与物权的效能是物权人得对标的物为占有、使用、收益、处分等行为，意趣相同。

债权人依债得对给付实施的行为，形式繁多，择其主要者，主要有：给付利益受领、给付利益保有、给付请求、通过诉讼程序为债权保全、依诉讼程序为继续履行请求、债权处分、债的解除、债务不履行的赔偿请求、给付选择、[1]

---

[1] 债权人有权进行给付选择。具体如：在选择之债，债权人有选择权的，可以从多项可为给付中选择对自己最有利的一项。《民法典》第588条第1款规定，当事人既约定违约金，又约定定金的，一方违约时，对方可以选择适用违约金或者定金条款。

给付变更、债务承担决定[1]提前给付的抗辩、部分给付的抗辩等，可谓林林总总、应有尽有。

（3）债权能为性的重要意义。将"给付利益归属债权人"，是债的动因、目的和价值。债务人的给付固为必要，债权人为取得给付利益所可为的行为，实为债权的根本。债权，就是债权人为取得给付利益依债可为各种行为的法律之力。

（二）债权的特征

1. 债权是一种对人权，对人的效力范围原则上限于债务人。债权的标的是"给付"，不是特定物，债权人通过请求债务人为给付而取得利益，不能支配标的物享受利益，因此是对人的权利而不是对物的权利；债权原则上只对债务人有法律约束力，仅在法律规定的特殊情形例外地对第三人有约束力，故为"对人权"而不是"对世权"。《民法典》第 465 条较先前的《合同法》更为明确地规定，依法成立的合同，"仅对"当事人具有法律约束力，但是法律另有规定的除外。"仅对"二字，对债权的对人权性质进行了强化表达。[2]物权标的是特定物，物权人得支配标的物而享受利益，由此物、债二权分立。民法上还有其他对人权。如父母对成年子女的赡养请求权，这些对人权基于身份关系发生，是身份关系的内容，不是债权。

2. 债权是一种相对权，效力具有相对性。债权的实现，以债务人的给付为必要条件，因此其效力有相对性，是相对权。

物权的实现，以物权人依法对标的物的自由支配为必要，不以义务人的协助行为为条件，效力具有绝对性，属于绝对权。身份权也有相对权的特性。如夫妻身份权。但身份权不是财产权，其基础关系是身份关系，权利的规范依据是身份法，不能混同于债权。

3. 债权的功能和价值，是保障"给付利益归属债权人"。凡权利俱有其独立的功能和价值。该功能和价值，概括而言，是保障"客体的利益归属权利人"。具体而言，物权的功能和价值是保障标的物的利益归属物权人；知识产权的功能和价值是保障特定智慧成果的利益独占地归属知识产权人；人格

---

[1] 第三人表示愿意为债务人承担债务的，债权人有权作出是否同意的决定。《民法典》第 551 条规定，债务人将债务的全部或者部分转移给第三人的，应当经债权人同意。本条中的"债务转移"，属于债务承担；"应当经债权人同意"的规范意旨是，债权人的决定，是债务承担是否有效的决定因素，未经债权人同意的债务承担无效。也就是债权人有权作出第三人的债务承担能否有效的决定。

[2] 原《合同法》第 8 条第 1 款规定，依法成立的合同，对当事人具有法律约束力。无"仅对"二字。

权的功能和价值是保障自然人的人格诸要素的安全；身份权的功能和价值是保障自然人在其身份关系中的身份利益的独占性归属。

债权的标的是"给付"，因此，其功能和价值，是保障给付利益归属债权人。

4. 债权是多功能、有机性的财产权。所谓多功能，是指债权可因条件不同，分别释放出给付受领权、给付请求权、给付利益保有权、执行请求权、债权保全权、给付选择权、给付变更权、债权处分权、解除权等权利。这些权利分属请求权、形成权、处分权、抗辩权，[1]可见债权不限于请求权效能，不能等同于请求权。[2]

所谓有机性，是指债权的各项权利有机结合，一权利未奏效，即有他权利补替，在不同条件下各施展其效力，共同为"给付利益归属债权人"发挥作用。

5. 债权具有隐秘性。所谓隐秘性，是指债权存在于双方当事人之间，除法律有特别要求者外，原则上不必、不宜也不易由他人知晓。因此，债权的生效，一般不以公示为要件。

债权的隐秘性源自债的相对性、任意性。"债权是个人间个别的、自由的法律关系，与其相对应，物权是对一般第三人的、有划一内容的、不自由的法律关系，这是通常的说法"，"债权法的基本理论是，债权关系只是个人间隐蔽的内部关系，所以对第三人无对抗力"。[3]当事人依合同或法律的规定，形成特别结合关系，发生相对的权利义务，债权、债务的发生、变更或消灭，一般与他人不发生利害关系，他人无关注必要，故无须向社会公开，除法律另有规定者外，债权对第三人没有约束力。

6. 债权的变动有任意性。债权变动，是指债权的发生、变更和消灭。意定之债由当事人按照意思表示发生，也可以按照意思表示变更、消灭，任意性明显。法定之债的发生无当事人的意思表示，但是，债成立之后，本着"私权自治"原则，可由当事人协商变更、消灭。如侵权行为之债，被侵权人是债权人，他有权减轻侵权人的债务，变更债权，也可以宽恕侵权人，放弃债权，对此，法律不予干预。

---

〔1〕 债权有抗辩权权能。参见史尚宽：《民法总论》，中国政法大学出版社 2000 年版，第 27 页。

〔2〕 王泽鉴先生指出，请求权系由基础权利而发生。依其所由发生基础权利的不同，可分为债权请求权、物上请求权、人格权上的请求权及身份权上的请求权等。请求权乃权利的表现，而非与权利同属一物。此点于债权及其请求权最需明辨。债权的本质内容在于有效受领债务人的给付，请求权则为其作用。参见王泽鉴：《民法总则》，中国政法大学出版社 2001 年版，第 92 页。

〔3〕 ［日］我妻荣：《债权在近代法中的优越地位》，王书江、张雷译，中国大百科全书出版社 1999 年版，第 222 页。

7. 债权具有平等性，无排他性。债权的平等性是指，数项债权均以同一给付为标的时，不论其发生之先后，各债权的效力相同、地位平等，均无优先效力。

债权无排他性，数项债权能够并存于相同给付而在法律上互不排斥。其原因，主要在于给付是"特定行为"，在事实上、法律上有可重复的性质。

物权的优先性、排他性，与债权的平等性、无排他性形成对比。

债权的平等性，又称"债权平等原则"。其正当性在于：物权以公示为要件，显露于社会，对不特定人有约束力，故得对抗任何人；债权不以公示为要件，自由发生于当事人之间，隐秘于社会，仅对特定义务人有约束力，原则上不能对抗第三人；而数债权并立于同一给付时，任何债权均无对抗其他债权人的效力，所以各债权相互平等。

债权的平等性，在以合同进行物权变动的场合有其意义。在此场合，物权和债权效力区分，买受人不能依债权而直接有物权；物权仍属出卖人，第三人对物权有注意义务，对不知且不应知的债权无注意义务，不受其他债权的约束。

试通过以下三例分析债权的平等性和无排他性。

[例1] 数债权的标的为同时段的相同行为

歌星甲在星期一同乙订约，在星期五晚上8点为乙演出，又于星期三与丙订立合同，在相同时段为丙献艺。现乙、丙均要求甲在约定时段履行合同，乙以订约在先为由，力主甲应向自己履行合同。

解说：

由债权平等性决定，乙、丙均无权优先得到甲的演出服务，任何一人的债权都不能排除他人的债权。甲不能同时给付，只能向一人给付而对另一人违约。

[例2] 一物二卖，即数债权的标的物为同一交易物

出卖人谭才，与买受人单梁仁订立私房买卖合同未行交付亦未收取房款，当日谭又以新高价款同卜至强签订该房的买卖合同。现单、卜二人均要求得到房屋。

解说：

本例中的房屋为特定物，仅得向一买受人交付。单、卜二买受人都是债权人，按照债权平等原则，二买受人的债权都无优先力和排他力，只有一人可买得房屋，另一人对出卖人享有债务不履行的损害赔偿请求权。

[例3] 数债权的标的物为同一责任财产

R公司欠S公司货款100万元，欠T公司侵权赔偿金20万元，R公司全部财产价值90万元。两公司均要求首先清偿债务。

解说：

（1）当事人没有特别约定的，债务人的全部财产是"责任财产"，也叫"一般担保财产"，债务不履行的，以责任财产清偿。R公司的90万元是责任财产。

（2）S、T两公司的债权，总额120万元，R公司的责任财产不足清偿，若先满足S之债权，T的债权落空。若先向T清偿，S会有20万元的损失。

（3）依债权平等原则，二债权人应按债权的比例，分割R公司的100万元。

8.债权的存在，有期限性。物权的存续期限很长，尤其所有权，是恒久性财产权，而债权是期限性权利，存在的时间比较短。其原因在于债权是财产流转关系的法律形式，而追求高效率是财产流转的基本特性之一，债权的存在期限受到效率原则的制约。债务清偿的，债权消灭。在意定之债，当事人以其意思表示确定债权存续期限，法律则规定"诉讼时效期间"，催促未及时行使债权的债权人在法定期间行使债权，逾期即不予保护。在法定债权，也有诉讼时效期间限定债权受保护的期限。

三、债务

（一）债务的意义

债务是特定义务人依债而应为特定行为的义务。通常也叫"给付义务"。

具体说明如下：

1.债务是债所确定的义务。债务的发生或因约定，或因法定。因约定发生的是"约定债务"，依法律规定发生的是"法定债务"。债务人依约定或者法律规定，负担给付义务。《民法典》第509条第1款规定，当事人应当按照约定全面履行自己的义务。此处的"义务"指的就是约定债务。第1165条规定的行为人因过错侵害他人民事权益造成损害的，应当承担的"侵权责任"，就是法定债务。

意定之债的债务，主要依据合同确定，除约定给付义务之外，还有根据合同的性质、目的和交易习惯所产生的通知、协助、保密等附随义务。

法定之债的债务，一般由债权人根据法律的规定，提出债务人给付的种类、性质、范围等，债务人同意的，即应清偿；债务人不同意的，通过诉讼程序确定。

2.债务是特定义务。债务因义务人特定、标的特定、内容特定而具有特定性。

首先，债务成立时，债务人为特定人，其应为的"给付"特定为本人的行为而不能任意变换为他人的行为。其次，债务的标的特定，债务人应为的"给付"，由合同或法律特定化，债务人不得擅自改变之，债权人也无权擅自要求改变。最后，债务的内容特定为某种不利益，当事人双方都不能任意改变债务的内容。

《民法典》第 509 条第 1 款规定，当事人应当按照约定全面履行自己的义务，其中的"按照约定"强调的是约定债务的特定性。《民法典》第 1184 条规定，"侵害他人财产的，财产损失按照损失发生时的市场价格或者其他合理方式计算"。其中的"按照损失发生时的市场价格或者其他合理方式计算"进行的"赔偿"是对"损失"的赔偿，表明了法定债务的特定性。

3. 债务以债法上的"给付"为要素。给付是债权、债务共同指向的对象，债务的效能也是针对给付而具体发挥。没有债法上"特定行为"的，不能形成债务。例如，身份关系也发生特定人之间的义务，如夫妻同居义务，但是，其属于身份法上的义务，不是财产性债务。

（二）债务的特征

债务受债权的决定，具有特定性、相对性、隐秘性等特征，从债权特征的反面理解足以把握，无须赘论。

四、债权、债务的特定性

债权、债务具有特定性。所谓债权、债务特定，是指在债成立时，当事人的权利义务，由合同或者法律具体化、确定化。

债权、债务特定的效果是，债权人只能就债所确定的给付享有权利，债务人只就确定的给付负担义务。认定债权、债务不能脱离债的内容。具体讲，在意定之债，债权、债务的性质、特点，标的及其质量、数量，债务履行的时间、地点等要素方面，由合同确定。在法定之债，根据法律确定。如，甲、乙约定，甲向乙借款 5000 元人民币，当年 3 月 31 日一次性还清。双方的债权、债务就特定为：乙对甲有 5000 元借款的债权，甲有对应的 5000 元的债务，标的物是人民币，标的是 5000 元的支付行为，5000 元是标的物的数量，当年 3 月 31 日是还款期限。

再如，前举"赵某赔偿钱某眼镜损失"例，赵某的义务，被法律上"侵害人赔偿受害人实际损失"的规定，确定为"应当赔偿 800 元钱"。

债的内容特定，也使债权具有个别性。不同债的内容各不相同，判定当事人债权、债务的依据也就不同。就合同之债而言，《民法典》规定，"当事人应当按照约定全面履行自己的义务。当事人应当遵循诚信原则，根据合同的性质、目的和交易习惯履行通知、协助、保密等义务"〔1〕因此，判定当事人债权、债务的依据，就是合同。合同不成立或者无效的，才适用法律的规定。

对法定之债来说，"行为人因过错侵害他人民事权益造成损害的，应当承担侵权责任。依照法律规定推定行为人有过错，其不能证明自己没有过错的，应当承担侵权责任"〔2〕"得利人知道或者应当知道取得的利益没有法律根据的，受损失的人可以请求得利人返还其取得的利益并依法赔偿损失"〔3〕，无因管理者，"可以请求受益人偿还因管理事务而支出的必要费用"〔4〕，这些规定，是判断法定之债当事人债权、债务的依据。

五、债权、债务的关系

（一）债权、债务分别负载利益和不利益

权利、义务的内容分别是利益、不利益，债权、债务自然不能例外。马克思和恩格斯指出"可见，正是自然必然性、人的本质特性（不管它们是以怎样的异化形式表现出来）、利益把市民社会的成员联合起来"。〔5〕所以，把当事人连接在一起、成为债权人和债务人的，实质上不是债权、债务，而是债权、债务所包容的利益和不利益，债权和债务不过是他们的利益和不利益的法律形式。

利益，是生活需要的满足，表现为物质需要的满足和精神需要的满足。而不利益则是利益的不增加甚至是减少，包括物质利益或者精神利益的不增加或者减少。利益有正当和不正当之分，正当利益者，法律确认为权利或者合法利益，不正者，不具有权益的法律地位。不利益也是如此，不正当者，法律不允许实现，正当者，法律任由其存在。人们之间的关系，实质是正当利益的交换关系，〔6〕正是互利，把人们彼此连接起来。

---

〔1〕《民法典》第 509 条第 1 款、第 2 款；参见《德国民法典》第 241 条第 2 款。

〔2〕《民法典》第 1165 条。

〔3〕《民法典》第 987 条。

〔4〕《民法典》第 979 条。

〔5〕中共中央马克思、恩格斯、列宁、斯大林著作编译局编译：《马克思恩格斯文集》（第一卷），人民出版社 2009 年版，第 322 页。

〔6〕本书认为，"交换"一词的本质的意义应是"人们之间相互的利益给予"，包括商品的利益给予和非商品的利益给予。人们之间发生的利益给予，绝不限于商品交换，如父母子女之间、配偶之间、兄弟姐妹之间的利益给予，以及赠与行为、无因管理关系中的管理行为等，行为人的本意绝不是商品交换，因此这些行为不能归入商品交换，但都是相互的利益给予。

人们之间相互的利益给予，是互利、合作，是社会关系的本质，社会的目的，也是民法历经不同社会而生命力沛然不衰的动力。虽然竞争也是社会的动力，但不是唯一动力，更不能认其为社会目的。商品交换是人们相互间以竞争的方式进行的互利、合作，是相互间利益给予的形式之一。

债权的内容是合法财产利益。债权实现，债权人得到约定的或者法定的利益。

在合同之债，当事人设定债的目的是为了从对方得到预期利益，合同履行，债务人的利益移至债权人。如买受人得到标的物，买受人得到价款。

在法定之债，债权人的利益受到损失，依法应当由债务人填补，债务履行，债权人先前所损失的利益即得到填补。如被侵权人得到侵权人给予的赔偿金。

债务的内容是不利益。债务履行，债务人的利益转移至债权人，债务人先前的财产利益自然减少。例如出卖人所负担的标的物交付义务，就是将其既有财产利益转移给债权人。换个说法，就是为使对方利益增加而减少自己的利益。损害赔偿的债务，则是以侵害人的财产利益填补受害人的利益损失。

可见，债权是从对方取得利益的法律形式，债务是给予对方利益的法律形式。

（二）债权、债务相互对立，互为条件，共同构成债的内容

债权、债务所包容的利益和不利益，在经济属性上是对立关系；债务履行，使债权人获得利益而债务人减少利益，故债权、债务在法律属性上是对立关系。

债权、债务互为存在条件，债权决定债务，债务也决定债权；无债务即无债权，债权不成立也就无债务。如，当事人约定甲方支付酬金而乙方实施毁损他人名誉的行为，即使乙方已依约行事，因乙的给付违法，不能发生酬金债权、债务。

（三）债权、债务共存共亡，决定债的存废

债权、债务任何一面的存在，即决定另一面的存在，而任何一面的消灭，也决定另一面的终止。债务清偿，债即不复存在，债权消灭，债也归于消亡。

（四）要因之债的债权、债务，以"给付原因"为共同的有效条件

1. 给付原因的意义。给付原因，是指债务人负担债务的法律上的原因。[1]如买卖合同，买受人负担价款支付义务的原因，是出卖人承诺向买受人转让标的物及其所有权。又如租赁合同，承租人承诺支付租金，是出租人

---

[1] 对给付原因有许多观点。如：法国法系中的"原因就是一种无一例外地决定某一特定类型的合同的社会经济功能。"参见徐涤宇：《原因理论研究——关于合同（法律行为）效力正当性的一种说明模式》，中国政法大学出版社 2005 年版，第 165 页。拉伦茨认为，德国民法中的原因"即承担义务的法律目的，这个法律目的同时也表明了负担合同所追求的经济目的"。他进一步明确说明，在买卖、租赁、承揽等合同中，"一方之所以承担给付义务，是因为他要因此使另一方承担对待给付的义务"。参见［德］卡尔·拉伦茨：《德国民法通论》（下册），王晓晔等译，法律出版社 2003 年版，第 443 页。王泽鉴主张，"所谓法律行为的原因，指因法律行为的作成，而欲取得财产上利益之目的而言"。参见王泽鉴：《债法原理》（第一册），中国政法大学出版社 2001 年版，第 127 页。

负担租赁物提供义务的原因。而在侵权行为之债，侵权人支付赔偿金，是有法定的赔偿原因，即他不法侵害被侵权人的合法权益使其受到损害。

如果说"给付"界定的是债务人当为行为的性质、范围和形式，那么，"给付原因"解决的就是债务人在法律上为什么负担债务的问题。

2. 给付原因是大陆法系的概念。大陆法系中，无论法国法系还是德国法系都有给付原因的直接规定。《法国民法典》给予给付原因重要的地位。该法规定，给付原因是债的有效条件之一。而且，给付原因必须合法，不法原因不能成立有效之债权债务关系。[1]

在《德国民法典》，不同的债，给付原因对债的效力有不同的作用，有的是确定债的效力的依据，有的则被忽略不计，对债的效力没有作用。[2]因此，在德国民法和民法理论中，存在要因之债和不要因之债。属要因之债的，以给付原因为债有效的条件，财产的移转和取得须有给付原因，否则构成"不当得利"。而不要因之债，不以给付原因为债的有效条件甚至无需给付原因，典型如普通赠与合同，只要有赠与合意即成立有效之债，不以给付原因为赠与合同有效的条件。在事实层面上当事人形成赠与合意的原因为何（如友情、施恩、博取受赠人好感等），不构成法律意义上的给付原因，只要不违反法律和公序良俗就不影响赠与合同的效力。

在英美法系合同法上，另有"约因"和"对价"这两个概念，[3]其含义

---

[1]　《法国民法典》第 1108 条规定，债的合法原因是契约有效成立的根本条件之一；第 1131 条规定："无原因之债，或者基于错误原因或不法原因之债，不发生任何效力。"可见其未承认"不要因债权契约"。第 1133 条规定："原因为法律所禁止、违反善良风俗或公共秩序时，此种原因为不法原因。"罗结珍译：《法国民法典》（下册），法律出版社 2005 年版。

[2]　《德国民法典》将"给付原因"规定于总则，分"要因行为"和"不要因行为"，区别对待"给付原因"与债的效力的关系。分则中分"要因之债"和"不要因之债"。该法第 812 条规定，"无法律上的原因，因他人的给付或以其他方式蒙受损失而自己取得利益的人，对该他人负有返还义务"。而不要因之债的财产移转，无须给付原因。

[3]　"约因"与"对价"都是英文"Consideration"的中文译文。二者意义相同。试举几例：①杨桢教授认为，对约因（Consideration）"可引用 Lord Pollock 对约因所下定义：'一方之行为，或容忍或所为之诺言，乃换取对方诺言之代价，此项诺言既有对价关系，自属有效。'"参见杨桢：《英美契约法论》，北京大学出版社 1997 年版，第 90～91 页；②"对价（Consideration），对另一方的许诺或行为作出的承诺，如给付、劳务或放弃权利"。参见［英］戴维·M. 沃克：《牛津法律大辞典》，北京社会与科技发展研究所组织翻译，光明日报出版社 1988 年版，第 198 页。③1875 年在英国柯里诉米萨一案中，英国高等法院法官路希对于对价下了如下定义："按照法律上的含义，一个有价值的对价就是一方得到某种权利、利益、利润或好处，或者是另一方作出某种克制、忍受某种损害与损失，或者承担某种责任。""如果把这个定义加以简化，对价就是合同的一方得到利益，或另一方受到损害。"转引自高尔森：《英美合同法纲要》，南开大学出版社 1984 年版，第 22 页。

与"给付原因"不尽相同，但是对于合同权利、义务效力的作用，实属相似。[1]

《民法典》第985条规定了不当得利制度，根据该规定，得利人"没有法律根据取得不当利益的"负有返还利益的义务，其中的"法律根据"与"给付原因"是同一概念的不同表述。

3. 给付原因是法律上的原因而不是经济或者伦理原因。在事实层面上，凡负担给付义务，行为人主观都有原因，有的为出卖，有的为买受，有的为实现道德或者情义需要。这些原因，属于经济或者伦理的原因，可以表述为事实上的原因，不属于法律上的给付原因。

法律上的原因，是法律所规定的债务人负担债义务的原因，具有国家强制力的保障。经济、伦理的原因是债赖以发生的利益驱动，法律不赋予其强制力。法律上的原因对债的效力有重大作用，经济、伦理原因与债的效力无关。

（1）法定之债中的给付原因。法律保护的利益关系受到破坏、需要恢复，是法定之债的给付原因。具体讲就是，当事人间原有的物权、人身权、知识产权等绝对权关系，因侵权、不当得利等行为而受破坏，合法利益关系失去平衡，法律为社会的公平、正义，以强制力恢复当事人间原有的绝对权关系，使其利益关系回归平衡状态。[2]

（2）意定之债的给付原因。行为人有发生债权、债务的意思表示，是其给付原因。如承揽合同，承揽人是因为定作人承诺支付酬金，定作人则是因为承揽人承诺提供工作成果。一方的承诺，就是对方承诺的原因、负担给付义务的法律上的原因。[3]再如赠与合同，赠与可因情感表达、伦理需要，或利益期待表达。但是这些都不能发生法律效果，因而都不是"给付原因"，只有"无偿利于对方"的意思表示，才对赠与人发生"法律约束力"，成为"法律上的原因"。换言之，赠与人负担赠与物交付义务的法律上的原因，是他的"赠与的意思表示"。

---

[1] "台湾地区施行的'民法'规定之'原因'，虽非即等于英美契约法中之'约因'（Consideration），然在某些方面多少有类似或共同点之存在。例如大陆法中之'原因'与英美契约法中之'约因'，对约束简单契约，使契约当事人之权利有所保障，并具有事先慎重考虑之表示，两者应为相同。"参见杨桢：《英美契约法论》，北京大学出版社1997年版，第169页。

[2] 侵权人因何侵害被侵权人的人身或者财产权利，属于伦理或者经济原因，法律不能也不必判断其是否正当。侵害了法律保护的权益，才是法律关心所在，才是"给付原因"。

[3] 定作人为什么定作，承揽人为什么需要金钱，对定作人、承揽人都不能发生"法律约束力"，因此，是他们行为的"经济原因"，不是当事人负担给付义务的法律上的原因，

4. 要因之债没有合法给付原因的，不发生债权、债务的效力。要因之债，是"要因行为"发生的债。其以合法给付原因为有效条件，如果欠缺给付原因，或给付原因不合法、违背公序良俗，不发生有效之债权债务。

欠缺给付原因者，如买卖合同没有买方的付款承诺而负担货物交付义务，运输合同有运费支付约定而无运输承诺等。

给付原因不合法者，如约定伤害他人而给付报酬之承诺、买卖毒品之价款给付承诺等。给付原因违背公序良俗者，如对非法同居者的财产赠与承诺等。

5. 不要因之债欠缺给付原因的，对债的效力一般无碍，例外情形才有影响。不要因之债，是"不要因行为"所生之债。法律受市场交易追求效率的社会观念和意思表示形式主义的推动，认可了不要因行为，导致不要因之债合法化，在法律的价值判断层面，将给付原因与债的效力相分离，不作为债的效力的要件。

因此，在法律上，给付原因与债的效力处于分离状态，一般情形下给付原因不影响债权、债务的效力。这种债的债权人，在发生债务诉讼时，只需证明债的存在，无须证明债的成立原因。

不过，当分离状态遇到与分离的法律价值相反的情事时，给付原因对债权、债务有实质影响。典型如票据关系，通常，只要票据行为的形式合乎票据法的规定，票据债权、债务就有效，而例外的是，直接当事人间的票据债务欠缺给付原因的，债务人得行使抗辩权，拒绝履行。[1]

不要因之债的种类不多。《民法典》规定的保证关系、普通的赠与关系、债务承担关系，属于不要因之债。在民法特别法上，票据法律关系、指示证券、不记名债券关系等为其典型。[2]

不要因之债的实质，是将"债的原因"与"债的本体"相隔离，通常情

---

[1] 《票据法》第13条第2款规定："票据债务人可以对不履行约定义务的与自己有直接债权债务关系的持票人，进行抗辩。"此处的债权、债务，是票据当事人双方授受票据的原因，属于普通债权、债务，如买卖合同的债权债务、支付酬金的债权债务等。"不履行义务"就造成授受票据的给付原因欠缺。

[2] 以《德国民法典》为例，其第二编第八章以第780条、第781条两个条文，分别规定了"债务约定""债务承认"两种不要因之债；另以9个条文规定指示证券，15个条文规定了无记名债券。另，关于票据关系无因性，请见《最高人民法院关于审理票据纠纷案件若干问题的规定》第14条。

形，舍弃债的原因，使债的本体成为"独立的债务关系"，[1]独立发生债权、债务的效力。它是市场经济的客观必要和客观存在，面对我国市场经济发展的前景，对其应有足够了解。

（五）债务清偿是债权消灭的原因，债务不履行是债权效力全面发动的因素

1. 债务清偿，债权归于消灭。在意定之债，债权、债务按照当事人的设计发生，当事人双方建立债的目的，是为了消灭既有之债而取得利益。债不消灭，就不能取得预期利益。[2]而消灭债的正常原因，就是债务清偿。在法定之债，债务因出现法律规定的法律事实而发生，当事人没有发生债的目的，对债务没有预先的设计，债务人按照法律规定（主要是根据人民法院的生效判决）清偿，债权同样消灭。

2. 债务不履行，债权不能正常实现，其各种效力依不同情形而发动。债权是个权利机体，债务不履行的，债权依不同情形，释放不同的效力

首先，债务不履行时，债权的请求权效力发动。债权人得行使"给付请求权"，请求债务人继续履行；请求无果的，债权人得行使"执行请求权"，请求法院强制债务人继续履行，并得结合主张"债务不履行的赔偿请求权"。此为债权的基本效力。

此外，债务不履行还激活债权的保全权、解除权等权利的效力。[3]

---

[1] 所谓"独立的债务关系"，是"许诺一项给付，并且该许诺可以独立创设义务"的合同。它一般需要书面形式，由债务人作出自己负担义务或者自己承认债务的表示。它的特点是：①债务人负担债务不以给付原因为要件，有债务人承认债务的书面形式便为足够；②债权人根据这种合同，不需要对待给付；③诉讼中，债权人只须证明债务约定或者债务承认，无须证明给付原因。对《德国民法典》第780～781条所规定的"债务约定""债务承认"两种不要因之债，德国学者迪特尔·梅迪库斯指出，"可以将这两种类型归纳成'独立的债务合同'"。参见［德］迪特尔·梅迪库斯：《德国债法分论》，杜景林、卢谌译，法律出版社2007年版，第446页。梅迪库斯还说，"可以依照第780条和第781条，称债务约定和债务承认为'不要因'的，而且经常如此"。参见［德］迪特尔·梅迪库斯：《德国债法分论》，杜景林、卢谌译，法律出版社2007年版，第447页；"负担行为也可以是无因的"，"这一点主要适用于第780条、第781条的债务约定和债务承认"。参见［德］迪特尔·梅迪库斯：《德国民法总论》，邵建东译，法律出版社2000年版，第170页。在我国台湾地区，"通说认为无因债权契约有债务约束与债务承认二类项，事实上，乃继受德国民法第七八〇以下之结果"。参见陈自强：《无因债权契约论》，学林文化事业有限公司1998年版，第280页。

[2] 如买卖合同，买受人为及时得到标的物，出卖人为及时得到价款，双方如约履行，各得其所，债就圆满消灭。任何一方的缔约目的，不是让债权、债务长期停滞。

[3] 《民法典》第535～537条规定了债权人代位权；第538～542条规定了债权人撤销权，作为债权保全的法律措施。第563条规定了法定解除权，债务不履行是行使法定解除权的条件。

第三人侵害债权致债务不履行的，债权对第三人发生侵权损害赔偿效力。[1]

六、债权、债务与责任

责任是债务违反者所承受的强制性的不利法律后果。可归责于债务人的债务不履行，发生债务违反的责任。如违反合同债务者负担的违约责任、不履行法定之债的债务发生的被强制执行财产的责任等。

债务和责任界线分明：债务与债权同时、对应而存在，债权与责任没有直接的关联，债务不履行时责任才发生；债务可因意思表示而成立，责任的发生与意思表示无关；债务的功能是确定债权，责任的功能是对因债务违反而不能实现的债权予以救济；债务可以换取对待的债权，如出卖人负担交付标的物的债务，对应地享有收取价款的债权，责任则不能换取对待的债权；债务的法律逻辑和价值理念，是推定债务人能够自觉履行，而责任的制度观念，在于确定债务不履行可归责于债务人的，是可责难的行为，须强使其填补债权人的损失。

民法理论假定完全行为能力人是"理性人"，从自身利益和诚实信用出发，能够自觉履行债务，避免债务不履行给自己带来经济上和道义上的不利。但是在事实上，民事主体为自己利益最大化，在一定条件下，会选择不履行债务，债权人因此会受到损害。为确保债权实现，法律设置责任制度，以为债权的救济。

责任的功能有二：一是有效警示债务人，债务不得违反。否则法律将强制其承担不利后果，如支付违约金、损害赔偿等。二是在债务违反时，强力保障给付利益归属债权人。责任制度强制债务违反者以自己的财产，填补债权人因其不履行债务所受损失。

---

[1] 立法例上有第三人侵害债权的制度。参见史尚宽：《债法总论》，中国政法大学出版社 2000 年版，第 1~2 页；王泽鉴：《债法原理》（第一册），中国政法大学出版社 2001 年版，第 11~12 页；王泽鉴：《侵权行为法》（第一册），中国政法大学出版社 2001 年版，第 174~177 页。

第 三 章

债的发生

【本章提要】债的发生，研究的是债的发生原因，包括法律行为和法律行为之外的法律事实。法律行为发生的债，按照行为人的意思表示发生债权、债务；法律行为之外的法律事实发生的债，按照法律的规定发生债权、债务。

在理解债的各种发生原因的意义、性质的基础上，重点掌握各种发生原因的要件、效力、类型等。

第一节　概述

一、行为是债的主要发生原因

债是法律关系，自有其发生的法律事实。引发债的法律事实，称为债的发生原因，也叫债的发生根据。

法律事实分为行为和事件，债的发生原因，多数是行为，少数是事件。

行为又分法律行为和法律行为之外的行为，后者包括事实行为、不法行为等。这些行为，都能够引起债的发生。因此，债的发生原因，有三种行为：

（一）法律行为

法律行为是按照行为人意思表示发生法律效果的行为。在法律行为，行为直接发生、变更、终止物权的，是物权行为。如不动产所有权转让登记、地役权合同、土地承包经营权合同等；行为能够发生、变更、终止债权的，是债权行为。如为取得标的物给付请求权而订立买卖合同，为得到请求对方运送服务的权利而购买车票等。

债的内容包括债权、债务，从债权发生角度讲，引起债发生的法律行为，是债权行为；从债务发生角度看，债的发生原因是债务人负担债务的行为，即债务行为、负担行为。

单方法律行为和双方法律行为都能够发生债。前者例如设立幸运奖，[1] 代理权的授予等，后者即各种债权合同。

---

[1]　关于设立幸运奖为单方法律行为，参见张广兴：《债法总论》，法律出版社 1997 年版，第 62 页。

（二）事实行为

事实行为，是行为人虽无发生、变更、消灭权利的目的，但法律规定能够发生特定权利、义务的行为。其典型为生产、建造、物的消费、无约定和法定义务而为他人利益管理他人事务的行为（如为陌生病人垫付医药费）等。

事实行为与法律行为相比较，特点是行为人无意思表示。无意思表示自然无所谓按照意思表示发生法律效果。但是，有的事实行为，关乎特定物的物主与不特定的任何人之间因该物的利益归属，法律认可物主对其之物有独占之利益，即达公平之效果。生产、建造等行为，就是这种行为。而有的事实行为，事关特定人之间的利害分配，法律出于衡平当事人双方利益的社会公平、正义的需要，不考虑行为人无意思表示的因素，直接规定双方之间发生债权、债务。无约定和法定义务而为他人利益管理他人事务的行为，即属这种事实行为。

事实行为中，无约定和法定义务而为他人利益管理他人事务的行为，叫作无因管理行为，是债的发生原因之一。

（三）不法行为

不法行为是违反法律规定的行为。包括侵权行为、不当得利行为、缔约过失致人损害行为、债务不履行行为等。

各种不法行为，均是行为人违反法律而使特定人利益受到不应有损害的行为。依民法上自己责任的原理，行为人应当对自己行为及行为后果负责，不法行为人违反法律致人损害，对利益受损人有恢复利益的义务，因此，不法行为人与利益受损人之间发生债权、债务。

不同的不法行为，性质有所差异，要件均不相同，发生的债权、债务自然各具特点。

民法理论中，往往也把不法行为归类到事实行为之中。

二、债法规范是债的发生依据

（一）债、债法规范、债的发生原因三者之间的关系

凡法律关系之发生，须有法律事实，而法律事实，是法律所规定的能够引发法律关系的客观事实。所以，法律事实是法律关系发生的原因，法律规范是法律关系的依据。债这种法律关系，自不能例外。

（二）债法规范是确认债的发生及债权、债务的准绳

法律适用既是立法的目的，也是司法的生命。所谓"以事实为根据、以法律为准绳"，说的就是以法律事实为根据，以得适用于案件的法律规范为

准绳。

1. 个案裁判中债法规范的作用。从技术层面讲，判断案件当事人之间是否发生债权、债务，辨识发生何种债权、债务，与债的发生原因的法律规范直接关联，必须首先检索债的发生原因的法律规范。同时，由于不同的债，发生根据不同，效果也有不同，必须按照债法关于不同的债的分别规定，判断债权、债务。

请试解答例后所设问题。

[例1] 玉器摔毁案

甲租用乙经营之展台展销玉器，并委托乙守护，游客丙不慎碰倒展台摔毁玉器。

问题：何人之间、发生何种法律关系？应如何寻找规范依据？

设：丙为贫苦之人，无力赔偿，本案当如何裁判？

[例2] 偷来公鸡啄伤幼童案

史某偷得蔡某公鸡，回家途中公鸡挣脱，啄瞎幼童田宝右眼。

问题：何人之间、发生何种法律关系？

[例3] 抵押财产权利纠纷案

A公司将本公司生产的半成品抵押给B公司，又卖给C公司。C公司付清货款、提走货物后，B公司强烈要求其返还抵押物，三方发生纠纷。

问题：何人之间、发生何种法律关系？应如何寻找规范依据？

设：C公司付清货款，未及提货，B公司控制了半成品，C公司不能获得货物，三方之间的权利义务如何？

又设：C公司已经提走货物，但是未付货款，B公司强力反对，要求返还货物，三方之间的权利义务如何？

2. 民法体系中债法规范的作用。从民法体系层面看，债法受其所调整的社会关系的性质和特点的决定，有其专门的适用范围和规则体系、特有的规范功能与制度价值。债的发生，须基于债法所定法律事实、守于债法适用范围、实现债法规范功能、彰显债法制度价值。否则，就会发生不分债权行为、物权行为，不分债的发生与物权变动的逻辑混乱。最终导致法律适用的紊乱、案件裁判的错误。

鉴于此，既不能到债法之外去寻找债的发生根据，也不能将不发生债权、债务的法律事实，强行加入债法体系，适用债法。

如地役权合同，究竟是债权的发生原因还是物权合同，它发生的是债权、债务关系，还是物权变动效果，有思辨之空间。《民法典》第333条中规定土地承包经营权"自土地承包经营权合同生效时设立"，第374条中规定"地役权自地役权合同生效时设立",也就是土地承包经营权合同、地役权合同直接发生土地承包经营权、地役权这些用益物权。若认这些合同是债的发生原因,逻辑上不通。

3. 对债法应当做广义理解。广义的债法,包括民法中的一切关于债权、债务的规范,除财产法中名为债法以及能够纳入债法的规范之外,还包括分散于民法其他制度中能够引发债的规范。如亲属法上关于赡养请求权、扶养请求权的规范,继承法上的遗赠抚养协议、继承回复请求权的规范等。

第二节　合同

一、合同的意义

合同是民事主体之间设立、变更、终止民事法律关系的协议。

这是《民法典》第 464 条对合同下的定义。按照该规定,本法规定的合同限定于财产合同,即能够引发债的合同。[1]

合同具有以下特征:

(一)合同属于双方或者多方法律行为

合同是依行为人双方的合意发生法律效果的行为,因此属于法律行为。

合同一般是双方法律行为,双方当事人的意思表示一致,即形成"合意",合同即告成立。也有一些合同是多方法律行为,如 3 人以上的合伙合同,3 人以上成立公司的合同等。[2]

---

[1] 《民法典》第 464 条第 2 款中规定,婚姻、收养、监护等有关身份关系的协议,适用有关该身份关系的法律规定,明确了这些合同是身份关系的合同,适用相关的身份法律规定。

[2] "合同"和"契约"都是汉语中用来表述当事人之间的"合意"的语词。在我国民法史上,曾经对合同和契约有过区别,认为合同是当事人意思表示的方向一致、目的相同的共同行为,如合伙合同;契约是当事人意思表示的方向相对、目的也相对的法律行为,如买卖、租赁等相互交易的契约。但是,如果以"当事人间发生债权、债务的合意"为标准来观察,区分合同和契约没有实质意义。大陆自 1952 年左右开始,在规范性文件中逐渐弃用"契约"而采用"合同",五十多年来,人们已经习惯了这个概念,《合同法》的颁行和相关司法解释的出台,使合同这个词深入法官、律师和社会公众的头脑,进入人们的生活,《民法典》进一步确定了这个名称。现在,契约在我国台湾地区、香港地区、澳门地区三个地区是正式称谓。从另一方面说,契约的概念并没有完全退出人们的思维,像"缔约""履约""违约""契约自由"等许多概念,在司法文书、律师业务、理论研究中大量出现,而这些表述,都是以契约为思维基础。

（二）合同的效果是依行为人的意思表示设立、变更、终止民事权利、义务

不同的意思表示具有不同内容，决定其发生的权利、义务具有特定性。在民法理论和立法例上，合同分为财产合同和身份合同，财产合同又分为物权合同和债权合同，物权合同是直接发生物权变动效果的合同，如土地承包经营权合同、地役权合同，依据《民法典》的规定，不是债的发生原因；债权合同是发生债权、债务的合同，属于债的发生原因。

二、合同与债的关系

（一）合同是法律行为，债是合同发生的法律关系

合同作为法律行为，属于法律事实，债是大陆法系民法对各种特定当事人之间以特定行为为客体的法律关系的总称，属于一类法律关系；合同是债的发生原因之一，债是合同的结果。

（二）合同是债的发生原因之一

债，因法律行为和法律行为之外的法律事实而发生，分别构成意定之债和法定之债。意定之债因单方法律行为或者双方法律行为发生，而法定之债则因侵权行为、无因管理行为、不当得利行为等发生。因此，合同是发生债的诸种原因中的一种。

因合同发生的债，属于"合意之债"，是"意定之债"的主要形式。合同之债具有债的共性，也有不同于法定之债的个性。同理，法定之债也有不同于合同之债的个性。

合同之债与法定之债相比较，主要的区别在于，作为客体的"给付"和作为内容的债权、债务，是当事人约定的而非法律规定的，因此，当事人的合同权利、义务的基本依据是依法成立的合同。《民法典》第 465 条第 1 款规定，依法成立的合同，受法律保护；《法国民法典》第 1134 条规定，依法订立的契约，对于缔约当事人双方具有相当于法律的效力。这些规定，表明了合同之债在效力方面的特殊性。

（三）合同与债的逻辑关联和法律适用方面的关联

由于合同是一种法律行为，是债的发生原因之一，导致合同与债在逻辑方面形成密不可分的因果关系，合同的要素决定了合同之债的三要素，使得债权、债务、标的都具备了合同约定的特定性。因此，除法律另有规定者外，不得以合同以外的因素改变合同之债的内容和效力。

在法律适用方面，二者的关联是：面对具体的合同之债，首先以合同为依据；合同本身不能确定合同之债的效力时，到合同之债的一般性法律规定中寻找依据；合同之债的一般性规则仍然不能解决问题的，应当求诸债的一

般性规定。经过法律适用工作，确定合同生效的，合同之债有效成立，按照合同约定界定当事人的债权、债务；确定合同效力有瑕疵的，根据其瑕疵的性质是无效、可撤销、效力待定，界定当事人的债权、债务；在界定当事人债权、债务的过程中，债的一般性规定如债的发生、债的效力、债的移转、债的消灭等规定，有着标准的地位和功能。

三、合同之债的成立要件

合同之债，依当事人双方的要约和承诺而成立。

合同之债的发生是一个动态的过程，即当事人为设立债权、债务关系而进行协商、达成合意的过程，该过程包括"要约"和"承诺"两个阶段。

（一）要约

1. 要约的意义和性质。要约是希望与他人订立合同的意思表示。又称为报价、发价或发盘。其中，发出要约的人称"要约人"，受领要约的人称"相对人"或者"受要约人"。

要约是单方意思表示，不具备法律行为的要件和效力。因此，不能在要约人和相对人之间发生合同债权、债务。

2. 要约的构成要件。要约应当：①内容具体确定。既要明确表示希望与相对人订立合同，还要说明希望订立的合同的主要内容。如此，相对人才能够考虑是否同意。如果意思表示的内容不明确，不构成要约。②表明经受要约人承诺，要约人即受该意思表示约束。即表明要约人在受要约人承诺时，按照要约的内容承担合同债务、享有合同债权。

3. 要约的效力及生效的时间。

（1）要约的效力。要约属于意思表示，不能直接成立合同，但是仍然具有法律效力。要约生效后，要约人在要约存续期间不得变更或撤回，相对人获得承诺的权利，其一旦承诺，合同之债即告成立。

（2）要约的生效时间。要约分为对话方式和非对话方式两种。对话方式是要约人直接与相对人对话进行要约，非对话方式是要约人以文件、数据电文等形式向相对人进行的要约。以对话方式作出的要约意思表示，相对人知道其内容时生效。以非对话方式作出的要约意思表示，到达相对人时生效。以非对话方式作出的采用数据电文形式的要约意思表示，相对人指定特定系统接收数据电文的，该数据电文进入该特定系统时生效；未指定特定系统的，相对人知道或者应当知道该数据电文进入其系统时生效。当事人对采用数据电文形式的要约意思表示的生效时间另有约定的，按照其约定。[1]

4. 特殊形式的要约。

（1）反要约。反要约是受要约人对要约内容进行扩张、限制或变更后所作的意思表示。如要约人对一件货物要价 50 元，受要约人还价 40 元的意思表示。

（2）交叉要约。也称交错要约，是指当事人双方互以对方为受要约人所进行的内容契合的要约。交叉要约中的两个要约，均在收到对方要约之前发出，而且内容契合，足以形成合意。通常，按后到要约的到达时间为合同的成立时间。

（3）现物要约。现物要约是指未经订购而当事人一方向对方径送物品的行为。现物要约的情形，受要约人同意接受所送物品的，合同即告成立。

5. 要约的撤回、撤销和失效。

（1）要约的撤回。即要约人在要约生效前向相对人通知使其要约丧失法律效力的意思表示。

要约发出后，因某种原因，要约人可以撤回要约，但撤回要约的意思表示必须在要约生效前到达相对人，方能发生撤回的效力。要约一旦被撤回，即对要约人失去拘束力。《民法典》第 475 条规定，"要约的撤回适用本法第 141 条的规定"。由于第 137 条规定对要约生效的时间有不同规定，要约人必须按照该条关于要约生效时间的规定，在要约生效之前将撤回的意思表示到达相对人。

（2）要约的撤销。即在要约生效后，要约人向受要约人通知使其要约丧失法律效力的意思表示。《民法典》第 476 条规定，要约可以撤销，同时规定了两种除外情形。第一种情形，要约人以确定承诺期限或者其他形式明示要约不可撤销；第二种情形，受要约人有理由认为要约是不可撤销的，并已经

---

[1]《民法典》第 137 条第 2 款。要约自何时生效，在理论上主要有发信主义和受信主义两种观点。发信主义主张，要约人发出要约后，要约即发生效力。受信主义主张，要约到达受要约人之时才能发生效力。因受信主义以要约到达受要约人为要约生效之时间点，所以受信主义又称为"到达主义"。要约到达，是指要约到达受要约人的控制范围之内，并非指要约为受要约人所阅知。《民法典》第 474 条规定："要约生效的时间适用本法第 137 条的规定。"而按照《民法典》第 137 条的这些规定，我国民法根据要约的不同方式采用不同的规则，对话方式的是受要约人"知道"要约而要约生效的规则，非对话方式包括相对人指定了接受数据电文特定系统的，采用"到达主义"的规则；而非对话方式的相对人未指定接受数据电文特定系统的，采用的是相对人"知道或者应当知道"数据电文进入其系统时要约生效的规则。而且，当事人对采用数据电文的要约的生效时间有约定的，以约定为准。根据这些规定，不宜将我国要约生效的时间简单归结为"发信主义"或者"受信主义"。

为履行合同做了合理准备工作。[1]

依据《民法典》第477的规定，撤销要约的意思表示以对话方式作出的，该意思表示的内容应当在受要约人作出承诺之前为受要约人所知道；撤销要约的意思表示以非对话方式作出的，应当在受要约人作出承诺之前到达受要约人。

撤销要约的效力溯及到要约生效之时，即要约一经撤销，则视为要约自始不生效。

（3）要约的失效。要约的失效，又称要约的消灭，是指要约丧失其法律效力，要约人和相对人均不再受其拘束。也就是要约人解除了其受要约约束的效力或义务，相对人丧失了作出承诺的资格或权利。

依据《民法典》第478条的规定，要约因下列情形而失效：

第一，要约被拒绝。要约被拒绝包括相对人对要约不进行承诺、相对人对要约进行扩张、限制或变更两种情形，后者在法律上被视为一项反要约。

第二，要约被依法撤销。要约人依法撤销要约，自撤销要约的通知到达相对人时，要约效力即告消灭。应当区分撤回和撤销。撤回要约并非要约失效的事由，因为要约在有效撤回之前尚未生效，也就不存在所谓"失效"问题。

第三，承诺期限届满，受要约人未作出承诺。承诺期限，是相对人可以承诺的期限，也就是要约的有效期限。要约中明确规定了承诺期限的，相对人应在该期限内决定是否作出承诺，未承诺的，该期限届满时，要约失去效力。要约未规定承诺期限的，在对话方式的要约中，相对人未即时承诺的，要约即失去效力；非对话方式的要约中，要约人在承诺所需的合理期间内未收到承诺时，要约即失去效力。

第四，受要约人对要约的内容作出实质性变更。受要约人对要约的内容作出实质性的变更，视为反要约。一般情况下，提出反要约就是对要约的拒绝，要约人即不受其要约的拘束。

---

[1]　关于要约生效后是否可以撤销的问题，大陆法系和英美法系有所不同。大陆法系国家认为，要约对要约人有拘束力，因而要约生效后，要约人不得随意撤销要约。例如《日本民法典》第521条中规定："定有承诺期间而为的契约的要约，不得撤销。"第524条又规定："未定承诺期间，向隔地人所为的要约，要约人在承诺通知的相当期间内，不得撤销。"英美法系国家认为，要约对要约人没有拘束力，所以在受要约人未承诺前，要约人可随时取消要约。两大法系的这种矛盾，影响了国际贸易的顺利进行。为减少国际贸易中的法律障碍，《联合国国际货物销售合同公约》和《国际商事合同通则》采取折中的方式：在合同订立之前，如果撤销通知在受要约人发出承诺之前送达受要约人，则要约可以撤销。但在下列情况下，要约不得撤销：①要约写明承诺的限期或者以其他方式表示要约是不可撤销的；②受要约人已经依赖该项要约行事。

（二）承诺

承诺，是受要约人同意要约的意思表示。又称为接受、还盘、收盘。

与要约的性质一样，承诺属于意思表示，而非法律行为。

《民法典》第483条规定："承诺生效时合同成立，但是法律另有规定或者当事人另有约定的除外。"因此，在没有"除外"因素的条件下，生效承诺的效力就是成立合同之债。

四、合同之债发生的特殊形式

随着市场的发育，人们逐渐发明了一些成立合同之债的特殊形式，这些形式逐渐占据重要地位，成为合同之债发生的重要原因。

（一）强制订立合同

强制订立合同，是指负有法定缔约义务的自然人或者法人，对相对人的要约，无正当理由不得拒绝承兑，必须与其发生合同债权、债务关系。如经营医疗、邮政、电信、电力、天然气、自来水、铁路、公共汽车等业务的法人，必须与从这些法人获得服务的自然人和法人订立合同。

（二）附合合同

附合合同，是指合同条款由一方当事人预先拟定，对方只有附合该条款才能成立的合同。其形式是严格的格式合同。如车票、船票、飞机票、游乐园门票、保险单、提单、仓单等都是附合合同的典型。

（三）意思实现

1. 意思实现的意义。意思实现，是依据交易习惯、要约人的预先声明等，承诺无须通知的，受要约人以足可认为承诺的行为使合同成立的情形。

通常，受要约人的承诺，须向要约人为承诺通知，且该承诺通知到达要约人，合同之债方得成立，但在意思实现，却不必有承诺通知，只须受要约人有"足可认为承诺的行为"，合同即为成立。简要地说，就是受要约人以实现要约内容的行为替代承诺，达到承诺的效果。此为"承诺通知原则"的例外，学说上称为契约因承诺意思的实现而成立，立法目的在于简化、便利契约的成立。[1]例如，A大学向B图书公司要约："请于3天内寄王泽鉴著《债法原理》第一册中国政法大学出版社2000年版，200册，书到汇款。"B公司依要约直接邮寄，图书买卖关系即成立，无须在通知同意寄售后再邮寄。

《民法典》肯定了意思实现的承诺效力，该法第484条第2款规定的"承

---

[1] 王泽鉴：《债法原理》（第一册），中国政法大学出版社2001年版，第180页。

诺不需要通知的，根据交易习惯或者要约的要求作出承诺的行为时生效"就是意思实现的规定。

2. 意思实现的构成要件。根据上述《民法典》第 484 条第 2 款的规定，意思实现须具备下列条件：

（1）须有"无须为承诺通知"的承诺。依交易习惯须为承诺通知，或要约要求须为承诺通知者，不成立意思实现。

（2）无须为承诺通知的承诺，须由交易习惯、要约人的预先声明等确定。无前列客观事实，受要约人主观臆断的，不生意思实现的效力。

（3）须受要约人实施了"足可认为承诺的行为"。虽然受要约人在决定承诺时无须为承诺通知，但是，必须以足可认为承诺的行为，实现承诺的意思。

足可认为承诺的行为，分为两种：第一种，履行行为，即履行了要约所欲成立合同中的义务。如上例邮寄图书。第二种，受领行为，即行使了要约所欲成立的合同中的权利。如甲给乙送来饮料，希望乙购买之，乙一饮而尽。

（4）受要约人须在适当时间内为"足可认为承诺的行为"。时间不适当者，不能发生意思实现之效果。

首先，要约中定有承诺期限的应当守其期限；其次，要约中未定承诺期限的，该行为的适当时间标准是"根据交易习惯作出承诺的行为时"。[1]在理论上，有学者认为，至于时间是否适当，"应依契约性质、当事人可推知之意思及交易惯例加以认定"，[2]"可解释为有可认为承诺之事实之存在所必要之相当期间"。[3]

五、合同的类型及其与债的关系

（一）财产合同

财产合同是具有财产利益内容的合同。

1. 债权合同。债权合同，是以发生、变更、终止债权、债务为内容的合同。它的法律效果，是债权的发生、变更和终止，不能直接发生标的物的物权的变动。

债权合同是种类繁多、普遍存在的财产合同。《民法典》第三编规定的买卖合同等各种合同，《保险法》规定的保险合同，《中华人民共和国信托法》规定的信托合同，以及法律上没有名称的以当事人一方请求另一方为或者不

---

〔1〕《民法典》第 484 条第 2 款。

〔2〕 王泽鉴：《债法原理》（第一册），中国政法大学出版社 2001 年版，第 181 页。

〔3〕 史尚宽：《债法总论》，中国政法大学出版社 2000 年版，第 33 页。

为一定行为实现利益为特点的各种合同，均属这类合同。通常所说的合同，一般是债权合同。

2. 物权合同。以直接发生物权变动效果为内容的合同，是物权合同。

认可物权行为的立法模式，承认物权合同。按照这种立法，物权法中的土地承包经营权合同、地役权合同等都属于物权合同。

物权合同的效果是物权的直接变动，因此，不属于债的发生原因。[1]

（二）身份合同

以发生、变更、终止身份关系为内容的合同，是身份合同。典型如收养合同。

身份合同的效果是身份权利、义务的变动，因此不能成为债的发生原因。《民法典》第464条第2款规定，"婚姻、收养、监护等有关身份关系的协议，适用有关该身份关系的法律规定"，排除了身份合同发生合同债权、债务的可能性。

第三节　悬赏广告

一、悬赏广告的意义和性质

（一）悬赏广告的意义

悬赏广告，是悬赏人以公开方式声明对完成特定行为的人支付报酬的意思表示。简要说明如下：

1. 悬赏广告是以广告形式进行的意思表示。悬赏人以新闻媒体、普通海报等公开形式，向不特定人表示要求完成指定行为而支付报酬的意思，即构成悬赏广告。作出广告意思表示者称为"悬赏人"，按照广告要求完成行为者叫作"行为人"。

悬赏广告是一种普遍现象，大如技术方案的有奖征集、悬赏通缉犯罪嫌疑人，小如有报酬的寻物启事等。

2.《民法典》对悬赏广告采用契约说。《民法典》第三编"合同"编的第499条规定："悬赏人以公开方式声明对完成特定行为的人支付报酬的，完

---

[1] 如，地役权是用益物权，依《民法典》第374条，地役权自地役权合同生效时设立，显而易见，地役权合同直接发生的是物权而不是债权，故不应认其为债的发生原因。土地承包经营权合同亦同。

成该行为的人可以请求其支付。"在合同法律体系中规定，应当定性为合同。

（二）悬赏广告的性质

理论界对悬赏广告的性质，存有争议，主要有两种学说。

1. 单独行为说。该学说认为，悬赏广告是附条件的单方法律行为。广告人对完成指定行为的人支付报酬，无须行为人的承诺；同时，悬赏广告是向不特定人的意思表示，在发布广告时，债权人尚未特定，指定的行为能否完成、报酬给付请求权能否发生等，还不确定；行为人完成指定行为，停止条件成就，广告人支付报酬的债务才生效，故广告行为是附停止条件的法律行为，完成指定行为是悬赏广告债权、债务的生效条件，[1]指定行为未完成的，不发生悬赏广告的债权、债务。《德国民法典》采用此说，该法第 657 条规定："以公开的广告的方式，对于实施某一行为特别是对于引起某一结果而悬赏的人，有义务向实施该行为的人支付报酬，即使行为人未顾及悬赏广告而实施行为，亦同。"[2]

2. 要约说。又称契约说。认为，悬赏广告是广告人向不特定的多数人即向公众发出的要约，行为人以完成指定的行为作承诺，《日本民法典》采此说。[3]

二、悬赏广告的构成要件

悬赏广告的成立，须具备以下要件：

（一）须有悬赏人以公开的方式，向不特定人为意思表示的事实

悬赏广告是对不特定人发出的意思表示，因此，要求悬赏人的悬赏意思必须以广而告之的方式为之，方能使不特定人得知。广告的方式，法律无具体限制，以使一定范围的不特定人知晓为准。

（二）须指定需要完成的行为

指定的行为，可以是法律行为或者事实行为，不能是违法行为、违背公序良俗的行为。指定的如果是事实行为，行为人即使无行为能力，完成指定行为即可在悬赏人与完成特定行为的人之间发生债的关系。

（三）须有给付报酬之意思

悬赏广告须包含悬赏人对完成指定行为的人支付报酬的内容，无悬赏就不能成立悬赏广告。悬赏之报酬，可为金钱、物品、其他物质奖励或者荣誉。

---

〔1〕　史尚宽：《债法总论》，中国政法大学出版社 2000 年版，第 33～34 页。
〔2〕　陈卫佐译注：《德国民法典》，法律出版社 2006 年版，第 260～261 页。
〔3〕　史尚宽：《债法总论》，中国政法大学出版社 2000 年版，第 33～34 页。

三、悬赏广告的效力

行为人完成指定行为，悬赏人的债务生效，行为人对悬赏人有报酬请求权。

数人分别地先后完成指定行为时，由先完成者取得报酬请求权；不能证明先后者，推定为同时完成。

数人分别地同时完成指定行为的，应当平等分享报酬请求权，如果报酬在性质上不可分的，成立不可分债权，完成指定行为的数人对悬赏人享有连带债权。

数人完成指定行为但是广告中限定 1 人受报酬的，先到达悬赏人者享有报酬债权；数人同时到达者，采取抽签方法确定取得报酬者。

数人协力完成指定行为的，悬赏人应当公平分配报酬，不得显失公平。

四、悬赏广告的撤回

悬赏广告得于广告指定的行为完成之前撤回。撤回的方式，原则上应与原广告相同，但不局限于相同方式，能够达到与原广告相同的告知效果的，都可采用。

悬赏广告被撤回的，自始不发生悬赏广告的效力，如同无悬赏广告。在撤回前已经开始实施、但未完成指定行为者，不享有报酬请求权。悬赏人撤回悬赏广告，致使已经开始实施、但未完成指定行为者受到损失的，除悬赏人能够证明其不能完成指定行为者外，悬赏人应于广告预定报酬范围内向行为人赔偿损失。

五、优等悬赏广告

优等悬赏广告，是指数人分别完成指定行为的，悬赏人只向被评定为优等者支付报酬的悬赏广告。如优秀论文选拔、技术方案评优等悬赏广告。

优等悬赏广告除具备悬赏广告的一般构成要件外，还应具备以下特别要件：①广告中须声明仅对完成指定行为的数人中评定为优等者支付报酬。②广告中须定有应募的期间。例如，"本次有奖征集活动于某月某日结束"。③须应募人有应募意思的通知。如完成指定行为并接受评定。

优等悬赏广告除具备悬赏广告的一般效力外，还有其特殊效力：①悬赏人对应募行为有公平、公正、诚实信用进行评定的义务。②悬赏人有公布评定结果的义务。公布的方式应当与悬赏广告相同。③评定为优等者，对悬赏人有报酬给付请求权。④完成的指定行为产生的权利，在悬赏人和应募人无特别约定时，归属应募人，但悬赏人有优先使用权。如应募人完成了悬赏人指定的新产品制造行为，该制造行为产生的权利如知识产权归于谁，应当明确。

第四节　无因管理

一、无因管理的意义

无因管理，是指实施管理行为的人没有法定的或者约定的义务，为他人利益而管理他人事务的事实行为。具体说明如下：

（一）无因管理是为他人利益而管理他人事务的行为

首先，无因管理是一种行为。即管理他人事务的活动。在无因管理关系中，为管理行为的人叫作"管理人"，事务被管理的人称为"受益人"或者"本人"。

同时，无因管理是为他人利益的行为。人们的行为总有一定目的，例如合同，是为设立、变更或消灭权利、义务；故意侵权，目的是损害他人的权益；不当得利，则是为损人利己。无因管理的目的，是为他人的利益。

为他人的利益有两种情形：①为使他人获得利益；②为使他人免受损失、保有利益。前者如管理人在受益人有困难时主动帮其作成交易，合理地取得交易利益，后者如保全他人财物免受风雨损害、见义勇为保护他人免受人身损害，等等。

（二）无因管理是事实行为

管理人为无因管理，目的是为受益人利益，不是为了同受益人发生、变更或者消灭债权、债务，其行为没有意思表示，故不构成法律行为。但是，由于管理人的管理行为使受益人受益，而自己负担了管理费用，为使管理人和受益人之间的利益平衡，法律规定，虽然管理人没有发生权利、义务的意思表示，在当事人之间仍然能够发生权利、义务，受益人有向管理人偿还管理费用的法定义务，管理人享有管理费用给付请求权。

（三）管理人为管理行为，既没有法定义务，也没有约定义务[1]

无因管理中的"无因"，是无法律上的原因的意思。易言之，就是没有法

---

[1]　无因管理源自于罗马法上的"准契约"。《法国民法典》仍然置其于第三卷第四编第一章"准契约"。自《德国民法典》开始，瑞士债务法、日本民法、我国民国时期的民法等，都舍弃了准契约的观念，将无因管理作为发生债的原因之一。《民法典》中的"准合同"就是"准契约"。

定或约定的义务。行为人对他人的事务有法定或约定的管理义务的就不构成无因管理。如，监护人管理被监护人事务，是法定义务。再如，受托人管理委托人的事务是有约定义务。

《民法典》第979条第1款规定："管理人没有法定的或者约定的义务，为避免他人利益受损失而管理他人事务的，可以请求受益人偿还因管理事务而支出的必要费用；管理人因管理事务受到损失的，可以请求受益人给予适当补偿。"该条是无因管理制度的基本规范，第980条至第984条则从多个方面进行了补充。

二、无因管理的正当性依据

按照人格独立和私权自治原理，个人的事务由本人或有管理权的人管理，他人不得干预。然而，个人对自己的事务难免照顾不周或力所不逮，或遇到意外的危难而不能自行解除，并因此受到损失。由他人善意、主动地管理其事务，不仅可防止损失，也能达到互助合作之良好社会效果。事实上，这也是一种社会公德。民法基于对这种社会公德的维护，设立无因管理制度，一方面规定管理人对管理的必要费用享有请求权，另一方面又规定管理人应当采取有利于受益人的方法进行管理，鼓励人们互相关心、互相帮助、见义勇为，同时又防止无端干预他人事务的行为。

三、无因管理的构成要件

（一）须有管理他人事务的事实

有管理他人事务的事实，才有可能构成无因管理，客观上没有管理他人事务的事实的，不能构成无因管理。管理自己的事务，或误认自己的事务为他人的事务而行管理，都不是无因管理。

1. 判断是否他人事务的一般标准。一般以管理的权益的归属为准。凡管理的权益归属他人的，即属他人事务。

2. 不能成立无因管理的事务。

（1）违背公序良俗的行为。

（2）不能发生民事法律后果的纯粹道义上、宗教上或其他一般的生活事务。

（3）单纯的工作行为。如替人清扫。

（4）须经本人授权的事务。如放弃继承、公司股东的投票等事务。

（二）须管理人有为受益人利益而管理的意思

管理人进行管理是为了他人利益，这是无因管理成立的主观要件。管理人是否为他人利益，应当从动机和效果两个方面看，从动机上说，管理事务的动机是为他人利益，而不是为自己利益；从效果上说，因管理所取得的利益要归于受益人，而不是归于管理人。动机是通过效果反映出来的，管理人若不将管理所得的利益归于受益人，就不是为受益人利益。

（三）须管理人没有法定或约定的管理义务

管理人根据法定义务或者约定义务管理他人事务的，不构成无因管理。如，监护人管理被监护人的事务，保管人为寄存人管理寄存物等。

（四）须管理有利于受益人，且不违反受益人的明示或可推知的意思

对这一要件，应当注意三个方面：

1. 须管理有利于受益人。管理应当使受益人获得利益，或免受损失、保有利益。管理行为不具有这一功能的，不发生无因管理之债。管理不利于受益人反而致其损害的，管理人对受益人有赔偿责任。如严某添置新家具、抛弃旧家具，童某将旧家具粉刷一新后欲交还严某，并主张管理费用，就不能发生无因管理之债。又如崔某误认歇脚于其家阳台的一只信鸽为迷途普通家鸽，圈入笼中喂养致死，不但无权请求管理费用，反而应当赔偿信鸽主人的损失。

2. 须管理不违反受益人的明示或可推知的意思。所谓受益人明示的意思，是指受益人事实上已表示的意思，如呼救、求助等。

所谓受益人的可推知的意思，是指按照"被管理事务在客观上属于受益人的利益"所推断的受益人的意思。它不是依据受益人的主观，而是按照一般人的标准，客观推断。事实上，可能符合受益人的意思，也可能不符合受益人的主观愿望。符合受益人意思者，如债务人甲公司资金暂时周转不开，不能清偿到期债务，将会发生大额违约赔偿金，乙公司为使甲免受赔偿金损失，及时替甲清偿了债务。事实上不符合受益人主观愿望者，如潘某上吊自杀，未及气绝被宋某发现，送至医院抢救，花费一定医药费。

3. 判断管理是否有利于受益人，且不违反受益人的明示或可推知的意思，应当以不违背公序良俗为标准。

（1）受益人的事务违反法律、违背公序良俗的，即使管理有利受益人，也不得发生无因管理之债。如，贩毒者丢失毒品，有人拾得而行管理者。

（2）受益人的事务属于不履行法定义务者，即使管理不利于受益人且违反受益人的意思，管理人与受益人之间也得发生无因管理之债。如吴某遗弃其痴呆女儿，刘某精心照料多日，付出必要生活费，吴某对刘某有生活费偿还义务。

（3）管理的事务是否有利于受益人，应当依客观标准，即管理的事务在

一般人是否有利。无因管理，当事人之间没有委托关系和法定的管理关系，管理人无从知晓受益人的主观愿望，只能根据一般人就管理的事务是否有利作出推断。法律不能苛求管理人在管理时知晓受益人对被管理事务的真正意思。

四、无因管理的效力

无因管理的效力，是指管理人与受益人之间发生无因管理债权、债务关系。

（一）管理人的义务和权利

1. 管理人的义务。管理人负有对管理的事务适当管理的义务，未尽此义务致本人损害的，负担赔偿责任。

适当管理义务包括：①管理人应以善良管理人的注意义务，依受益人明示的或可得推知的意思，以有利于受益人的方法进行管理。否则，对由此发生的损失负赔偿责任。②中断管理对受益人不利的，无正当理由不得中断管理。否则，管理人对由此造成的损失负赔偿责任。③开始管理通知的义务。管理人开始管理时能够通知受益人的，应当及时通知；如果能通知而不通知，管理人对由此发生的损失负赔偿责任。④报告和结算义务。管理结束后，管理人应当向受益人报告管理情况，因管理事务取得的财产，应当及时转交给受益人。应当交还而未交还的，构成不当得利。

2. 管理人的权利。管理人的权利，主要是：①管理费用给付请求权。因管理发生的费用，管理人有权请求受益人偿还。②管理人因管理事务负担债务的，有权请求受益人清偿。③因管理而受损害的赔偿请求权。管理人因管理事务而受损害的，有权请求受益人适当补偿。

（二）受益人的义务和权利

管理人的权利，反向理解就是受益人的义务，同理，管理人的义务，反向的就是受益人的权利。不再重复。

第五节　侵权行为

一、侵权行为的意义

侵权行为，是指侵害他人民事权益的不法行为。简要的说明如下：

（一）侵权行为是不法行为

侵权行为侵害他人的财产权、人身权或受法律保护的利益，属不法行为。

侵权行为人通常称作"侵权人"或"加害人"，财产权、人身权受到侵害的人，是"被侵权人"，也叫"受害人"。[1]

（二）侵权行为是违反法定义务的行为

民事主体负有不侵害他人人身权和财产权的法定义务，而侵权行为恰恰是故意或者过失侵害他人财产权和人身权的行为，因此属于违反法定义务的行为。

（三）侵权行为侵害的权利，包括人身权、支配型财产权以及法律保护的不构成权利的合法利益

法定义务所相对的权利，除身份权外，其他都是绝对权、支配权。包括人格权、物权、知识产权等。对侵害债权的行为，通说不将其列为侵权行为。

（四）侵权行为的效果，是在侵权人和被侵权人之间发生侵权行为之债

侵权人负有侵权赔偿之债务，被侵权人享有债权。《民法典》虽然规定侵权人应当承担侵权"责任"，但是，根据该法第118条的规定，侵权行为是债权发生的原因之一，所以，侵权行为产生的权利、义务关系属于债权、债务关系的规定。

二、侵权行为的形态

（一）独立的侵权行为与同其他不法行为结合的侵权行为

1. 独立的侵权行为。违反民法上的法定义务，与其他法律部门上的义务无关的侵权行为，是独立的侵权行为。如故意或过失损坏他人财产的行为。

2. 同犯罪行为结合的侵权行为。一个行为同时违反民法和刑法，应当按照民法追究侵权责任、按照刑法追究刑事责任的行为，是同犯罪行为结合的侵权行为。如侵害自然人身体权致人伤残的行为。

3. 同违反行政法的行为结合的侵权行为。即行政机关违反行政法律、法规致人损害，应当按照行政法处理、按照民法追究侵权责任的行为。如城管部门违法执行职务，致使摊贩合法财产损失。

4. 同违反劳动法的行为结合的侵权行为。即一个行为同时违反劳动法和民法，应当按照劳动法保护劳动权利、按照民法追究侵权责任的行为。如，矿业企业法人不按照劳动法向劳动者提供劳保设施，致使劳动者身体健康受到损害。

---

[1]《民法典》第七编"侵权责任"编中，对民事权益受到侵害的人，时而称"被侵权人"、时而叫"受害人"。见《民法典》第1167条、第1174条等。

独立的侵权行为，适用债法上侵权责任法律规范救济被侵权人。同其他不法行为结合的侵权行为，一般根据个案的具体情况，分别适用相关的不同法律，保护和救济被侵权人。

（二）侵害人身权的行为与侵害财产权的行为

1. 侵害人身权的行为。包括侵害人格权和侵害身份权的行为。其中，以侵害人格权者为主要类型。凡对自然人生命权、身体权、健康权、姓名权、肖像权、名誉权、荣誉权、隐私权、婚姻自由权等加以侵害的，都构成侵害人格权的行为。

侵害法人或者非法人组织名称权的，也构成侵害人格权。

侵害身份权的行为，是侵害自然人因婚姻家庭关系等产生的身份的不法行为。《民法典》第1001条规定，对自然人因婚姻家庭关系等产生的身份权利的保护，适用该法第一编、第五编和其他法律的相关规定；没有规定的，可以根据其性质参照适用第四编人格权保护的有关规定。

2. 侵害财产权的行为。包括侵害物权、知识产权的行为。其中，侵害物权的行为是传统的侵权行为类型，比较普遍；侵害知识产权的行为，比较复杂。

不同的侵权行为，侵害的权利不同，对被侵权人救济的方法就不同。侵害人格权的，除应当赔偿被侵权人的财产损失外，还应当对其精神损害给予抚慰，如恢复名誉、消除影响、给予精神损害赔偿金等。侵害财产权的，应当按照被侵权人的实际损失，赔偿相同的物品，或支付赔偿金。

（三）一般侵权行为和特殊侵权行为

1. 一般侵权行为。一般侵权行为，是指符合法律规定的一般构成条件的侵权行为。

所谓一般，是侵权行为的形态、构成要件等具有一般性、共同性。也就是能够依照法律的一般性规定确定侵权行为。

《民法典》第1165条是一般侵权行为的规定，该条第1款规定："行为人因过错侵害他人民事权益造成损害的，应当承担侵权责任。"第2款规定："依照法律规定推定行为人有过错，其不能证明自己没有过错的，应当承担侵权责任。"这些规定属于理论界所称的"侵权责任的一般条款"。所谓一般条款，概言之，即除法律另有规定者外得普遍适用的条款。按照这一规定，一般侵权行为有四个构成要件：①须有损害事实。包括财产损害和精神损害。没有损害即不发生侵权行为之债。②加害行为违法。即行为人实施了侵害他人财产权或人身权的不法行为。如果有加害行为，但加害行为不违法的，不发生侵权行为之债。如医生为救治病人而截肢。③不法加害行为与损害之间有因果关系。二者之间无因果关系的，不能发生侵权行为之债。如，甲不慎将乙的手机碰掉地上，3 天后手机不能使用，经检修，原因是手机进水而毁坏，甲的行为与手机毁坏之间无因果关系，甲、乙之间不发生债权、债务。④侵权人主观有过失。即侵权人实施不法侵害行为时，主观为故意或过失。行为人主观无过失法律也无特别规定的，不发生侵权行为之债。凡是符合这四个要件的，就是一般侵权行为。

2. 特殊侵权行为。法律具体规定其形态、特点和构成要件的侵权行为，是特殊侵权行为。

其基本特点是，侵权行为的形态和特点由法律具体规定。也就是能够按照法律的具体规定确定侵权行为。

《民法典》第七编的第 1166 条、第三章中规定的替代责任，以及第四章至第十章规定的产品责任、机动车交通事故责任、医疗损害责任、环境污染和生态破坏责任、高度危险责任、饲养动物损害责任、建筑物和物件损害责任等，属于特殊侵权行为的责任。

三、有损害但是不发生侵权之债或者虽生债务但得减轻的事由

侵权行为以有损害事实为首要条件，有损害且具备了其他构成要件的，当事人之间即发生侵权行为之债。但是，在法律有规定的条件下，有损害事实的，行为人不承担侵权责任，或者虽然发生侵权之债，但行为人依法得减轻责任。

《民法典》第一编"总则"编的第八章"民事责任"、第七编"侵权责任"编的第一章"一般规定"以及其他有关条文中，规定了"不承担侵权责任和减轻责任的情形"。

（一）不承担侵权责任的情形

不承担侵权责任的情形包括：①因不可抗力不能履行民事义务的。法律另有规定的，依照其规定（第 180 条）。[1]②造成损害的（第 181 条第 1 款）。③因紧急避险造成损害的，由引起险情发生的人承担责任。如果危险是由自

---

[1] 从不可抗力涉及的情事看，对《民法典》第 180 条中所定"因不可抗力不能履行民事义务"，应当解释为因不可抗力不能履行约定义务和法定义务。因为不可抗力不能履行约定义务的，除法律另有规定者外，不承担违约责任，《民法典》第 590 条有所规定。因不可抗力不能履行法定义务的，《民法典》第七编"侵权责任"编虽然没有明确规定，但是，依据不可抗力的性质及其在民法中的效果，也应当作为不承担侵权责任的事由。例如，不侵害他人财产是法定义务，然而，因地震将自然人甲的物品抛至乙头部而致乙受伤，甲即"因不可抗力不能履行"不侵害他人财产的法定义务，不应承担侵权责任。又如突发之洪水将甲的养殖场冲坏，饲养动物逃命中踏坏乙的财物，道理亦然。

然原因引起的，紧急避险人不承担民事责任，可以给予适当补偿（第 182 条）。④因自愿实施紧急救助行为造成受助人损害的（第 184 条）。⑤损害是因受害人故意造成的（第 1174 条）。⑥损害是因第三人造成的，第三人应当承担侵权责任（第 1175 条）。⑦自愿参加具有一定风险的文体活动，因其他参加者的行为受到损害的，受害人不得请求其他参加者承担侵权责任；但是，其他参加者对损害的发生有故意或者重大过失的除外（第 1176 条）。⑧承揽人在完成工作过程中造成第三人或者自己损害的，无过错的定作人不承担侵权责任（第 1193 条）。⑨幼儿园、学校或者其他教育机构尽到教育、管理职责的，对无民事行为能力人在其管理范围内学习、生活期间受到的人身损害，不承担侵权责任（第 1199 条）。⑩机动车的所有人、管理人与使用人不是同一人且无过错的，对使用人造成的交通事故损害，不承担责任，由使用人承担赔偿责任（第 1209 条）。⑪机动车的转让人交付之后未办理登记之前，受让人造成交通事故损害的，对其行为承担责任，出让人不承担赔偿责任（第 1210 条）。⑫未经允许驾驶他人机动车造成交通事故损害，机动车使用人承担赔偿责任，机动车所有人、管理人对损害没有过错的，不承担赔偿责任（第 1212 条）。⑬医务人员和医疗机构在诊疗活动中尽到义务仍然不能免除患者损害的，医疗机构不承担侵权责任（第 1219 条、第 1221 条、第 1224 条）；⑭民用核设施或者运入运出核设施的核材料发生核事故造成他人损害，能够证明损害是因战争等情形或者受害人故意造成的，不承担侵权责任（第 1237 条）。此外，受害人同意且不违反法律和社会公德的行为，如应权利人要求抛弃、销毁物品的；应完全行为能力人要求采取医学上必要的手术（如器官移植）的等，也不承担侵权责任。

（二）减轻责任的情形

减轻责任的情形包括：①被侵权人对同一损害的发生或者扩大有过错的，可以减轻侵权人的责任（第 1173 条）；②正当防卫超过必要的限度，造成不应有的损害的，正当防卫人应当承担适当的民事责任（第 181 条第 2 款）；③紧急避险采取措施不当或者超过必要的限度，造成不应有的损害的，紧急避险人应当承担适当的民事责任（第 182 条第 3 款）。④高度危险物造成他人损害但是被侵权人对损害的发生有重大过失的，可以减轻占有人或者使用人的责任（第 1239 条）。⑤从事高空、高压、地下挖掘活动或者使用高速轨道运输工具造成他人损害的，被侵权人对损害的发生有重大过失的，可以减轻经营者的责任（第 1240 条）。⑥未经许可进入高度危险活动区域或者高度危险物存放区域者受到损害，管理人尽到安全防范和警示义务的，可以减轻或者不承担责任。（第 1243 条）。

第六节　不当得利

一、不当得利的意义

不当得利，是指当事人一方没有法律根据取得不当利益。[1]

无法律根据而取得不当利益者称为"得利人"，对方叫作"受损失的人"。

得利人得利没有法律根据，其得利使受损失的人受到不应有的损失，法律为保护受损失的人的合法权益，规定得利人对受损失的人承担不当得利返还义务，受损失的人对得利人享有返还不当得利请求权，当事人之间发生不当得利之债。

《民法典》以第 985 条至第 988 条共 4 个条文规定了不当得利制度。

得利人之"没有法律根据"，包括既没有合同依据也没有法律规范依据。而且，通常情况下，得利人属于知道或者应当知道其取得利益没有法律根据，主观并非善意。如果得利人不知道且不应当知道取得的利益没有法律依据，就构成民法上的善意占有，对善意占有之得利人，《民法典》第 986 条规定其返还既存的利益，取得的利益已经不存在的，不承担返还利益的义务。

不当得利之债是一种多见的债权、债务关系，在交易和非交易的场合都有发生。例如，甲从乙处购物，乙不慎多付了 2 件，甲窃喜而得之。甲多得

---

[1] 不当得利制度发源于罗马法上的 Condictio 诉权，与"物权行为独立性、无因性"有紧密的关系。当时没有一般性规则，只有针对各种具体情形的特殊诉权，分别是"非债清偿之诉权""因目的不达到之诉权""因目的消灭之诉权""因给付原因不法之诉权"。按照物权行为原理，物权行为与作为其原因的债权行为，效力相互分离，物权行为完成且无瑕疵的，即使给付原因不存在或不合法，标的物的所有权也移转至受领人，出让人不能主张物权请求权而请求返还原物。但是，受领人取得给付利益毕竟没有法律根据，若允其保有给付利益，必然失去公平。因此，对受领人科以利益返还义务，向受损人赋予利益返还请求权，包括原物存在时的原物返还请求权、原物不存在时所得利益的返还请求权，既维护了受损人的合法利益，又维系了社会公平，还防止了受领人将标的物转让第三人时的连锁追索，维护了交易安全。《法国民法典》不承认物权行为，如果给付原因不存在，出让人即使交付了标的物也不丧失所有权，得主张物权请求权，因此，也无所谓不当得利返还请求权。该法将不当得利规定于"准契约"，没有不当得利的一般性规则，在"非债清偿"情形发生不当得利。《德国民法典》将不当得利定位于一种独立的法律事实、债的发生原因之一，区分为自始无法律原因的不当得利和法律原因嗣后消灭的不当得利，定有一般性规则（第 812 条）和若干具体类型。我国民国时期的民法典借鉴了德国立法，确认了不当得利之债。《民法典》在《民法通则》的基础上扩展了不当得利制度。

的 2 件物品，没有支付价款，也不是乙的赠品，得到利益没有法律根据，属不当得利，甲、乙之间发生不当得利之债，甲对乙有利益返还义务。又如，蔡某拾得楚某丢失之黄金戒指一枚，据为己有，其得利没有合法根据，楚某受到损失，二人之间发生不当得利之债，楚对蔡有戒指返还请求权。再如，前述 A 公司与 B 公司签订买卖合同，向 B 公司交付预付款 20 万元，双方协商解除合同后，B 公司无理拒绝返还预付款例，B 公司的行为即发生不当得利之债。

二、不当得利的类型

（一）因给付发生的不当得利

因给付发生的不当得利，是因欠缺给付原因，得利人不得保有受领之给付利益的不当得利。如付款后买卖关系解除，出卖人应退还价款而无理拒绝。

这类不当得利，有三种：

1. 自始欠缺给付原因的。如承揽合同自始不成立而收取加工费不予退还。

2. 给付原因嗣后不存在。如租赁物毁灭而不能提供租用时，出租人应当退还租金而不退还。

3. 给付目的不能达到。如附延缓条件的买卖，付款后所附条件不成就而交易失败，出卖人应当退还货款而不退还。

（二）非给付的不当得利

给付之外的事实发生的不当得利，都属于非给付的不当得利。

这类不当得利也有三种：

1. 因得利人、受损失的人或第三人的行为发生的不当得利。前者如借用他人之物出租而收取租金；次者如误认他人的脏衣服为自己衣服而送洗衣店洗熨，衣主受益但不愿偿付洗衣费；后者如承运人错误送货而得利人销售货物取得价金。

2. 因法律的直接规定发生的不当得利。如动产的混合、不动产上的添附等。依据法律的直接规定取得混合之动产、不动产添附物者为得利人，若其不合理补偿受损失的人，即发生不当得利之债。

3. 因自然事件发生的不当得利。如洪水将甲之自行车冲至乙处，乙据为己有。又如风暴将王某的羊群刮散，有羊跑到李某处而李某烹而食之。

三、不当得利制度的功能

损人利己是社会历来强势反对之现象，不能让损人利己者得到利益，是悠久之社会善良观念和公序良俗，不当得利制度正是调整损人利己关系的法律制度。

人们之间的财产移转，主要有三种原因：①财产交换。即按照公平交易观念和规则，一方以自己的财产利益来换取对方的财产利益。②馈赠。依亲情、友谊的伦理，一方乐于减少财产利益而使对方增益。馈赠在本质上也属于交换，但包含的是亲友伦理利益的交换，财产在很大程度上是个形式。③法律的规定。对行为之外的法律事实发生的财产损益关系，因无当事人关于财产损益的意思，民法根据公平、公正和诚实信用原则，确定财产利益的归属。

这三种原因，是财产移转的法律上的原因，不具备任何一种原因的财产移转，都属于没有合法根据。

具体讲，不当得利制度的功能是：①矫正没有合法根据的财产移转。不当得利制度使损人者负担返还不当得利的义务，恢复受损失的人的财产利益，维护公平的财产移转秩序。②保护财产的归属。不当得利制度赋予受损失的人不当得利返还请求权，通过得利人的给付，消除因得利人不当得利而受到的损失，恢复财产利益的原本状态。

四、不当得利的一般构成要件

不当得利的构成要件，既有各种不当得利共同的要件，即一般构成要件，也有个别的不当得利特有的构成要件。特别的构成要件，由债法分论中的"不当得利之债"专门部分解析，本书仅说明一般构成要件。

（一）须有得利人取得财产利益的事实

这是构成不当得利之债的首要条件。缺少此要件的，不发生不当得利之债。

取得财产利益，包括两种情形：

1. 财产的积极增加。即得到财产利益而使财产总量增加。包括：①取得财产权或其他财产利益；②财产权效力扩张或加强。如取得不动产的添附物，使不动产所有权的效力扩张；③权利限制消灭。如债务人的所有物上的担保物权消灭；④债务消灭。

2. 财产的消极增加。即应减少财产利益而未减少。如无法律根据地少付了货款。

（二）须致他人受到财产损失

即得利人之受益，使得受损失的人既有财产减少，或应增加财产而未增加。

（三）得利人的得利与受损失的人受损失之间有因果关系

即得利人的受益造成受损失的人损失。如果受损失的人的损失并非得利人的受益造成，而是另有原因，如第三人侵害、自然损耗等，则不发生不当得利。

通常，当事人一方所受利益与对方所受损失之间为相当关系。如前述甲、乙之间2件物品之不当得利，甲受益2件，乙即受相当之损失。但是，受益和受损并不绝对相当，可有等于、大于、小于三种关系。

（四）得利人得利没有法律根据

没有法律根据，是指既没有合同根据，也没有法律规范的依据。

主要包括：①得利人得利而使他人受损没有法律根据。如果得利有法律根据而他人因此受损，不构成不当得利。如赠与、对占有人表示放弃物权、债务免除等。②得利当时没有法律根据或得利当时虽有法律根据但嗣后丧失法律根据的，都属于没有法律根据。前者如出租借用物而收取租金，后者如收取预付款但后来合同解除，无理拒绝退还的。③对"法律根据"应做广义解释，凡得利而使他人受损失没有任何法律上的根据的，就是没有法律根据。[1]

五、不当得利的效力

不当得利有下列效力：

（一）受损失的人和得利人之间发生不当得利之债

受损失的人享有不当得利返还请求权，得利人负担不当得利返还义务。

（二）得利人无权保有所得利益，应当依法向受损失的人返还不当得利

1. 返还之范围。包括：①得利为物的，原物存在时应返还原物，有孳息物的应一并返还；原物不存在的，应返还价额。②得利为其他财产利益的，应按照其所得利益返还。③善意得利人，返还现存利益。恶意得利人，返还全部利益。

2. 得利人后来恶意的返还义务。得利人开始为善意、继而为恶意的，区分善意和恶意所涉及的不当得利，恶意涉及部分，按照恶意受领不当得利对待。

3. 得利人合理费用的负担。得利人有合理费用的，受损失的人应当补偿。否则，受损失的人得到这一部分利益，也是不当得利。

---

[1] 没有法律根据，是《民法典》第985条规定的要件。在大陆法系立法例上，这一要件被规定为"无法律上的原因""无适法原因"等。对如何理解和解释"无法律上的原因"，理论上有"统一说"和"非统一说"两种学说。统一说认为，一切不当得利的基础，应有统一的概念，故"无法律上的原因"，也应有统一的意义、统一的标准，对任何不当得利作统一的说明。非统一说认为，对"无法律上的原因"，事实上无法提出科学的共同概念，只能就具体的不当得利分别说明其含义。如将不当得利分为"给付不当得利""非给付不当得利"，即属"非统一说"。参见王家福主编：《中国民法学·民法债权》，法律出版社1991年版，第573～574页；史尚宽：《债法总论》，中国政法大学出版社2000年版，第76～83页。

（三）不当得利转移于第三人时的效力

得利人将不当得利转让第三人的，第三人无偿取得的者，须返还取得的利益；无偿且恶意取得者，须返还全部利益；善意无偿取得者，只返还现存利益。第三人善意有偿取得的，无返还义务。

第七节　缔约过失行为

一、缔约过失行为的意义和性质

（一）意义

缔约过失行为是缔约当事人一方违背诚信原则导致合同不成立、无效或者被撤销，使对方受到损害的行为。

对此定义说明如下：

1. 缔约过失行为是缔约当事人的过失行为。合同的成立，以当事人双方的协商为必经阶段，在此阶段，当事人应当本着诚信原则进行协商，不得欺瞒、虚假谈判、恶意使合同不成立、无效等，使对方无辜损失缔约成本、丧失交易机会，遭受损失。如果反其道而行之，即属于主观有过失的行为。此处之过失，为广义，包括故意和狭义的过失，故意者，如为不让对方获得交易机会而虚假谈判，拖延时间，待对方交易机会错过，恶意中断协商。狭义之过失，是未尽到应有之注意义务。如出卖人误认禁止流通之文物为普通文物而与他人订约，因标的物禁止流通而致合同无效。

2. 缔约过失行为是行为人在缔约阶段的过失行为。缔约过失的发生，限定于缔约阶段。缔约协商前的商业咨询过程、合同生效后至债务清偿的期间，都不发生缔约过失。《民法典》第 500 条关于缔约过失赔偿义务的规定以及第501 条关于前合同义务的规定，都清楚地界定"当事人在订立合同过程中"负担相关的义务。

3. 缔约过失行为是违背诚信原则使合同不成立、无效或者被撤销，给对方造成损失的行为。

（1）缔约过失仅发生于合同不成立、合同无效或者被撤销的情形。在合同已然生效的情形，即使当事人有过失，也不发生缔约过失。此时当事人因过失而使对方受到损失的，依照合同承担债务不履行的责任，不发生缔约过失赔偿义务。

（2）合同无效，包括合同自始无效和被撤销而从合同开始起无效。

（3）过失者实施了假借订立合同、恶意磋商，故意隐瞒与订立合同有关的重要事实或提供虚假情况，以及泄露、不正当使用对方商业秘密或者信息等其他违背诚实信用原则的行为。

（4）对方的损失是信赖利益的损失。即对方信赖合同的成立、有效，但因过失方的过失行为使合同不成立、无效所损失的利益。包括为缔约发生的费用、准备履行所发生的费用、缔约机会丧失的损失等。[1]

信赖利益不同于合同利益，合同利益是合同生效所产生的利益，信赖利益是合同不成立、不生效时损失的利益。[2]

（二）性质

缔约过失行为究竟是违约行为、侵权行为，还是一种独立的不法行为，理论上存有争论，立法例上也有不同的对待。其发生于合同缔结阶段，且为缔结合同过程中当事人的过失行为，是合同法规定的过失损害赔偿行为。从其发生于合同不成立、无效的条件看，不能认为违约行为。从其构成要件和效果看，与侵权行为相似，因此不同的法律有不同的定性。《德国民法典》没有缔约过失的一般性规则，主要规定分散于债法总则（第 122 条、第 179 条、第 307 条、第 309 条），分则中也有规定；德国学者认为缔约过失责任是一种独立的法定责任，不能归并到侵权行为法中。[3] 在法国法系国家，因学说上未受耶林理论的影响，没有独立的缔约过失责任制度，该法第 1382 条、第 1383 条的意旨，包含了"订立合同前期因可能的过错而应当承担的责任具有

---

〔1〕 缔约过失由德国法学家耶林（Rudolpf von Jhering）发现。在罗马法上，未建立缔约过失的一般原则，耶林于 1861 年发表"缔约上过失，契约无效或未完成时的损害赔偿"论文，对罗马法源重新诠释，提出："从事契约缔结之人，是从契约外的消极义务范畴，进入契约上的积极义务范畴；其因此而承担的首要义务，系于缔约时须善尽必要的注意。法律所保护的，并非仅是一个业已存在的契约关系，正在发展中契约关系亦应包括在内；否则契约交易将暴露于外，不受保护，使缔约一方当事人成为他方疏忽或不注意的牺牲品。契约的缔结产生了一种履行义务，若此种效力因法律上的障碍而被排除时，则会发生损害赔偿责任。所谓契约不成立、无效者，仅指不发生履行效力，非谓不发生任何效力。简单言之，当事人因自己过失致契约不成立或无效者，对信其契约为有效成立的相对人，应赔偿因此项信赖所生之损害。"一百多年来，缔约过失由法学理论，逐步成为大陆法系国家民法的一项基本制度，其适用范围，不限于契约不成立或无效，已经扩大到违反说明义务、中断缔约、违反保护义务而侵害相对人的身体、健康等情事。参见王泽鉴：《债法原理》（第一册），中国政法大学出版社 2001 年版，第 229～232 页。

〔2〕 关于缔约当事人的信赖利益，参见：［美］L. L. 富勒、小威廉·R. 帕杜：《合同损害赔偿中的信赖利益》，韩世远译，载梁慧星主编：《民商法论丛》第 7 卷，法律出版社 1997 年版，第 410～461 页；以及梁慧星主编：《民商法论丛》第 11 卷，法律出版社 1999 年版，第 198～257 页。

〔3〕 ［德］迪特尔·梅迪库斯：《德国债法总论》，杜景林、卢谌译，法律出版社 2004 年版，第 95～107 页。

侵权责任性质"，审判实务多以侵权行为法规范先合同责任问题，[1]我国民国时期的民法借鉴了德国民法的理论和法律，认为缔约过失行为是不同于侵权行为的不法损害行为。[2]

耶林的理论和德国民法的立法模式，对我国缔约过失责任的理论和制度有较大影响，但是，我国《民法典》有自己的立法特点，该法第 500 条、第 501 条采取的"列举加概括"的规定，是对缔约过失行为的一般性规则；从这些规定看，我国债权法不认缔约过失行为是违约行为或侵权行为，而认其为一种独立的不法损害行为。

二、缔约过失行为的构成要件

（一）须有合同不成立、无效或者被撤销的事实

这是缔约过失的前提条件。没有这个事实的，不发生缔约过失。

（二）须合同不成立、无效或者被撤销因缔约一方的过失造成

当事人虽有过失，但未造成合同不成立、无效或者被撤销的，不发生缔约过失。非因当事人过失发生的合同不成立、无效或者被撤销，也不发生缔约过失。如缔约协商过程中发生不可抗力使准备订立的合同的标的物灭失的情形。

（三）须过失者违背诚实信用原则

缔约过失理论以诚信原则为理论和法律的基础，缔约当事人之间根据诚信原则，在缔约过程中相互负担善意磋商、通知、说明缔约相关情事，相互照顾、保护、保密等法定义务。《民法典》第 7 条、第 500 条、第 501 条即为该法定义务的根据。在缔约过程中违背这些法定义务者即违背了诚信原则。过失，包括故意或过失地违背诚信原则，故意者，如恶意磋商、隐瞒与订立合同有关的重要事实、欺诈、胁迫、乘人之危等。过失者，如应当说明、通知、保护、保密等，但因疏忽未为之而使合同不成立、无效或使对方人身财产受到损失。

（四）须致使对方当事人受有损失

缔约过失行为使合同不成立、无效的，对方对合同的信赖利益当然损失。缔约过失行为使对方人身、财产受到损害的，也属于缔约过失发生的损失。

三、缔约过失行为的效力

当事人之间发生缔约过失损害赔偿之债，受害人为债权人，享有损害赔偿请求权；加害人为债务人，负担赔偿义务。

---

[1] 罗结珍译：《法国民法典》（下册），法律出版社 2005 年版，第 1073 页。

[2] 参见王泽鉴：《债法原理》（第一册），中国政法大学出版社 2001 年版，第 238 页。

第 四 章

债的分类

【本章提要】债的分类，是按照不同的标准，从不同的侧面对债观察、分析，给出学理解释，目的是认识和掌握不同债的特点，构成、效力等。

债的分类中，依给付不同所作分类，是基本分类，目的是揭示不同客体的债，债权、债务的不同点。多数人之债的分类中，多数债权人之间、多数债务人之间的内部关系和外部关系，是债的分类的重点和难点。

对债的每一种分类，都是对社会生活中的债，从个别角度观察，分别地给出解说。其实，多角度、全方位的观察才能对各种债有真正的了解。

第一节　概述

一、研究债的分类的原因和目的

（一）原因

债的多样性、复杂性、任意性及掌握这些特点的需要，是对债分类的原因。

债具有类型多样化的特点。源于社会生活的财产流转关系，有形形色色的类型，形成各种各样的债，而且，随着社会生活的不断发展，新类型的债也有发生，其新鲜性，复杂性难免为立法、司法、法理所认知不及，应对不周。各种类型的债，其意义、发生原因、构成要素、法律效果等方面各有特点，这就要求必须认知一类债不同于他类债的特点，并通过对债的多样性的研究，认识、说明不同类型的债在要素、效力方面的区别。以利在复杂多样的财产流转关系面前措施得当，准确适用法律和法理，公正判认当事人的权利、义务。

债为民法上最具复杂性的财产关系。债的复杂性，一面与债的多样性有关，但主要源自各种债自身的特殊性。如债有隐秘性、不同债的特殊性大于一般性等。就如意定之债，与法定之债形成对应类型，但是，它又分为两种债，即单方法律行为发生的债、合同发生的债，各自的要素、效力等有很大差异，意定之债的共性对其个性不能抽象穷尽，故不能一概而论。这就要求必须深入到各类债的内部，最大限度地认识各种的债的特点，把握各种债的个别性，努力发现一类债的一般性规律，这不仅是研究债权法理论的基础，更是准确适用债权法、不断完善债权法，公正解决债权、债务纠纷的前提。

债的任意性，主要是指意定之债的变动、名称、内容和效力等，具有任意性，得由行为人在法律范围内自由决定。典型如合同之债，债法贯彻"合同自由原则"，当事人只要不违反法律的强制性规定，同何人订立合同、订立什么样的合同、如何订立合同、合同内容如何、何时生效等，有充分的自由。另一方面，即使在法定之债，虽然发生的原因和效力由法律规定，但当事人也有很大的自由性。比如，当事人得协商债务履行方式，债权让与和债务承担，债权、债务的变更等。同时，由于债是特定当事人之间的法律关系，其生效不需要公示，具有相当程度的隐秘性，这样，在与第三人发生特定联系时，合同当事人受利益驱动，难免利用债的隐秘性，获取不当利益，损害第三人利益。因此，针对债的任意性，深入研究、掌握各种债的特点，有助于在债法的制度设计上，在司法裁判上，既保全债的任意性，维护民事主体的私权自治，又防止债的任意性的膨胀。

（二）目的

1. 认识和掌握不同债的特点。正确区分不同的债，是债权立法和司法的基本要求，而要达到这一要求首先必须准确认识和掌握不同的债的特点。不同的债，发生原因相异，给付有别，因当事人一方或者双方是否为多数人而其债权和债务的配置截然不同，客体可否分割而由数债务人分别实施大相径庭。适用法律如何精准无误，凡此种种，都属债的分类理论的范围。债的分类理论，揭示不同债的特点，通过这一理论的研究，有助于认识和掌握同类债、不同类债、类似但不相同类债的特点。

2. 训练类型化思维方式和比较思维能力。类型化思维方式是专业思维能力的组成部分，具有对纷乱复杂的客观现象进行合理归类、便于深入观察和比较的功效。对纷乱复杂的债、乃至于对各种法律关系，自觉进行类型化的思维方式，是法律人必要的思维能力，掌握债的分类理论，实际上也是类型化思维方式训练的一个部分。

比较思维能力是法律人的基本思维能力之一。通过比较才能达致认知同类法律关系，区分不同类、类似但不相同类的法律关系的效果。债的分类理论，对各种债的特点、要件、效力等进行比较分析，掌握这一理论的过程也是比较思维能力的训练过程。

3. 培养辨析、解决疑难复杂债权、债务关系的专业能力。能够辨析、解决疑难复杂的法律关系，是高水准的法律专业能力。类型化思维能力和比较思维能力，以及对不同债的特点、要件、效力的比较分析能力，是达致高水准专业能力的基础。掌握债的分类理论，有助于高水准专业能力的培养。

二、债的分类方法

分类是一种科学的研究方法，在民法学上，很多问题的研究都采用分类的方法。如权利的分类、法人的分类、法律行为的分类等。债的分类研究是其中的一部分，其基本方式是：

1. 首先从不同侧面、按照不同的标准，对债进行某一侧面的观察、分析，发现债的某一侧面的特点。比如，从债的发生原因方观察，发现不同债的法律依据的差异。从债的主体人数方面观察，当事人双方各为一人还是一方有数人甚至双方均为数人，发现多数人一方的内部关系和外部关系的特点。

2. 对相似但不相同的债，比较分析其在性质、要件、效力等方面的不同点。如货币之债和利息之债，标的物都是金钱，似为相同类型之债，但是，仅相似而已。两种债的要件、效力各不相同。

3. 对债进行全方位的观察、分析，争取全面认识某一类债的特点。如合伙购买他人物品的价款债务，从债的发生原因角度看，是意定之债、金钱之债、多数人之债、合伙人对债权人的外部关系是连带债务关系，合伙人之间的内部关系是按份债务关系等。

第二节　依发生原因的分类

一、分类标准及债的类型

以债的发生原因为标准，有意定之债和法定之债。

债的发生原因，是民法规定的能够引发债的法律事实。包括法律行为和法律行为之外的法律事实。法律行为以意思表示为要素，法律行为之外的法律事实以法律规定为依据。二者性质不同，发生的债权、债务关系也有区别。

二、意定之债

意定之债，是指发生、内容均由行为人以其意思表示确定的债。

意定之债是"私权自治"的结果。行为人按照自己的意思，设计自己的事务，同对方发生权利、义务关系，进行权利或者利益的交换，除违反强制性法律规定、违背公序良俗者外，法律确认和维护这种关系对行为人有法律约束力。

（一）意定之债的种类

1. 合同之债。合同之债是由双方或者多方法律行为所发生的债。也叫"契约之债""合意之债""因合同所生之债"。其中，双方法律行为发生的债为主要。

合同和合同之债是不同的概念，合同是双方法律行为，合同之债是因合同而发生于行为人之间的法律关系。如因买卖行为发生的买卖关系，因租赁行为发生的租赁关系。

2. 单方法律行为所生之债。单方法律行为所生之债，是因行为人单方意思表示所发生的债。

单方法律行为所生的债，种类为数极少。遗赠是其典型。遗赠是自然人生前以遗嘱明确将其遗产赠给指定的人的单方法律行为。遗赠不需要受遗赠人的意思表示，遗赠人单方的意思表示就能够生效，受遗赠人和遗产管理人或者占有人之间发生债权债务关系。代理权的授予行为也是单方法律行为，授权人向代理人为授权的意思表示时即发生授权效果，被授权人即得有代理权。双方按照该法律关系享有债权、承担债务。关于代理关系中的权利义务，民法总论中均有具体说明，此不赘述，仅强调其属于债权、债务而已。商人为促销而设置奖项的意思表示，也是单方法律行为，购买其商品或者服务而中奖者，与设置奖项的商人之间发生债权债务关系，中奖者是债权人。

（二）意定之债的特点

1. 债的发生，由意思表示确定。没有发生债的意思表示，或虽有发生债的意思表示但其不生效、无效或被撤销的，不发生债权债务。

2. 债的内容、形式由意思表示确定。合同之债的内容、形式由合同确定，行为人一方不能决定之。单方法律行为所生的债，行为人单方意思表示即确定债的内容和形式。

3. 意思表示不但是债的发生原因，还是债权、债务的依据，解决当事人债务纠纷的首要准绳。不能脱离意思表示而确定当事人的权利、义务。

三、法定之债

（一）意义

法定之债，是发生原因及内容均由法律规定的债。

首先，法定之债的发生原因由法律规定。法定之债的发生原因，属于法律行为之外的法律事实，与意思表示无关，由法律予以直接、具体的规定。大陆法系国家债法，普遍采用具体、明确的规范，界定法定之债的发生原因。

如《法国民法典》第三卷第四编"非因约定发生的债",规定了侵权行为、无因管理、不当得利等法定之债。我国《民法典》在第三编"合同"编的第三分编以"准合同"为名规定了无因管理、不当得利;在第七编"侵权责任"规定了侵权行为产生的债权、债务关系。

同时,法定之债的内容由法律直接规定。法定之债发生时,当事人的债权、债务依法律确定,不是由行为人的意思确定。不同的法定之债,当事人的法律地位不同,债的内容也各不相同。如侵权赔偿之债,侵权人是债务人,对被侵权人负担赔偿债务,而无因管理,管理人是债权人,对受益人有偿还管理费用的债权。

(二)种类

1. 侵权行为所生之债。侵权行为之债,是侵权人不法侵害他人财产权和人身权,根据法律规定,在侵权人与被侵权人之间发生的侵权责任的债。也叫"侵权赔偿之债"。如本书第一章所举"赵某故意打坏钱某眼镜"所发生的债。

2. 不当得利之债。不当得利之债是指得利人没有法律根据取得不当利益。根据法律规定,得利人与受损失的人之间发生不当得利返还之债。

在民法调整的财产关系中,一方当事人从对方得到利益,必须有法律根据,否则就会因"给付原因"欠缺,不能保有所受领的给付利益,而须返还对方。不当得利,恰为得利人没有法律根据而得利。例如本书第一章所举"B公司无理拒绝退还20万元预付货款"所生之债。

3. 无因管理之债。无因管理之债,是指管理人没有法定的或者约定的义务,避免他人利益受损失而管理他人的事务,根据法律规定,在管理人和受益人之间发生的管理费用补偿之债。例如,本书第一章所举"孙某应向李某偿付管理费用120元"的债权、债务关系。

4. 缔约过失损害赔偿之债。缔约过失损害赔偿之债,是缔约当事人一方在缔约过程中违背诚信原则,导致合同不成立、无效或者被撤销,给对方造成损失时,根据法律规定发生的由行为人向受损人赔偿损失的债权、债务关系。

例如,A公司为阻挠B公司同C公司的交易,假意愿同B公司缔结合同,B公司信以为真同其谈判,A公司借故拖延时间,最终又制造借口,不与B公司签订合同,使B公司未能正常销售产品,受到10万元损失。A公司违反诚信原则,恶意磋商,使合同不成立,导致B公司丧失信赖利益,依《民法典》第500条之规定,应赔偿B公司10万元。

除以上种类外,还可以有其他法定原因所发生的债。

四、分类的实益

明确不同的债因为发生原因不同，内容不同，性质不同，适用的法律就不同，应当根据债的发生原因适用法律。凡意定之债，应适用意定之债的法律规范、法律行为的规范，遵从表意人的合法意思表示。

（一）对单方法律行为所生之债

适用《民法典》关于民事法律行为的规定和债权债务的一般性规定。

（二）对合同之债

依法成立的合同，对当事人具有法律约束力，因此，应当首先适用合同本身的条款。在合同没有约定、约定不明确，或者无效的情形，根据合同的种类，在《民法典》第三编第二分编"典型合同"中寻找该种合同的具体规范，予以适用。该编"典型合同"中无具体规定的，可根据实际情况，逐级上溯至第三编第一分编"通则"部分，适用相关的一般规定，直至第一编"总则"中民事法律行为的一般规则，[1]乃至于民法的基本原则。

（三）对法定之债

由于法定之债包括侵权责任、无因管理、不当得利、缔约过失等多种类型，因此，对不同的法定之债应当适用相关的法律规定。

第三节　依给付标的差异的分类

一、分类标准及债的类型

以给付标的的差异为分类标准，有实物之债、行为之债、智慧成果之债等。

债的给付标的，是债务人当为之特定行为所关联的对象，是给付的组成要素，属于"给付利益"范围。它可以是物、行为、智慧成果。给付标的的不同，反映"给付利益"的不同，也决定了债的内容和特点的差别。

二、实物之债

（一）意义和种类

实物之债，是指以实物为给付标的的债。实物是各种有交换价值的有体

---

[1]《民法典》第508条规定："本编对合同的效力没有规定的，适用本法第一编第六章的有关规定。"

物。它在担当给付标的时，称为"标的物"。

根据债的给付标的是否特定物，实物之债分为特定物之债和种类物之债。

（二）特定物之债

1. 意义。以特定物为标的物的是特定物之债。也叫"特定之债"。

特定物分为客观特定物与主观特定物，前者为独具特征不能为他物替代的物，如房屋买卖合同中的"A 楼 18 号房屋"。后者是经当事人指定而在交易观念上特定化的种类物。如在一批品牌、规格、价格相同的台式电脑中选定的某一台。

2. 特点

（1）给付和给付请求的标的物限于特定物。债务人须交付债成立时确定的特定物，不得以他物替代交付，否则构成债务不履行的责任。债权人只能请求交付特定物，否则，债务人得行使抗辩权。

（2）特定物灭失时，免除债务人交付原物的义务，债务人是否负担损害赔偿责任，以灭失是否可归责于他而有区别。若灭失可归责于债务人，其债务转变为损害赔偿；若灭失不可归责于债务人，其不负担赔偿责任。

（3）当事人对标的物所有权的转移时间、标的物意外灭失风险的负担，除法律有强行规定之外，可自行约定。

（三）种类物之债

1. 意义。种类物之债，是以未加特定的种类物为标的物的债。也叫"种类之债"。种类物之债的标的物，在债成立时不被特定，在交付时必须特定。因此属于"以不特定而可特定之给付为标的之债"，"乃由属于一定种类之物中给付一定数量之物之债"。[1]例如，合同约定，"买史尚宽著《债法总论》，100 本，中国政法大学出版社 2000 年版，邮局寄送。"此买卖关系即属种类之债。

2. 特点。

（1）债成立时，标的物是种类物，但交付时须从种类物分离，成为特定物，才能交付。如上例中的书籍，在买卖关系成立时，100 本书未从同种类书中特定，在履行时，交付任何 100 本均属于按约定特定化。

（2）债的履行与标的物的特定同时发生，双方约定的交付方式是种类物特定化的重要标志。如上例，出卖人将约定的 100 本书交邮局邮送，即实现特定化。如果约定买受人自己提货，出卖人交付货物时就发生标的物特定。

---

〔1〕 史尚宽：《债法总论》，中国政法大学出版社 2000 年版，第 238 页。

（3）一般不发生全部不能履行。种类物为可替代物，债务人的种类物即使全部灭失，其仍可在市场上购买到同类物，继续交付。但是，购买对债务人显然代价过大、继续交付失却公平的，可适用全部不能履行规则，向债权人赔偿损失。

（4）除当事人另有约定或法律另有规定者外，标的物的所有权自交付时转移，标的物意外灭失的风险责任，同时移转于受让人。

3. 标的物的构成条件。具备下列两个条件的，才构成种类之债的标的物：

（1）须为种类物。已从种类物中特定的物，不得为此种债的标的物。

种类之债成立时，当事人所定之标的物须泛指某类物，而不是特定物，也不是从种类物中特定的物。如前述书籍买卖约定的 100 本书，即指这种书的任何 100 本。相反，于债成立时从种类物中特指某个物或者某部分为标的物的，不属于种类之债。如前例选定台式电脑的买卖关系。

（2）须种类物的数量、质量确定。数量、质量有一面不确定的，债不成立。

第一，须为确定数量之种类物。约定的种类物，数量不确定或不能确定的，因无法确定债权、债务的范围而不能成立种类之债。例如当事人仅约定买卖史尚宽所著《债法总论》而无数量约定，即生此效果。此约定可为"预约""成立债的意向"，当事人欲成立该作品的买卖之债的，须另行商定该作品的数量。

第二，须种类物的质量确定或能够确定。债成立时，应当明定标的物的质量，没有确定的，最晚在履行时应当确定。没有明确的，当事人"可以协议补充；不能达成补充协议的，按照合同相关条款或者交易习惯确定"。[1] 经过协商不能达成补充协议，按照合同相关条款或者交易习惯也不能确定的，"按照强制性国家标准履行；没有强制性国家标准的，按照推荐性国家标准履行；没有推荐性国家标准的，按照行业标准履行；没有国家标准、行业标准的，按照通常标准或者符合合同目的的特定标准履行"。[2] 此所谓"通常标准"，应理解为中等以上质量。

4. 种类之债的特定化及其必要性。种类之债的特定化，是指在履行时，其标的物由种类物转化为特定物，从而使种类之债变更为特定之债。

实物之债的本质，是符合约定的物的交付，这就必然要求标的物的品种、规格、数量、质量等具体化，否则，不但会使当事人各执一词，纷争不断，

---

〔1〕《民法典》第 510 条。
〔2〕《民法典》第 511 条第 1 项。

而且还因给付对象的不确定，无法界定债权、债务的范围，使债难以履行。因此，种类之债的标的物在履行时必须特定化，并由此变种类之债为特定之债。

5. 种类之债特定化的方法。

（1）依债务人完成交付所必需的准备行为而特定。债务人必需的准备行为，包括两个环节，一是从种类物中分离标的物，二是向债权人提出给付。

这种特定化，具体有三种形式：

第一种，依债所确定，在债务人住所地履行的，债权人应当到债务人住所地受领清偿，债务人完成必需的准备行为的，标的物特定。

第二种，依债所确定，在债权人住所地履行的，债务人到债权人住所地，将准备行为完成的事实通知债权人的，标的物特定。

第三种，于第三地履行的，有两种情形：债务人有义务将标的物送交第三地的，在该第三地提出给付时，标的物特定；债务人虽无义务，但是应债权人请求好意送交于第三地的，债务人将标的物送交运输部门的，标的物特定。

（2）依当事人的合意，经指定权人从种类物中指定而特定。也有三种形式：

第一种，依合意，债权人从种类物中指定应交付的物，该物特定为标的物。

第二种，债务人依合意从种类物中指定标的物。

第三种，依当事人的合意，由第三人从种类物中指定标的物。

种类之债特定化之后，成为特定之债，发生特定之债的效果。

（四）区分特定之债和种类之债的实益

1. 得明确标的物交付的要求不同。特定之债履行时，债务人须交付特定物，不得以他物替代，否则，债务人构成债务不履行的责任。种类之债，履行时交付同类实物即属正确履行。

2. 得确定标的物灭失时债务人是否免除交付实物的义务。特定之债的标的物灭失时，无法交付原定之物，免除债务人交付原物的义务。种类之债的标的物灭失的，市场有种类物的，债务人不能免除实物交付义务，可用种类物替代交付。

3. 在当事人依法特别约定的场合，对标的物的所有权移转时间和意外灭失。风险的分配，有决定作用。标的物的所有权转移的，动产一般自标的物交付时移转至受让人，[1]不动产除法律另有规定者外，依法登记才发生效力。

---

[1] 依《民法典》第224条的规定："动产物权的设立和转让，自交付时发生效力，但是法律另有规定的除外。"

标的物意外灭失的风险，通常也与交付同步，转由受让人负担，但是，依《民法典》第604条之但书，当事人得依法特别约定，标的物的所有权自债成立时、标的物交付前移转于受让人。[1]这种约定，仅限于特定物，若给付标的为种类物，因其在债成立时、交付前或者指定前不具备"特定物"的属性，自无所有权移转和意外灭失风险转移问题。

三、货币之债

（一）意义

货币之债，是指以一定数额的货币为给付标的物的债。也叫金钱之债。

能够作为货币之债标的物的，是流通货币。货币虽为种类物，但其本身具有一般实物难有的特殊性，在交易中有其特殊作用，故独立于实物之债，自成一类。

（二）种类

一般意义上讲，货币之债可以分为普通货币之债和特种货币之债。

普通货币之债，是以法定货币的面额为价值依据的货币之债。如甲应向乙支付200元货款，按人民币面值即可。

特种货币之债，是按照货币交易价格为价值依据的货币之债。如当事人以一张面值2元的错版人民币为交易物，该张钞票的交易价格，可高于面值数十倍。

通常所说的货币之债，为普通货币之债，特种货币之债，已经超出货币之债，应适用特定物之债的法律规定。

（三）特点

货币为一般等价物，具有其他财产所不能有的流通性。货币是特殊的种类物，1张百元钞票和10张10元的钞票，在功能、用途、价值上了无区别，于是，特定物规则不能对其适用毫无疑问，而种类物的特定化规则，对其也就实无必要。货币的这些特殊性，决定了货币之债的特点。

1. 货币之债的发生原因具有开放性，其他类型的债的不履行，都可成为货币之债的发生原因，转化出货币之债。货币之债的发生原因，主要是、但不限于借款合同，其他合同关系中应支付价款、酬金、租金但未支付的，债务不履行应当支付违约金、赔偿金的，或者应当双倍返还定金的，以及侵权行为之债中的赔偿金给予、无因管理之债中的管理费用偿还等，都是货币之债

---

[1]　《民法典》第604条规定："标的物毁损、灭失的风险，在标的物交付之前由出卖人承担，交付之后由买受人承担，但是法律另有规定或者当事人另有约定的除外。"

的发生原因。他种类型的债转换为货币之债后，成为单纯的金钱给付债权、债务关系。例如，未付货款形成的欠款关系。

2. 货币之债原则上只发生迟延给付，不发生履行不能。债务人未如期履行的，发生迟延给付，不得以标的物毁损、灭失为由，主张免除给付义务。[1]一时没有资金条件不能清偿的，应延期、分期分批给付。只有在债务人被宣告破产时，才可减免其货币债务。

3. 债务不履行的，发生利息之债。货币之债能够直接发生利息之债，典型如有息借款合同，直接约定利息。其他各种非货币之债的不履行，在发生债务不履行或者迟延履行时，能够直接产生或者转化为货币之债，但是，不必然发生利息之债。例如，因违反合同发生的支付违约金、赔偿金、返还定金，因侵权发生的支付赔偿金，以及返还不当得利、偿还无因管理的费用等债权、债务等。这些金钱给付债权、债务关系，不是固有的而是由原有债权、债务关系转化来的货币之债，不直接产生利息。然而，在不履行支付违约金、赔偿金等债务的条件下，也能够产生利息之债。

4. 货币之债是"金额之债"而非"价值之债"。货币之债成立时，作为标的物的货币的金额，是债务的数量范围，无论货币升值或者贬值，在当事人无相反约定时，都不改变债务人应给付货币的金额。

5. 当事人有约定的，在货币价值升降条件下，得发生金额给付变更。没有特别约定的，按照原金额给付。金额给付变更，是指债务人应给予货币金额的改变。

货币升值或者贬值，仍然按照当初金额给付的，必然损及当事人一方的金钱利益，而对方将从中实质获利，使双方的损益分配失去公平。为公正分配市场风险，衡平货币价值变动带来的利害，当事人可以事先商订"保值条款"，一旦发生利益失衡可能，即启动该条款之效力，变更给付货币的金额。[2]

人民币是我国的法定货币，在国内市场和一般社会生活中，凡是涉及货

---

[1] 《民法典》第 579 条规定："当事人一方未支付价款、报酬、租金、利息，或者不履行其他金钱债务的，对方可以请求其支付。"其效力有二：一是原对待的价款、酬金、租金等给付请求权，因债务人未清偿，转化为单纯的金钱债权，即"欠款债权、债务关系"；二是价款、酬金、租金等金钱债权不发生履行不能，债务人暂时不能清偿的，债权人得主张延期、分期给付。

[2] 货币保值条款是长期合同关系中防范汇率风险常用的一种手段。其具体做法是：交易双方在谈判时首先确定合同计价货币，然后选择另一种货币或一组货币作为保值货币，把签订合同时的或双方约定的保值货币与合同计价货币的汇价规定于合同。买受人付款时，如果计价的货币与保值货币的现行汇率与合同规定的不同，则合同总金额应据此作适当调整。这种方法，一定程度上减缓了出卖人在汇率变化明显时承担的风险，可以达到保值的目的。

币结算支付的，均须使用人民币或者替代人民币支付的支票、汇票、信用证等。尽管经济生活和物价的变化会导致人民币购买力的上升或者下降，但是，非涉外交易的合同受到须用人民币结算支付的法律限制，不存在约定"保值条款"的条件。在涉外交易的合同中，约定"保值条款"有其价值。有观点认为，我国的货币之债适用"唯名主义原则"。[1]

四、利息之债

（一）意义

利息之债，是以利息为给付标的物的债。

利息，是使用他人货币应当给付的对价，是本金的法定孳息。本金，是依约定或法律规定，能够发生利息的一定数额的金钱。在利息之债中，提供本金收利息者是债权人，使用本金而应支付利息者是债务人。本金的借贷、赊欠，发生"本金之债"，依"本金之债"发生的利息支付权利、义务关系，是"利息之债"。

（二）特点

1. 利息之债是由本金之债生发的从债。利息之债的发生，须有本金之债。当事人之间缔结借款合同，或者因其他债务关系转化为货币之债，有了本金之债，才能发生利息之债。

利息之债是本金之债的从债。利息之债依附、从属于本金之债。因此：

（1）本金之债不成立、无效、被撤销的，效力覆盖利息之债；

---

[1]　张俊浩主编：《民法学原理》（下册），中国政法大学出版社 2000 年版，第 627 页。货币的唯名主义，是指货币的价值不以其实际价值或实际购买力决定而由其面值决定的货币原则。目前大多数国家普遍接受这个原则。在市场全球化条件下，物价的上涨下跌、货币的升值贬值，不仅司空见惯，而且变化无常，给货币之债带来诸多影响。假如，A 公司欠 B 公司 100 万元，由于物价上涨，一年后的 100 万元的购买力，仅如当初 95 万元，如果 A 公司仍然偿还 100 万元，B公司即损失 5 万元利益，此时，A 公司应否增加给付，不无疑问。相反，若期间物价下跌，一年后 100 万元的购买力，可比过去的 105 万元，A 公司可否主张减少给付，亦有问题。在合同之债，当事人虽可约定利息，在法定之债，当事人亦得主张迟延利息，但是，在货币之债，利息是本金的收益，不是货币贬值的补差，而法定利率的必要控制，难使利息有效衡平货币价值升贬给当事人带来的损益。于是，货币之债当事人双方均有可能遭受损失。17 世纪初英国率先施行"货币唯名主义原则"，按照这个原则，不论货币价值如何变化，债务人均按照货币票面价值清偿货币债务。这样，就是把货币贬值的风险和损失完全分配给债权人，明显违反公平原则。到 20 世纪，这种不公平逐渐得到纠正，为公平分配风险，免使债权人因货币贬值受损，而债务人因货币贬值实质获益，"保值条款"应运而生，当事人双方得于债成立当时，确立防止货币贬值造成损失的保护性措施，共同遵行，遇有约定事项涉及一方利益的，按照保值条款结算债权、债务，合理分配损益。许多国家适用"情事变更原则"补正"唯名主义"的缺陷。

（2）本金之债移转时，当事人无特别约定的，推定利息之债一并移转；

（3）本金之债的担保，效力覆盖利息之债；

（4）本金依法被依法查封、冻结的，效力及于利息之债。

2. 利息之债属于货币之债。利息之债，以金钱为标的物，故为货币之债。因其是从债，与一般货币之债相比，在性质上、法律适用上有较大差异，所以自成一类。

3. 利息是使用本金的对价。金钱是财产，使用者得享受其利益，使用他人金钱者，无异于使用他人财产而自己受益。金钱使用以让与金钱所有权为必要条件，使用者以他人金钱获得利益，金钱所有人就无法通过使用而享受利益。个人间出于友好而施惠对方，不计较财产的损益，发生道德利益关系；双方当事人约定一定利息，是平衡相互间因金钱使用而客观存在的利害。

4. 利息通常以一定利率算定。利息的形成，以本金的一定比例计算。本金与利息之间的比率就是利率。与银行发生的借款合同关系，利率通常由银行确定，自由协商的余地不大。自然人之间借贷的利息，当事人在不违反法律强制性规定的基础上，得自由商定。

5. 利息之债因特定条件，得与本金之债分离，形成独立之债。利息之债未届清偿期的，依附于本金之债而不得独立。但是，具备下列条件之一的，得分离于本金之债，成为独立之债。

（1）到期之利息，须独立本金之债的清偿期而单独给付。不能以本金未届清偿期而拒绝付利息。

（2）利息清偿期届至而未获清偿的，无论本金之债的清偿期限是否届满，利息之债可单独请求清偿。

（3）债权人对已届清偿期的利息之债，得保留本金之债而单独转让到期之利息债权。

（4）到期之利息债权，有独立的诉讼时效期间，可能单独地先于或者后于本金之债的诉讼时效期间而丧失执行请求权。

（5）三方当事人以合同约定，本金债务由主债务人负担，利息债务由第三方负担的，第三方负担的利息之债，具有独立性。

（三）法律规定

我国法律关于利息之债的基本规定，见之于《民法典》《中华人民共和国商业银行法》等法律，以及最高人民法院相关的司法解释。《民法典》第680条规定："禁止高利放贷，借款的利率不得违反国家有关规定。"中国人民银行关于利率的相关规章，对处理利息之债也有重要的作用。

（四）利息的种类

按照发生根据的不同，利息分为约定利息和法定利息。

约定利息是依当事人的约定算定的利息。约定利息不得违反国家有关利率的强制性规定。各商业银行的贷款利息，虽然根据中国人民银行规定的利率计算，也属于约定利息。

法定利息是依法律的强制性规定发生的利息。最高人民法院 2020 年修订、自 2020 年 8 月 20 日起施行的《最高人民法院关于审理民间借贷案件适用法律若干问题的规定》第 26 条第 1 款规定："出借人请求借款人按照合同约定利率支付利息的，人民法院应予支持，但是双方约定的利率超过合同成立时一年期贷款市场报价利率 4 倍的除外。"第 2 款规定："前款所称'一年期贷款市场报价利率'，是指中国人民银行授权全国银行间同业拆借中心自 2019 年 8 月 20 日起每月发布的一年期贷款市场报价利率。"按照该利率计算的利息，就是法定利息。

（五）利率

利率是利息对于本金的比率。交易习惯上表述为年利率、月利率。

依利率计算利息时，通常以 1 年为标准，用百分比、千分比、万分比确定。

利率分为法定利率和约定利率。法定利率是国家强制规定的利率。约定利率是当事人在不违反强制性规定情况下协商确定的利率。

（六）复利

复利是当事人约定，将到期利息滚入本金而再发生利息。也就是利息的利息。

复利能够极快地扩大本金数额，产生更多利息，对债权人有利而对债务人不利，如果不加以适度的法律限制，必然有害交易公平，故立法例上多予禁止。多数国家的立法采取了"相对禁止原则"，在禁止的同时有例外规定，某些债务关系可以计算复利。[1]我国现行法律原则上不允许复利。但是，对于逾期付款后产生的利息，债务人不清偿的，计入本金计算利息，不认其违法。还有，银行存款利息到期未提取的，银行将其转为本金计算利息，既是多年的交易习惯，也有利于存款人，法律上并不禁止。

自 2020 年 8 月 20 日起施行的《最高人民法院关于审理民间借贷案件适用法律若干问题的规定》第 28 条第 1 款规定："借贷双方对前期借款本息结

---

[1] 参见史尚宽：《债法总论》，中国政法大学出版社 2000 年版，第 260 页；陈卫佐译注：《德国民法典》，法律出版社 2006 年版，第 248 条。

算后将利息计入后期借款本金并重新出具债权凭证，如果前期利率没有超过合同成立时 1 年期贷款市场报价利率 4 倍，重新出具的债权凭证载明的金额可认定为后期借款本金。超过部分的利息，不应认定为后期借款本金。"第 2 款规定："按前款计算，借款人在借款期间届满后应当支付的本息之和，超过以最初借款本金与以最初借款本金为基数、以合同成立时一年期贷款市场报价利率 4 倍计算的整个借款期间的利息之和的，人民法院不予支持。"分析这一司法解释，应当认为，最高人民法院有限度地认可了"复利"。

（七）债务人期前清偿

债务人在不损害债权人利益的前提下，得于履行期届至前清偿债务。期前清偿涉及"期限利益"，因此，应当公平合理对待。

《民法典》第 530 条第 1 款明确规定，债权人可以拒绝债务人提前履行债务，但是提前履行不损害债权人利益的除外。就其文义反向推论，提前履行损害债权人利益的，债权人得行使未届清偿期的抗辩权；不损害债权人利益的，债务人得提前履行，债权人不得拒绝。

《民法典》第 677 条亦认可债务人期前清偿。该条规定，"借款人提前返还借款的，除当事人另有约定外，应当按照实际借款的期间计算利息"。分析该条的立法意旨，本为债务人期前清偿的利息计算期间的依据，但是，依其文义，不难断定其认可，在当事人没有相反约定的条件下，债务人得期前清偿，否则何来"应当按照实际借款的期间计算利息"。

将《民法典》第 677 条与第 530 条结合作体系解释，结论应当是《民法典》确认，在当事人没有相反约定、不损害债权人利益的条件下，债务人得期前清偿。

五、劳务之债

劳务之债是以债务人的劳务为给付标的的债。加工、保管、运输、演出、居间、行纪等合同，属于这一类债。

所谓劳务，是债务人的劳动服务。如加工行为、保管行为、运输行为、提供交易信息乃至促成交易的居间行为等。它或有物化的劳动成果，如来料加工。或无物化劳动结果而表现为满足债权人特定需求的服务，如保管物品、修理汽车等。

劳务之债的特点，就给付标的而言，债务人的劳务具有人身性，故债务人须亲力亲为，未经债权人许可不得由第三人替代给付。就债务不履行的后果来讲，因劳务的人身性而不适用强制继续履行的方法，债权人仅得主张损害赔偿。

六、智慧成果之债

智慧成果之债，是以特定智慧成果为给付标的的债。因著作权合同、专利技术合同关系、专有技术合同、商标合同等发生的法律关系，属于这一类债。

智慧成果，包括作品、专利技术、专有技术、商标、工商企业名称等，是创造性脑力劳动的产物、特定的智慧结晶，属于无体财产。其拥有形式、法律属性、利用方法、可产生利益的程度、受损害形态、保护方法等方面，与有体财产相比较，有质的差异。受这些差异的决定，其流转关系具有特殊性，不能归入其他财产流转关系，就此形成独立的一类债。

这类债的主要特点，在给付标的方面，须为受法律保护，且允许流转的智慧成果；在债权、债务方面，一般表现为特定时间、空间范围的专有或者专用权利、义务，报酬或者使用费给付权利、义务，保密权利、义务；在债权救济方面，除赔偿直接损失外，对债权人可得利益的计算和赔偿为重要问题。

七、损害赔偿之债

（一）意义

损害赔偿之债，是指以损害赔偿为标的之债。

因侵权行为、债务不履行、滥用代理权或者无权代理、法律行为无效或者被撤销、保险事故、不当得利、缔约过失、不适法的无因管理等发生的损害赔偿权利、义务关系，都属于损害赔偿之债。

损害赔偿之债的债务人，是违反法定义务或者约定义务，使他人受到损害的人。债权人是权利或者合法利益受到损害的人。债权人有权请求债务人赔偿损失。

损害赔偿有广义、狭义之分。广义的损害赔偿，包括恢复受害人权利或者利益、赔偿损失。狭义的损害赔偿，仅指赔偿损失。

（二）类型

1. 法定的损害赔偿之债。即因法律规定的法律事实发生的损害赔偿之债。分为三种：①侵权行为所生之债，也叫侵权赔偿之债；②债务不履行的损害赔偿之债，又可称为违约赔偿之债；③法律规定的其他损害赔偿之债。如不当得利、缔约过失、不适法的无因管理等债务关系。其中，侵权损害赔偿、债务不履行的损害赔偿，是多见的损害赔偿关系，也是债法制度和债法理论的关注重点。

2. 约定的损害赔偿之债。当事人预先约定赔偿条件，该条件出现，损害赔偿即发生的债，是约定的损害赔偿之债。如财产保险合同关系，在保险财产被他人不法毁损、灭失时，保险公司即应履行合同约定的损害赔偿。

（三）发生条件

1. 以损害事实的存在为前提条件。行为未造成他人损害者，不发生损害赔偿；有损害且具备其他法定或者约定条件者，发生损害赔偿。

损害包括财产损害和人身损害。财产损害分为现有财产的损失和可得财产的损失。人身损害分为人格损害和身份损害。

2. 以充分法定或者约定条件为必要条件。法定损害赔偿之债，除须有损害事实之外，一般尚需充分加害行为违法、加害行为与损害之间有因果关系、加害人主观过失三个要件。特殊的损害赔偿，加害人不能证明受害人故意或重大过失的，不问其主观如何，均发生损害赔偿。

约定的损害赔偿之债，除损害事实外，还须出现约定的其他有关条件。

（四）特点

1. 约定的损害赔偿之债的特点。当事人的约定，是其损害赔偿债权、债务的依据；损害事实发生、约定的其他要件齐备，债务人即应履行赔偿义务；约定中明确赔偿范围的，依其约定。

2. 法定损害赔偿之债的特点。因侵权赔偿之债与违约赔偿之债具有重要地位，故就其特点说明，以资比较。

（1）侵权赔偿之债。其特点为：其一，是原始发生之债，其履行期，与发生同步，债发生、即应清偿。其二，是法定之损害赔偿，其法律适用，以相关法律规范为基准，故以准确找到应适用之法律规范为首要。

（2）违约赔偿之债。特点有：其一，是传来发生之债，其债权、债务以原债为依据，与原债之标的同一，担保同一，损害赔偿债务是原应履行而未履行的债务的替代。原债的效力，延伸于损害赔偿之债。因此，原债之效力如何，是关键所在。其二，是约定之损害赔偿，其债权、债务的依据，当事人有约定的，从其约定，[1]不得到约定之外寻求依据。当事人无约定的，或者约定无效的，适用《民法典》关于损害赔偿的法律规定。

---

[1] 有两个注意事项：①按照《民法典》第585条第1款的规定，当事人对违约产生的损失赔偿额的计算方法有约定的，应依其约定来确定损害赔偿的债权、债务。②根据《民法典》第588条，当事人既约定违约金，又约定定金的，一方违约时，对方可以选择适用违约金或者定金条款。定金不足以弥补一方违约造成的损失的，对方可以请求赔偿超过定金数额的损失。

第四节 依给付可否选择的分类

一、分类标准及债的类型

依给付可否由当事人选择为分类标准，有简单之债和选择之债。

有一些债，债务人可为的特定行为只有一种。如买卖关系，出卖人的给付，限于标的物交付和所有权移转的组合行为，事实上、法律上不存在其他行为可供选择。而有一些债的标的，客观上存在两种以上效果相同但方式不同的行为，当事人选择任何一种，均得满足债权实现之需要。如价款或者酬金的支付，可有数种给付，现金给予、票据授予、银行划转、手机转账无一不可，当事人得选择其一而为之。

二、简单之债

（一）意义

简单之债，是只有一种给付，当事人无可选择，仅得就该给付履行的债。因其给付单一，无可选择，又称单纯之债、不可选择之债。大部分的债是简单之债。

（二）特点

当事人对债的标的没有选择余地，债权人仅能请求债务人依确定的唯一给付履行债务，债务人也只能就该标的履行债务。

三、选择之债

（一）意义

选择之债，是指成立时标的有多项，当事人只需选择其中之一而履行的债。《民法典》第515、516条规定了选择之债。

解析如下：

1. 此类债，在成立时标的有多项可供当事人选择。所谓标的有多项，是指有两种以上内容不同的给付。例如，买卖合同中约定，出卖人可以在自己送货、代办铁路托运、代办公路运输三种交付方式中选择一种，这在交付义务方面就是选择之债。

多项标的可以是：①给付标的种类不同。如家用电器销售商对所售电器之质量瑕疵担保义务，有"修理""更换""退货"三种不同的给付，买受人可选择其一，由销售商履行。②给付的标的物不同。如损坏他人物品的赔偿，可赔相同实物，可赔公平之赔偿金。③给付方式不同。如价款支付，现金、票据、银行转账，手机转账等是付款方式的差异。④给付期限、地点、方式等方面的不同。如买卖合同约定，出卖人在星期六或者星期日送货上门，是多种给付期限，出卖人可自行选择何日履行。又如上述出卖人可以选择自己送货、代办铁路运输等，是给付方式的可选择。

多项标的，在债成立时由当事人的法律行为或按照法律规定设置。债成立时只有一种给付的，是简单之债。

2. 当事人依其选择权，就多项标的选择一种履行。债的履行，在事实上只能为一种给付，因此，一债有多项标的的，不能都履行，究其目的，只是供当事人选择一种最终履行而已。也就是，选择之债，须经当事人从多项标的中选择一种，转化为简单之债，才成为可履行的债。

当事人依约定或法定，得从多项标的中选择其一之权利，是选择权。其性质，为形成权。当事人双方都可以依约定或法定享有选择权，债权人享有选择权的，为选择债权，得请求债务人按其选择履行，债务人无抗辩权。债务人有选择权的，是选择债务，债务人选定之标的，债权人不得拒绝。

（二）选择之债的发生

选择之债因当事人的法律行为或者法律的规定发生。

当事人以法律行为发生选择之债的，得根据债的性质和特点，依法自由设置多项给付，并且预先安排选择权的归属。如价款支付，当事人可以在买卖合同中约定由哪一方选择付款方式。

因法律规定发生的选择之债，可选择的标的由法律规定，选择权人在规定的种类中选择一种给付。

（三）特点

1. 债成立之时，确定地有多项标的可供选择。

2. 选择权行使之前，标的未特定化，行使选择权之后，成为简单之债。

3. 除当事人有约定或法律有规定外，选择权一般归债务人，这样有利于债务的顺利履行。当事人也可以约定将选择权归债权人或者第三人。

4. 给付不能时，不能之给付自动被排除；如果有数项标的给付不能而只剩一种给付，则成为简单之债，如果剩余两项以上，则选择范围缩小到所剩给付。

（四）选择之债的给付特定

选择之债的给付特定，是指由多项标的确定其一而为履行标的。

给付特定的方法有合同特定、给付选择和因给付不能而特定三种：

1. 依合同而特定。即双方当事人依合意从多项标的中选定一种。

2. 依选择权行使而特定。即依选择权人行使选择权从多项标的中选定一种。

3. 因给付不能而特定。在可供选择的多项标的中，因给付不能而仅余一种给付时，即发生给付特定。

给付特定的效果，是选择之债成为简单之债。

四、关于选择之债性质的学说

选择之债有多种给付，理论上对其性质，有"复数债说""单数债说"等不同学说。前者认为选择之债是多个债权关系，后者主张选择之债是一个债权关系。

复数债说包括"停止条件说""解除条件说""数个请求权说"。

单数债说分为"条件说""特殊债权说""折中说"。条件说又有"解除条件单数债权说""停止条件单数债权说""折中单数债权说"。[1]

五、选择之债与种类之债的区别

选择之债与种类之债有一类似点，即债成立时给付未特定而在履行时特定。但此点仅为类似而并非相同，不应因此混淆二者。二者差异如下：

1. 给付标的不同。种类之债以物为给付标的，无标的物不能构成种类之债。选择之债的给付标的，可为物，也可为行为，或者智慧成果。

2. 当事人特定的对象和结果不同。种类之债特定的，是种类物中的某一部分，特定的结果，是种类物的某部分成为特定物。选择之债特定的，是债务人选定中的某项标的，特定的结果，是在多项标的中选定一项。

3. 给付标的是否个别预定不同。种类之债的给付标的，仅需指明种类物及其数量，无须也不能个别地预先确定，否则成为特定之债。选择之债的给付标的，在债成立时必须预先个别确定，否则无法选择。如前述家用电器之"修理""更换""退货"，三者均在电器买卖关系成立时一一确定，以供将来选择。

4. 有无选择权不同。选择之债一般俱成立选择权，且债权人、债务人均得享有之。种类之债则无须此种权利，常由债权人就种类物指定给付。

5. 给付的特定有无溯及力不同。选择之债中，给付选定的效力溯及债成立之时，自债成立到债务清偿，全程有效。种类之债中，给付标的特定的效

---

[1]　参见史尚宽：《债法总论》，中国政法大学出版社 2000 年版，第 265 ~ 267 页。

力，自特定当时开始并向将来有效，不溯及既往。

6. 发生因给付不能而标的特定的可能性不同。选择之债，供选择的给付发生给付不能而仅余唯一的，失去选择条件而给付自动特定。种类之债，债务人所有的种类物灭失而给付不能的，不发生给付特定，债务人无免责事由的，仍然应提供约定的条件，由债权人指定。

六、选择之债与任意之债的区别

（一）任意之债的意义

任意之债，是指当事人有权用其他给付代替原定给付的债。也叫"附有代用给付权之债"。

如借款之债，本应还以金钱，然合同有约，债务人可返还金钱，也可用旧轿车替代。清偿期届至，债务人有权任意给付。再如快餐外送，事先约以面条交付，但订餐人随后告知，以品价相当之米饭替代亦可，快餐店遂有权以米饭代替面条。

（二）任意之债中的代用给付权

代替原定给付之给付，叫"代用给付"。得以代用给付代替原定给付的权利，是代用给付权。其可因法律行为或者法律规定发生。

债权人享有代用给付权的债，是债权人任意之债。债务人享有代用给付权的，是债务人任意之债。

（三）选择之债与任意之债的区别点

此二种债，形有类似，其实不同。

1. 给付在债中的地位不同。选择之债的各种给付，在选定之前地位平等，而任意之债的原定给付与代用给付，在代用发生前"代用"已经有约定且原定给付和代替给付的关系，有主次之分。

2. 当事人确定给付的权利不同。选择之债，当事人选定给付依其选择权，有挑选对自己有利给付之意义。任意之债的当事人决定代替给付的是变更权，代替给付和原定给付之间是代替关系，无利益差别。

3. 给付自始不能对债的成立的影响不同。选择之债的多项标的，有自始不能甚至仅余一种能履行的，成为简单之债，但不影响债的成立。任意之债的原定给付自始不能的，所涉之债不成立。

4. 部分给付嗣后不能的效果不同。任意之债的原定给付嗣后不能的，如不可归责于债务人，债务消灭；如可归责于债务人，原定之债转化为损害赔偿之债，与代用给付并存。选择之债的给付有嗣后不能的，只要有一给付能够履行，债即存立于该给付，并不消灭。

5. 给付确定后成为不能的效果不同。任意之债确定代用给付后成为不能的，不免除债务人之债务，其应为原定给付。选择之债的给付特定后成为不能的，债的标的自始无效，债仍有效，恢复到该给付特定之前的多种给付状态，其他未被选择的给付能够履行的，选择权人得再行给付特定。

第五节 依主体人数的单一和多数的分类

一、分类标准及债的类型

以债的主体是单个人还是多数人为分类标准，有单一之债和多数人之债。

单一之债是当事人双方都是一人的债。多数人之债，是至少有一方当事人为二人以上的债。前者如甲、乙之间的买卖关系；后者如陈某、郑某共同损坏吴某轿车的侵权赔偿关系，饭店合伙经营人宋某、关某因购买养殖合伙人孙某、周某鱼、虾发生的货款债务关系等。

不同人数的债，当事人的法律地位、双方之间权利、义务的状况有很大差别。

二、单一之债

当事人双方均为一人的债，是单一之债。一人，包括一自然人、一法人或者一非法人组织。

其特点是，债存在于二人之间，一人为债权人，另一人为债务人，双方的地位、相互间债权、债务的对应关系等，简单明了。因此，也叫单数主体之债。

单一之债的效力，限于二民事主体之间，一方清偿债务，另一方即实现债权，债归于消灭。

三、多数人之债

（一）意义

以同一给付为客体，有多数债权人或多数债务人的，是多数人之债。也叫复数主体之债。其中，债权人为多数人的，称为多数债权人。债务人为多数人的，叫多数债务人。双务之债的双方都是多数人的，互为多数债权人、多数债务人。

多数人之债，有两种不同的形式：第一种，只有一方当事人为二人以上。

第二种，当事人双方都是二人以上。

《民法典》第 517~521 条是多数人之债的规定。

（二）特点

1. 当事人一方或者双方为多数人。这是多数人之债的基本特点，无须多言。

2. 以同一给付为客体，多数债权人就同一给付享有债权，多数债务人就同一给付负担债务。所谓同一给付，是指应由多数债务人实施的同一个特定行为。如陈某、郑某二人应为之轿车赔偿行为。多数人之债的债权、债务，存立于同一给付，从债务方面看，多数债务人负担的是同一给付的债务，从债权方面看，多数债权人享有的，是同一给付的债权。

虽有多数人而给付不同一的债，不是多数人之债，而是多个的单一之债。如长途汽车旅客运送，同车乘客为多数，然承运人与众乘客之间有分别的给付，众乘客也不是对承运人共受同一债权、分担同一债务。

3. 当事人之间的权利义务关系比较复杂，既有外部关系又有内部关系。多数人一方，内部各个人之间，有独立的权利、义务，形成"内部关系"。同时，作为当事人一方，同对方发生权利、义务关系，存在"外部关系"。

（三）多数人之债的内部关系

内部关系是指多数人一方内部各当事人之间就债权、债务的关系。它发生债的对内效力，即债对多数人一方内部各当事人的效力。

内部关系有两种，对内效力也各不相同：

1. 内部按份债权、按份债务关系。其效力为，多数人一方之各当事人在其内部按照一定份额分受债权，或按照一定份额分担债务。①内部按份债务。如田某、龙某欠王某 10 万元货款，二人约定分别清偿 5 万元。②内部按份债权。如韩某、萧某二人对樊某有 1 万元劳务费债权，二人约定，各向樊某索要 5000 元。

2. 不分份额的共同债权、共同债务关系。其对内效力为，多数人一方的债权或债务不能分割份额，各债权人或各债务人须以平等之地位，共同享有债权、共同负担债务。如夫妻共同共有财产所生债权、债务关系。

对内效力，仅约束多数人一方各当事人，不能约束对方当事人。但是，内部的按份关系，在债权人、债务人双方有约定或法律有规定时，得发生对外效力。

（四）多数人之债的外部关系

外部关系，是指多数人一方与对方当事人之间的债权、债务关系。它发生债的对外效力，即债对债权人、债务人双方当事人的法律约束力。

外部关系包括三个方面的关系：

第一方面，多数人一方之全数为一整体，同对方之间的债权、债务关系。

第二方面，多数人一方的各个人就己方的债权、债务与对方全数之间的关系。

第三方面，多数人一方的各个人，同对方各个人之间，就双方债权、债务的关系。如多数债权人甲、乙，与多数债务人丙、丁，甲、乙能否单独请求丙或丁清偿而受领，丙、丁能否单独向甲或乙单独清偿。

多数人之债的外部关系，可是按份债权、按份债务关系，也可是连带债权、债务关系。究为何种，以债权人、债务人双方的约定或法律规定为准。

（五）种类

1. 大陆法系立法中的多数人之债。大陆法系立法中，多数人之债包括可分之债、不可分之债、连带之债。[1]可分之债与不可分之债，是根据给付可否分割而相区别的多数人之债。[2]

（1）可分之债。即以可分给付为客体，多数债权人可分割债权或多数债务人得分割债务的多数人之债。如三人约定以等额合资购买他人物品的买卖关系，付款行为在事实上、法律上都可以分割成相互关联的若干部分，分次完成。

（2）不可分之债。即以不可分给付为客体，债权、债务不能分割的多数人之债。如，数演员依演出合同共同表演同一节目，演出行为不可分，债权、债务即不可分。又如，家庭共同共有财产发生的债务，因共有关系在其基础关系即家庭关系存续期间不可分割，债务就不可分为若干部分而由家庭成员分别为给付。

（3）连带之债。多数债权人或多数债务人就同一给付，按照法定或约定，各债权人得主张全部债权，各债务人应履行全部债务的债，是连带之债。

可分给付、不可分给付均得发生连带之债。

---

〔1〕《法国民法典》第1217条、第1218条规定了可分之债与不可分之债："按照债的标的物或行为在交付或履行时是否可以进行物质上或智力上的分割之不同情形，债得为可分之债或不可分之债。""作为债之标的的物或行为，即使从性质上可分，但如从债的关系考虑，致其不能部分履行时，此种债仍为不可分之债。"定义之详，足资参考。该法还在第1197～1216条详细规定了连带之债。《德国民法典》第二编第七章，我国民国时期的民法典第二编第一章第四节规定了可分之债、不可分之债、连带之债。

〔2〕参见本书第二章第二节"债的客体——给付"中的"四、给付的类型"中的"（四）可分给付和不可分给付"。

2. 我国现行债法中多数人之债的种类。

（1）法律规定。《民法典》虽然没有使用可分之债和不可分之债的术语，但是实质上有所规定。《民法典》第517条关于按份之债的规定，是可分之债的一般规定；而第164条第2款对代理人连带之债的规定，第518条关于连带之债的一般规定，第688条第1款对连带保证之债的规定，以及第973条合伙人对合伙债务之连带责任的规定、第1168条对共同侵权之债等规定等，显示法律对连带之债的重视；《民法典》第307条中关于因共有的不动产或者动产所产生的债权债务，在对外关系上，共同共有人共同享有债权、承担债务的规定，属于对不可分之债的认可。第七编"侵权责任"编中关于"连带责任""平均承担赔偿责任"等规定，也是可分之债和不可分之债的具体规定。

（2）种类。多数人之债有以下种类：①按照同一给付可否分割，有可分之债和不可分之债。②按照多数主体之间的内、外部权利义务关系，有按份之债、连带之债。

（六）关于多数人之债的性质的学说

多数人之债，虽然客体为同一给付，但主体有多数人，其性质，是一个债还是多数的债，有三种不同的学术观点：①主体说。主张依主体的单、复数而定其性质，主体为单数的，属单数之债，主体为复数的，是复数之债。②客体说。主张债的关系应当依客体是否同一而论，主体虽为多数而客体为同一给付的，仍是单一之债。③效力说。认为应以债有无使各个主体独立地担当债权人或者债务人的效力为标准，确定多数人之债的性质，有此效力的，不论客体是否同一给付，即为复数之债。该学说为大陆法系大多数国家民法典所采用。[1]

第六节　依给付是否可分的分类

一、分类标准及债的类型

以给付是否可分割而由多数债务人分别实施，债有可分之债和不可分之债。

标的为可分给付的多数人之债，是可分之债。标的属不可分给付的债是不可分之债。

---

〔1〕 史尚宽：《债法总论》，中国政法大学出版社2000年版，第634~635页。

给付，是债务人依约定或者法定当为的特定行为，在多数人之债中，该特定行为由数债务人实施，如果当事人双方约定或者法律规定该特定行为可以由数债务人分别实施一部分，就成立可分给付，从而发生可分之债，相反，如果该特定行为在事实层面或者约定或法定层面不可分而实施，就是不可分给付，由此成立不可分之债。

这种分类，是对多数人之债的分类，因此可以说是对债的二次分类。给付是否可分，导致多数的当事人之间的债权、债务有很大的差别。

二、可分之债

（一）意义

数人同负一债务或共享同一债权，其给付可分者，是可分之债。

可分之债中，同一可分给付的债权由数债权人分享的，叫"可分债权"，分享者叫"分受债权人"；同一可分给付的债务由数债务人分担的，称"可分债务"，分担者称"分担债务人"。例如，甲、乙欠丙、丁4万元货款，因金钱之债的给付可分，若双方约定甲、乙分担债务，即为可分债务，甲、乙都是分担债务人。

（二）特点

可分之债，除有多数人之债的一般特点外，与不可分之债比较，有以下特点：

1. 债的标的为同一可分给付。可分之债的标的，即多数债务人当为之特定行为，可分割而由各债务人分别给付，或由各债权人分别请求履行。不可分之债以给付不可分而实施为特点。

2. 一般适用"平均原则"确定多数当事人一方的债权、债务。[1] 在可分之债，当事人无另外约定或法律无另外规定的，各债权人平均分受债权、各债务人平均分担债务。不可分之债因给付不可分而债权、债务不可分。

虽然给付可以分割，但法律规定或当事人约定债权、债务不可分的，不构成可分之债。如上述甲、乙之4万元债务，双方无约定时一般按照各半分

---

[1] 《德国民法典》第420条关于可分给付规定："二人以上负担一项可分给付，或二人以上可请求一项可分给付的，有疑义时，每一个债务人仅就一个等份负有义务，每一个债权人仅就一个等份享有权利。"陈卫佐译注：《德国民法典》，法律出版社2006年版；我国民国时期的民法典第271条对可分之债的规定是，"数人负同一债务或有同一债权，而其给付可分者，除法律另有规定或契约另有订定外，应各平均分担或分受之。其给付本不可分而变为可分者，亦同"。根据这些立法例，可分之债的当事人，只是在没有约定、法律也没有规定的条件下，才平均地分享债权、分担债务。

担；如果债权人、债务人约定四、六比例的，或约定由甲、乙连带清偿的，依其约定。而不可分之债，因给付不可分，债权、债务不存在分受和分担。《民法典》第1172条规定，二人以上分别实施侵权行为造成同一损害，能够确定责任大小的，各自承担相应的责任。而该条中"难以确定责任大小的，平均承担责任"的规定，即为可分之债适用"平均原则"的法律规范。

3. 各可分债权、可分债务具有独立性，单独发挥其效力。可分之债的各债权人得独立享受其债权利益，各债务人得独立清偿而消灭其债务。而不可分之债的给付不可分，因此债权、债务不可分，自然没有这个特点。

可分之债，本为一个债，但是，由于主体为复数，债权、债务得由债权人分受或者分担，在各可分债权人、各可分债务人与对方之间，整体的债权、债务关系的效力被分化，单个的债权、债务关系被强化，形成松散联结于同一给付上的数个可分债权、债务关系。如上述甲、乙二人欠丙4万元债务，但由二人分别清偿一半的关系，可认为三个关系：一是二人负债4万元的关系，即二人共同担当债务人的可分之债；另外两个债，是甲、乙分别与丙之间的2万元的债务关系，前一债的效力，被后两个债的分别履行的效力分化。不过，仅是分化，不发生债的更替，效力被分化的债并没有消亡，在双务合同之债的某些特定情形，能够观察到这种效力分化但债不消亡的现象。对此，在"可分之债的对外效力"部分说明。

（三）可分之债的种类

分成两种，一种是按照"平均原则"分割债权或债务者，另一种是按照法律的规定或者当事人的约定，多数债权人的债权或者多数债务人的债务不平均者。前者如三人约定以均额合资购买他人物品的买卖关系，后者如出资不均等的合伙人对他人享有的债权。

（四）可分之债的对外效力

可分之债的对外效力，指可分之债在多数人一方与对方之间发生的效力。

1. 各可分债权、可分债务效力独立。各可分债权人独受其可分债权，各可分债务人独负其可分债务，互不牵连；一可分债务的清偿，与他可分债务无关，一可分债权的满足，其他可分债权效力如初；债务人向一可分债权人清偿债的全部给付利益的，债务不消灭，其他可分债权人仍然有权就自己的可分债权，请求债务人给付；可分债务发生给付迟延、受领迟延、给付不能、不完全给付、债务免除、混同、诉讼时效期间届满等情事的，对其他当事人不生效力；债权人对一可分债务人请求给付的，请求的效力不及于其他可分债务人。

如前述甲、乙二人欠丙2万元之可分之债，甲之清偿，与乙无利；甲之不履行，不使乙负担不履行的责任，丙仅得对甲主张请求权。

再以《民法典》第1172条为据，该条规定之"二人以上分别实施侵权行为造成同一损害，能够确定责任大小的，各自承担相应的责任；难以确定责任大小的，平均承担责任"，就是对可分之债对外效力的规定。其中，"各自承担相应的责任"和"平均承担责任"，表明数侵权人各自独立向被侵权人承担自己应当赔偿部分的责任。从被侵权人方面讲，对各该侵权人分别享有相应部分的债权，不能主张连带债务。

可分之债的效力，源于其债权、债务的分割，使各可分债权人或可分债务人与对方当事人之间，形成连接于同一给付而又相对独立的多个的债权、债务关系。

2. 除法律另有规定或当事人另有约定外，当事人按照债权、债务分割之比例，向对方当事人平均分受债权、分担债务。

3. 在特定情形，一可分债权或者可分债务，与其他当事人有关联。

特定情形之一：在未定履行顺序之合同，但有可分债务人之不履行，债权人得对其他可分债务人行使同时履行抗辩权。如马某、兰某购买花某物品，约定一手交钱一手交货，马某付款一半而兰某未付，花某由之而得对抗马某的交货请求。

特定情形之二：解除合同，须由一方当事人全体或向对方全体为意思表示。如前述马某、兰某二人与花某之合同，买受人解除合同的，须二人表意，一人的意思表示不能发生解除效果；花某欲解除的，须通知二人。

特定情形之三：因可分债权或可分债务诉讼时，全体债权人或全体债务人为共同原告或共同被告。

特定情形之四：因债的履行而有利害关系的可分债务人，为其他可分债务人清偿的，发生代位清偿效果。

通常，可分债务人仅对自己的债务负责清偿，但有时，出于共同的利害关系，会有债务人之一向债权人一方清偿全部债务。在此情形，发生"代位清偿"的两面效果：一方面，被代位之债务人的可分债务消灭；另一方面，代位清偿人对被代位人得行使债权人的权利。

（五）可分之债的对内效力

可分之债的对内效力，是指可分之债在多数人一方内部发生的效力。

多数人一方内部，除另有约定或法定者外，各债权人平均分受债权、各债务人平均分担债务。

三、不可分之债

（一）意义

数人同负一债务或共享同一债权，以不可分给付为标的之债，是不可分之债。其中，多数人享有的债权是不可分债权，多数人负担的债务是不可分债务。

如合同约定，二承揽人共同为一定作人完成工作物，二人所负担的就是不可分债务。又如，A、B二公司共同出资聘请知名经济学专家孟某于某日演讲，二公司所享有的即为不可分债权。还如，肖某欠孙某、于某5万元，本为可分给付，但是，二债权人同肖某约定，须在二人同场条件下一次性还清，即属按照当事人意思成立不可分债权。

我国现行债法未使用不可分之债的术语，但是，在实际生活中，类似上举二例的债权、债务关系，客观存在。

（二）特点

不可分之债，以不可分给付为标的，就此特点区别于可分之债。

给付不可分包括依性质不可分和依意思不可分。多数人之债的给付，在性质上不可分，或性质上可分但按照当事人意思不可分的，即成立不可分之债。

（三）不可分债权的效力

不可分债权，因有外部关系和内部关系，分别有对外效力和对内效力。

1. 对外效力。由于外部关系是不可分之债的债权人和债务人之间的关系，所以，不可分债权的对外效力也就是不可分之债存在于债权人与债务人之间的效力。

不可分债权在债权人与债务人之间有三方面的效力：

（1）各债权人得请求债务人向全体债权人清偿，无权请求债务人向自己单独给付。如上举例子中，A、B二公司，任一公司都无权请求孟某为其单独演讲；孙某、于某任一人均不得请求肖某向自己单独还债。

（2）债务人须向全体债权人清偿，不得向部分债权人给付。如前述之肖某，不得部分或全部地将欠款偿还某一债权人。

（3）一债权人为全体债权人利益发生的事项，对全体有效；为自己利益发生的事项，对其他债权人无效，其他债权人仍得请求债务人向全体债权人清偿。

此所谓一债权人为全体债权人利益发生的事项，包括为全体债务人利益而请求、中断诉讼时效、受领迟延等。

2. 对内效力。因为不可分债权的内部关系，是多数债权人内部之间的关系，所以，不可分之债的对内效力是不可分之债权存在于多数债权人之间的效力。

除法律另有规定或当事人另有约定外，受领之给付利益在性质上可分的，债权人应当平均分受或平等享受。如受领的是金钱。如果受领的利益性质上不可分的，各债权人当享有平等权利。如受领的是一辆轿车。

《民法典》第521条第1款规定："连带债权人之间的份额难以确定的，视为份额相同。"此处之"份额相同"即为平均分受、平等享受。

（四）不可分债务的效力

不可分债务的效力，因其外部关系和内部关系而有对外效力和对内效力。

1. 对外效力。在立法例上，对不可分债务准用连带债务规范。[1]其对外效力有：

（1）各债务人均应为全体债务人利益，向债权人清偿，一人清偿债即消灭。清偿、代物清偿、提存、抵销、混同等，都发生债务消灭的相同效果。

（2）债权人得向债务人中的一人、数人或全体请求清偿，任何债务人都无权拒绝。

（3）一债务人基于不可分债务，为全体债务人利益同债权人发生的事项，对全体债务人有效；非基于不可分之债、非为全体债务人利益的事项，对其他债务人无效，其他债务人仍应履行全部债务。前者如一债务人与债权人达成无害于其他债务人的全部债务免除的协议。后者如一债务人与债权人商定，以其个人债权与债权人的债权抵销，或债权人免除一债务人的债务。

2. 对内效力。《民法典》第519条第1款规定："连带债务人之间的份额难以确定的，视为份额相同。"具体而言，①除法律另有规定或当事人另有约定外，各债务人平均分担债务；②一债务人清偿的，在债务人之间发生内部求偿权，得向其他债务人追偿。

---

[1]　例如，《法国民法典》第1222条规定："数人共同缔结不可分之债，每一债务人均对债的全部负清偿责任，即使并非连带缔结之债，亦同。"罗结珍译：《法国民法典》，法律出版社2005年版；《德国民法典》第431条："二人以上负担一项不可分给付的，作为连带债务人负责。"陈卫佐译注：《德国民法典》，法律出版社2006年版。我国民国时期的民法典第292条规定，对不可分债权、债务，准用连带债权、连带债务的规定。

第七节　依债权、债务可否分为份额的分类

一、分类标准及债的类型

以债权、债务可否分为份额而由多数债权人分受或由多数债务人分担，有按份之债和连带之债的分类。此属对多数人之债的又一种分类。

多数人之债的债权、债务，因给付的可分，得依法律的规定或当事人的约定，分解为若干份额，分属多数债权人或多数债务人，就此成立按份之债。

给付不可分的多数人之债，因给付的不可分，容不得当事人在外部关系中分享债权、分担债务，依给付的性质，多数人只能以实现债权的共同目的，同享一不可分割之债权，共担一不可分割之债务，遂形成连带之债。

给付可分的多数人之债，由于法定或者约定，也得成立连带之债。

二、按份之债

（一）意义

多数债权人按一定份额享有债权或多数债务人按一定份额负担债务的债，是按份之债。

债权人为二人以上，标的可分，按照份额各自享有债权的，为按份债权。债务人为二人以上，标的可分，按照份额各自负担债务的，为按份债务。按份债权人或者按份债务人的份额难以确定的，视为份额相同。[1]按份额享有债权的是按份债权人，其债权是按份债权；按份额负担债务的是按份债务人，其债务是按份债务。

（二）效力

按份之债建立于可分之债，二者关系密切，故其效力与可分之债的效力大体相同。依《民法典》第517条的规定，按份之债有对外效力和对内效力。

1. 对外效力。各债权人或债务人按照各自的份额分享债权或分担债务，按份债权人只能就自己的债权份额请求债务人清偿，无权请求债务人向自己进行全部清偿；按份债务人仅就自己所负债务的份额向债权人履行，对其他债务人的债务份额无清偿义务；某一按份债权人或者按份债务人所发生的事

---

[1]《民法典》第517条第2款。

项，诸如给付迟延、给付不能、受领迟延、债务免除、混同、诉讼时效完成等，对其他债务人或债权人不生效力。

2. 对内效力。除法律另有规定或当事人另有约定外，各债权人或债务人之间按份额分享债权或分担债务；债权人之一受领给付超过自己应有的份额时，除可认为是代其他债权人受领者外，超过部分构成不当得利，其他债权人的债权并不消灭；某一债务人的给付超过自己应负担的份额时，除可认定为代其他债务人给付者外，超过部分可依不当得利请求返还，其他债务人的债务并不消灭。

（三）按份之债与可分之债的关系

《民法典》第517条规定的按份之债，属可分之债。如本章第五节里"大陆法系立法中的多数人之债"部分所分解，可分之债可以是按份之债，也可以是标的虽然可分但是法律规定或者当事人约定所成立的连带之债，不可僵化理解为一种。按份之债是从多数主体之间的权利、义务是否分为一定份额的角度规定，同连带之债对应；可分之债从给付可否分割层面规定，与不可分之债对应。

三、连带之债

（一）意义

连带之债，是指多数债权人或者多数债务人按照法定或约定，各债权人得为全体债权人利益而向债务人主张清偿，或各债务人须为全体债务人利益而向债权人清偿的债。包括连带债权关系和连带债务关系。[1]

解析如下：

1. 连带之债是一种多数人之债，具备多数人之债的一般特点。

2. 所谓"连带"，是指多数债权人或债务人，在其外部关系中因法定或约定，不得分受债权、分担债务，而是彼此关联地享有全部债权、负担全部债务。申言之，即各债权人均有权请求债务人清偿债务，各债务人均应向债权人全部给付，一人清偿，即为全体债务人清偿，一人受领清偿，即为全体债权人受领。例如，甲欠乙、丙二人的合伙6万元，乙、丙均有权请求甲清偿，任一人收取全部债款，甲与二人间的债务关系消灭。又如，成某、乔某共同打伤蔡某，经协商连带赔偿蔡某4000元，蔡有权要求其任一人清偿，一

---

[1] 《民法典》第518条至第521条，是对连带之债的一般性规定。其他条文如第167条关于被代理人和代理人的连带责任、第686条规定的连带责任保证、第1168条规定的共同侵权人的连带责任等，属于具体连带之债的规定。

人清偿，二人均不欠债。

3. 连带之债的形式，或为连带债权，或为连带债务，或兼有连带债权和连带债务。在多数人之债，有一方当事人为连带债权，或者连带债务的，即成立连带之债。当事人双方均为二人以上，有连带债权、连带债务的，是连带之债较为复杂的形式。在此意义，所谓连带之债，其实为连带债务关系或连带债权关系的通称。

4. 多数债权人，叫"连带债权人"，各债权人享有连带债权；多数债务人，称"连带债务人"，各债务人负担连带债务。

5. 连带之债，须由约定或法定。连带之债增强了债权的安全，加重了债务人的责任，为防止滥用连带债权、债务，陷债务人于不公正，大陆法系立法例、我国的法律都明文规定，当事人约定或法律规定的，才能成立连带之债。[1]

（二）性质

连带之债是一个债还是数个债的集合，有三种不同的学术观点：①单一说。认为连带之债是一个债。②复数说。主张连带之债是数个债的集合。③折中说。又有两个分观点：一种认为是一个债，但是诉权有数个；另一种认为连带之债是数个债的关系相合而成为一个债。[2]中国学者多数采取复数说。[3]

（三）连带之债的多数人一方的"共同目的"

多数人之债中，多数人一方的"共同目的"，是连带之债成立的原因和条件。

共同目的，是多数人一方依约定或者法定所形成的实现债权的同一目的。如，多数债务人一方，各债务人的目的，是清偿各自负担的债务，经过约定，或者因法律规定，他们之间形成结合，达成共同清偿债务的同一目的。又如多数债权人一方，各债权人的目的，是实现各自的债权，经过约定或者依法律规定，他们之间结合性地成立共同受领给付的同一目的。

共同目的因约定或者法律规定而形成。在意定之债，多数人一方以约定形成共同目的。如甲为乙的债务进行保证担保，二人之间成立约定的债务清偿的共同目的。在法定之债，依法律规定，多数人一方成立共同目的。如三人共同损害他人财产，三人之间虽无共同清偿赔偿债务的约定，但是，法律

---

[1] 《民法典》第 518 条第 2 款规定："连带债权或者连带债务，由法律规定或者当事人约定。"

[2] 张广兴：《债法总论》，法律出版社 1997 年版，第 144 页。

[3] 史尚宽：《债法总论》，中国政法大学出版社 2000 年版，第 640～641 页。

基于其共同侵害行为，使其负担共同债务、成立清偿共同债务的共同目的。

（四）连带债务

1. 意义。债务人为二人以上，债权人可以请求部分或者全部债务人履行全部债务的，为连带债务。如上述成某、乔某对蔡某的 4000 元债务。

2. 特点。连带债务有五个特点：

（1）债务不可分为份额而由各债务人分别给付。在法律上和交易观念上，连带债务不可分割，连带债务人不得将连带债务分成份额而分别清偿。否则，与按份债务不能区别。

（2）连带债务有共同目的。此所谓连带债务的共同目的，是指多数债务人以确保债权人的债权实现，依法定或约定结合为连带清偿关系的目的。

连带债务的共同目的，对各个连带债务人关系重大。债权实现，共同目的达到，连带债务消灭；债权因一定原因减少，共同目的部分达到，连带债务的内容也减少。因此，但有一连带债务人清偿，债务即告消灭，债权人不得对其他连带债务人主张债权；但有一连带债务人发生的事项使债权的内容减少，全体连带债务人的债务也就相应减少。例如，上述成某、乔某对蔡某的 4000 元连带债务，蔡某对成某个人表示免除其 1000 元的赔偿责任，就发生连带债务减少为 3000 元的效果，乔某随成某的部分免责而受惠。

（3）各连带债务人都有为全体债务人利益而单独清偿的义务。依"复数说"，连带债务是数个独立债务的集合，每个连带债务人都有义务单独清偿全部债务，债权人任向一连带债务人主张全部债权的，被请求者不得以本人在内部关系中的地位或份额对抗债权人。

（4）一债务人清偿，发生为全体债务人清偿的效果。连带债务之所以连带，受其共同目的决定，故，但有债务人清偿，债权消灭，全体债务人再无债务。

（5）在多数债务人之间可发生内部求偿权。连带债务人内部关系为按份权利、义务的，清偿债务者有权请求其他连带债务人偿付其所负担但未履行的份额。

3. 发生原因。连带债务因法律规定或当事人约定发生。

（1）法律对连带债务通常作出明确规定，并限制任意主张连带债务。[1]

---

[1]《民法典》第 520 条第 1 款中"部分连带债务人履行、抵销债务或者提存标的物的，其他债务人对债权人的债务在相应范围内消灭"，是关于连带债务的清偿、抵销和标的物提存而债务部分或者全部消灭的规定。《民法典》第 520 条第 2 款、第 3 款分别规定债务免除、部分债务与债权的混同导致相应债务消灭。

连带债务是加重债务，一债务人无给付能力，有清偿能力的其他债务人须连带清偿，因此，极易发生清偿者全部给付、其他连带债务人无力补偿，致使清偿者受损害的情况。有的场合，还会有当事人串通损害连带责任保证人的现象。如《民法典》第154条规定的"行为人与相对人恶意串通，损害他人合法权益的民事法律行为无效"。其中的"行为人与相对人恶意串通，损害他人合法权益的民事法律行为"就包括了债权人和债务人恶意串通，骗取他人承担连带责任保证的情况。

因此，法律为衡平债权人与连带债务人之间的利害关系，防止滥用连带债务损害主体的权利，对连带债务的发生，一般都做明确规定。如《民法典》规定的合伙人对合伙债务的连带责任、被代理人和代理人的连带责任、共同侵权人的连带责任，以及《中华人民共和国公司法》（以下简称《公司法》）规定的公司股东的连带责任、《票据法》规定的背书人的连带责任等。

（2）在法律规定之外，当事人得约定连带债务。如连带责任保证，就是由保证合同约定的。没有法律规定和当事人约定的，不得主张连带债务。

4. 效力。包括外部关系的连带清偿效力、内部关系的求偿权效力。

连带债务的效力，与单一之债的债务相比较，除相同的有债务的一般效力之外，特有多数人债务的对外效力和对内效力；与按份债务相比较，除同有多数人债务的效力外，还特有因债务不可分所产生的连带清偿的效力。因此，对连带债务的效力，应当了解的是其特有的效力，即对外效力和对内效力。

（1）对外效力。与单一之债、按份债务相比较，连带债务特有四个方面的对外效力：

第一，清偿的连带效力。首先，各连带债务人都有清偿全部债务的责任，不得以超出其在内部关系中负担的份额为由，对抗债权人的清偿请求。同时，任一连带债务人清偿债务的，发生为全体债务人清偿的效果，债权债务消灭。[1]除按照债的内容清偿外，代物清偿、提存、抵销、混同、全部债务的免除等，都发生连带债务消灭的效果。

第二，债务减轻的连带效力。所谓债务减轻的连带效力，是指一连带债务人发生的使连带债务减轻的事项，具有使全体债务人的债务连带减轻的效力。使债务减轻的事项包括：债权人对一连带债务人债务的免除、债权人对一连带债务人清偿的迟延受领、债权人对一连带债务人发生的诉讼时效期间届满。[1]

《民法典》第 520 条第 2 款规定"部分连带债务人的债务被债权人免除的，在该连带债务人应当承担的份额范围内，其他债务人对债权人的债务消灭"，第 3 款规定的"部分连带债务人的债务与债权人的债权同归于一人的，在扣除该债务人应当承担的份额后，债权人对其他债务人的债权继续存在"，第 4 款"债权人对部分连带债务人的给付受领迟延的，对其他连带债务人发生效力"等，都是连带债务总额减少而发生债务减轻连带效力的规定。

本来，依"复数说"，各个连带债务人都有单独清偿全部债务的义务，因此，一连带债务人与债权人之间发生的事项，原则上对其他连带债务人无效。但是，当一连带债务人发生的事项使债务减轻的，连带债务的共同目的部分达致，或因债权人原因而不必实现，减轻的部分，对连带债务人全体有效。

第三、债权人得选择债务人请求清偿的效力。《民法典》第 518 条第 1 款中规定"债务人为二人以上，债权人可以请求部分或者全部债务人履行全部债务"。债权人有权向连带债务人的任何一人、数人或全体，请求清偿，被请求者应当清偿，无权拒绝。债权人的这个权利，不妨叫作"债权人的选择请求权"。单一之债、按份之债、债务人为一人的连带债权，债权人无此权利。

债权人的选择请求权，不因对部分连带债务人的诉讼而减损效力。债权人选择部分连带债务人请求清偿，与之发生诉讼，生效裁判文书确定诉讼债务人的债务时，其他未参加诉讼的连带债务人不因此免除债务。

债权人的"选择请求权"具有"转向效力"，即债权人已向某连带债务

---

[1] 在立法例上，《德国民法典》第 421~424 条，我国民国时期的民法典第 272~278 条，可资参考。民国时期的学者我国多认为，各个连带债务人都有单独清偿全部债务的义务，因此，连带债务中一人与债权人之间发生的事项，原则上对其他连带债务人无效。但是，当一连带债务人发生的事项使债权消灭或减轻的，全部或部分地实现了连带债务的共同目的，该事项对连带债务人全体有效。连带债务人中一人所发生的事项，分为"发生绝对效力的事项"和"发生相对效力的事项"。前者是能够对连带债务人全体有效的事项，后者是对其他连带债务人不发生效力的事项。发生绝对效力的事项，有两类：第一类，足使债权消灭的事项。包括：一连带债务人的清偿、代物清偿、提存、抵销、混同、全部的免除等。概括而言，即连带债务人的任一清偿者发生为全体债务人清偿的效果，连带债务消灭。任何连带债务人均得对抗任何债权人的给付请求。第二类，足使债权减少的事项。包括：债权人对一连带债务人债务的免除、债权人对一连带债务人清偿的迟延受领、债权人对一连带债务人发生的诉讼时效期间届满等。参见史尚宽：《债法总论》，中国政法大学出版社 2000 年版，第 649~663 页；黄立：《民法债编总论》，中国政法大学出版社 2002 年版，第 579~587 页；王泽鉴：《民法概要》，中国政法大学出版社 2003 年版，第 284~285 页。大陆学者多借鉴这些学术成果。参见王家福主编：《中国民法学·民法债权》，法律出版社 1991 年版，第 48~50 页；魏振瀛主编：《民法》，北京大学出版社、高等教育出版社 2007 年版，第 328~329 页。

人请求但未获清偿的，得转向其他连带债务人或全体连带债务人请求清偿，被请求者无权拒绝。如，甲、乙、丙三人对丁负担连带债务，到期未予清偿，丁先选择了资金条件较好的甲请求清偿，不料甲炒股亏损，无力清偿，丁即可转而请求三人清偿。

《民法典》对连带债务关系中债权人选择请求权的"转向效力"未做规定，我国《票据法》第68条的规定，虽然是民事特别法的规范，但是，对于充分理解连带债务关系中债权人的权利特点，实有助益。[1]

第四，连带诉讼效力。因连带债务起诉、应诉的，须以全体连带债务人为原告或被告。生效裁判确定的利害，基于连带债务关系的，对全体债务人有效；非基于连带债务而属于某连带债务人个人关系的，对其他连带债务人无效。

（2）对内效力。连带债务人之间为按份权利义务关系的，发生内部追偿权。

相反，基于共同共有关系发生的连带债务，在共同关系存续期间，权利、义务不可分，不发生内部追偿权，由全体共有人平等承受债务所产生的不利益。《民法典》第519条第1款规定，连带债务人之间的份额难以确定的，视为份额相同。

（3）连带债务人的内部追偿权。连带债务人的内部追偿权，是指清偿债务的连带债务人对其他债务人享有的请求偿付自己多履行部分的权利。享有内部追偿权的债务人，叫"追偿权人"。如上述成某、乔某对蔡某的连带赔偿债务，成某清偿了债务，即为追偿权人，乔某未为给付，成某即有权请求乔某偿付自己多给付的部分。

《民法典》第519条第2款规定，连带债务关系中"实际承担债务超过自己份额的连带债务人，有权就超出部分在其他连带债务人未履行的份额范围内向其追偿"。即要求其他负有连带义务的人偿付应当承担的份额。

概言之，内部追偿权的效力是：追偿权人有权就自己多履行部分，对其他连带债务人求偿。如上述之成某与乔某共同侵权而负连带债务，原则上对半负担赔偿金，成某清偿后，其内部追偿权的可请求部分，即为全部债务的一半。

---

[1] 我国《票据法》第68条第1款规定："汇票的出票人、背书人、承兑人和保证人对持票人承担连带责任。"第2款规定："持票人可以不按照汇票债务人的先后顺序，对其中任何一人、数人或者全体行使追索权。"第3款第1句规定："持票人对汇票债务人中的一人或者数人已经进行追索的，对其他汇票债务人仍可以行使追索权。"另外，在实务中，通常是把连带债务人作为共同被告提起诉讼。

追偿权人向其他连带债务人行使追偿权，其他连带债务人须按照其在内部关系中应负担的份额，向追偿权人偿付。若被追偿的连带债务人无偿付的财产条件时，发生"追偿权的扩张"，不能偿付部分由其他债务人分担代偿。《民法典》第519条第3款规定："被追偿的连带债务人不能履行其应分担份额的，其他连带债务人应当在相应范围内按比例分担。"但是，不能偿付的被追偿的连带债务人并不能因此免责，待其具备偿付的财产条件时，有义务就自己应当偿付的部分，向为其代偿者分别偿付。

（五）连带债权

1. 意义。连带债权，是指债权人为二人以上，部分或者全部债权人均可以请求债务人履行债务的债权。如前述甲欠乙、丙二人的合伙6万元的债务关系，乙、丙都有为二人共同利益请求甲清偿6万元的债权。

2. 特点。连带债权有五个特点：

（1）债权不可分为份额而由各债权人分别行使、分别受偿。连带债权，在法律上和交易观念上不可分割，债权人不得将连带债权分成份额而分别行使、分别受偿。否则，不成立连带债权而属于按份债权。

（2）连带债权有共同目的。所谓共同目的，即以确保债权实现而依法定或约定结合为连带债权关系的目的。连带债权的共同目的，对各个连带债权人有重要关系。债权实现，共同目的达到，连带债权消灭；债权因一定原因减少，共同目的部分达到，连带债权的内容也减少。因此，一连带债权人受领清偿的，债权即告消灭，债权人不得对债务人主张债权；一连带债权人发生的事项使债权的内容减少的，全体连带债权人的债权也就相应减少。

（3）各连带债权人都有为全体债权人利益而单独行使权、单独受领清偿利益的权利。受连带债权共同目的决定，每个连带债权人都得为全体债权人的利益，单独受领债务人的全部给付利益，单独向债务人请求清偿，被请求的债务人不得以债权人单独请求而行对抗。

（4）一债权人受领清偿，发生为全体债权人受领清偿的效果。连带债权之所以连带，其共同目的就是为债权实现，债务人向任一债权人清偿，连带债权的共同目的即告实现，连带债权消灭。

（5）一债权人受领清偿的，在多数债权人之间可发生内部追偿权。连带债权人内部关系为按份权利义务的，受领清偿者受领的给付利益，超过其应得份额，未受领给付利益的债权人，有权请求其偿付自己应当得的份额。例外的是，共同共有关系存续期间发生的连带债权，不具备这个特点。

3. 效力。连带债权有对外效力和对内效力。对外效力发生于连带债权人与债务人之间，对内效力发生于债权人内部，不涉及债务人。

连带债权的对外效力，与连带债务的对外效力有所不同，尤其是一连带债权人与债务人之间发生的债务免除、诉讼等事项，只在其相互间发生效力。

（1）对外效力。即连带债权对债务人的效力。包括以下方面：

第一，受领清偿连带效力。各债权人单独受领清偿的，对全体债权人发生效力，连带债权消灭。其他债权人不得以债务人未向其给付为由，再行给付请求。

代物清偿、提存、抵销、混同等与清偿效力相同。

连带债权的这一效力，使债务人有选择连带债权人而为清偿的便利。债务人向任一连带债权人清偿的，对其他连带债权人的请求，得行使已为清偿之抗辩权。

第二，给付请求连带效力。《民法典》518条第1款中规定"债权人为二人以上，部分或者全部债权人均可以请求债务人履行债务"即为连带债权的给付请求连带效力。据此，一连带债权人向债务人请求清偿的，效力同于全体债权人请求，债务人不得以其他连带债权人未向其请求而行对抗。特殊的是，债务人对请求之连带债权人不为给付而向其他连带债权人清偿的，并无不当，其他连带债权人不得拒绝受领。

债务人迟延履行、不履行，一连带债权人主张请求权的，有同样效果。

第三，时效中断连带效力。一连带债权人的行为中断诉讼时效的，对全体债权人有效。

第四，受领迟延的连带效力。一债权人受领迟延的，效力及于全体债权人。原因是，债务人得向任何连带债权人清偿而消灭债务，一连带债权人受领迟延，即属连带债权人一方的迟延。

第五，一连带债权人免除债务的，只有相对效力。在连带债权人无约定的条件下，一连带债权人免除债务人债务的，效力限于其在内部关系中的应得份额，不发生全部债务免除的效果，债务人对所余部分债务，仍应向其他连带债权人清偿。其原因是，债权人有放弃自己权利的自由，但未经授权不得处分他人权利。

第六，诉讼连带效力。因连带债权起诉、应诉的，须以全体连带债权人为原告或被告。生效裁判涉及之利害，基于连带关系的，对连带债权人全体有效；非基于连带关系而仅属于某连带债权人个人关系的，对其他连带债权人无效。

（2）对内效力。一连带债权人受领清偿的，连带债权人之间为按份关系的，可发生内部追偿权。共同共有关系存续期间发生的连带债权，不具备这一效力，由全体共有人平等享受给付利益。《民法典》第521条第1款规定，连带债权人之间的份额难以确定的，视为份额相同。

连带债权人的内部追偿权，是指未获给付利益的连带债权人对受领清偿的连带债权人享有的请求返还其在内部关系中应得部分的权利。如上述甲欠乙、丙二人的合伙6万元的连带债权关系，乙收取6万元后，丙对乙有3万元偿付请求权。

《民法典》第521条第2款规定，实际受领债权的连带债权人，应当按比例向其他连带债权人返还，即为连带债权人内部追偿权的规范依据。受连带关系性质之决定，连带债权人的内部追偿权是连带债权的固有效力。受领清偿者受领的超出其应得部分的给付利益，其权利在债务人给付时已属于其他债权人，受领清偿者仅为占有人，其他债权人当然有权请求偿付。

4. 连带之债与可分之债、不可分之债的主要区别与联系。

（1）主要区别。

第一，性质不同。连带之债是多数主体之间的债权、债务具有牵连性的债；可分之债、不可分之债，是债的给付可否分割而由多数人分别实施的债。

第二，成立条件不同。连带之债的成立，以多数人一方当事人之间的债权、债务的牵连性为条件，具备这个条件的，无论给付是否可分，都能够发生连带关系；而可分之债和不可分之债的发生，须以给付是否可分为条件。具体看，可分之债以"同一可分给付"为客体，不可分之债的客体是"不可分给付"，而连带之债，有的以"同一可分给付"为客体，有的以"不可分给付"为客体。

第三，多数人一方当事人之间的债权、债务的配置不同。连带之债的多数人一方，在外部关系上，连带地享有债权、负担债务，不得分享债权、分担债务；在内部关系上，按照约定或者法律规定的份额享有权利、承担义务。相反，在可分之债，多数人一方的外部关系，是就"同一可分给付"所分割的部分，分享债权、分担债务；其内部关系，则是除法律另有规定或当事人另有约定者外，当事人平均分享权利、分担义务。而在不可分之债，仅不可分债务准用连带之债的规范，不可分债权的多数债权人之间，外部关系是共同关系但不适用连带之债的规范，如前述"A、B二公司共同出资聘请知名经济学专家孟某演讲"的关系，不能认为二公司之间是连带关系，假如孟某给一家公司演讲，不能具有连带之债的法律效果；其内部关系，除法律另有规定或者债权人另有约定者外，一般是平等享有权利。"平等"与"平均"的意义、效果等均不相同。

（2）主要联系。

第一，客体有部分相同点。可分之债的客体是可分给付，不可分之债的客体是不可分给付，而连带之债的客体，既可以是可分给付，也可以是不可分给付。由此存在部分相同点。

第二，权利、义务的配置状况有部分的相同点。连带之债中，债权连带或者债务连带均可，如合伙人就合伙事务同他人之间的连带之债。在不可分之债，由于不可分债务准用连带之债的规范，存在以不可分给付为客体的连带债务，与连带之债发生联系。

四、不真正连带债务

（一）意义

不真正连带债务，是指数债务人基于不同的发生原因，对债权人负担以同一给付为标的的多个债务，其中一债务人完全履行，其他债务即因债权人的目的达到而消灭的债。

例如，甲盗走乙的摩托车，被酒后驾驶轿车的丙交通肇事撞毁，二人对乙各有赔偿义务。甲盗用侵权，因摩托车返还不能而负债务，丙因交通肇事毁车而有债务，俩人的债务，就是不真正连带债务。相反，如果是甲、丙二人酒后驾驶造成乙的车损，就发生连带债务。再如，裁缝兰某收取定作人石某之布料准备制衣，另一顾客段某不慎将布料毁损，兰、段二人对石某负担不真正连带债务。

（二）相关的法律规定

《民法典》第 1203 条、第 1223 条、第 1233 条、第 1250 条等条文，是关于数侵权人承担不真正连带债务的规定。

其中，第 1203 条规定："因产品存在缺陷造成他人损害的，被侵权人可以向产品的生产者请求赔偿，也可以向产品的销售者请求赔偿。产品缺陷由生产者造成的，销售者赔偿后，有权向生产者追偿。因销售者的过错使产品存在缺陷的，生产者赔偿后，有权向销售者追偿。"依据该规定，缺陷产品的生产者、销售者都是被侵权人的债务人，被侵权人"可以向"生产者请求赔偿，"也可以向"销售者请求赔偿，即选择其中之一主张赔偿请求权，而被请求者在履行赔偿债务后，对造成产品缺陷者有追偿权。

在另外三个条文中，使用了相同的结构，规定被侵权人"可以向"数侵权人中的某一侵权人请求赔偿、"也可以向"另外一个侵权人请求赔偿，被请求者在履行债务后对未进行赔偿的侵权人得主张追偿权。由于被追偿者是最终承担赔偿责任者，通称其为"终局债务人"。

（三）不真正连带债务的特点

与连带债务相比较，不真正连带债务有以下相似但是不相同的特点：

1. 形式上有相似之处，但是实质要素不同。二者都有"多数债务人""各债务人都有全部给付之义务""一债务人清偿，债消灭"等形式上的相同点，但是，不真正连带债务缺乏连带债务的"共同目的""内部关系"等实质要素，不发生连带债务的效力，仅貌似连带债务而已。称其为"不真正"连带债务，正中要害。

2. 发生的原因不同。连带债务的数个债务，基于数债务人的共同行为发生，不真正连带债务的数个债务，因数债务人各自的行为发生。

3. 有无共同目的不同，清偿目的也不同。连带债务的数个债务，有共同目的，即多数的债务人依约定或法律规定，共同为一债权的实现而结合为连带债务关系的目的，各债务人的清偿，为全体债务人的共同利益，某一债务人清偿，全体债务人的债务消灭。不真正连带债务也有数债务人并因此存在数个债务，且某一债务人清偿，全体债务人的债亦消灭的效果，但是，各债务人及其债务之间不存在共同目的，只是客观上的原因，使数个债务成立于同一给付，被请求的债务人向债权人为给付，仅为自己而已。

4. 多数的债务人有无内部关系不同，清偿债务者有无内部求偿权不同。连带债务人之间有内部关系，或为共同关系，或为有内部求偿权的按份关系。不真正连带债务，在各债务人之间无内部关系，不发生内部求偿权，清偿者对未履行债务者依法享有追偿权，请求偿付其多履行部分。

5. 有无终局债务人不同。不真正连带债务有终局债务人，连带债务则无。例如前举兰、段二人例，石某向裁缝兰某索赔，兰某赔偿后对段某追偿，段某是"终局债务人"。再如《民法典》第 1233 条规定之"因第三人的过错污染环境、破坏生态的，被侵权人可以向侵权人请求赔偿，也可以向第三人请求赔偿。侵权人赔偿后，有权向第三人追偿"。该第三人就是"终局债务人"。

（四）效力

不真正连带债务不具备连带债务的实质要素，不具备连带债务的效力。其效力主要是：

1. 债权人有权受领任一债务人之清偿。有债务人清偿者，不真正连带债务消灭。债权人不得再对其他债务人请求给付。

2. 债权人得对任一债务人主张债权。清偿期届至而数债务人未清偿的，债权人得对一债务人，数债务人或全体债务人请求清偿。

3. 债权人与一债务人之间的事项，对其他债务人不发生效力。债权人对一债务人主张债权的，对其他债务人不生效力；债权人免除一债务人债务的，原则上对其他债务人无关，但是，该债务是其他不真正连带债务人的债务的存在条件的，其他债务人因债务免除而得免责。如前述摩托车被丙撞毁例，若乙免除丙的赔偿债务，甲亦不再赔偿。

第八节　依两债之间主从关系的分类

一、分类的标准及债的类型

以相互关联的两债之间的主、从关系为标准，将债分为主债和从债。

两个相互关联的债中，处于主导地位的是主债，处于依从地位的是从债。如 H 公司向 B 银行借款 500 万元，由 Q 公司作保证人，担保其按约定还本付息。其中，借款关系是主债，保证关系是从债。

通常的债，基本为自生自立的债权、债务关系，均不依从于其他的债。如买卖关系、借贷关系、保管关系、损害赔偿关系等绝大多数的债。但是，有一些债恰恰相反，不仅依从于他债，以他债为自身存在的条件，甚至，还以服务于他债为其存在价值。如利息之债，其发生，须以本金之债的存在为必要。再如保证合同之债，其存在之价值，仅在担保另外一债的清偿。

二、主债

主债是在相关联的两债中独立存在、处于主导地位的债。主债的债权叫主债权，债务叫主债务。

两债之间相互关联、有主从关系的，才有主债与从债。反之，一个债，或虽有关联的两债，但相互之间无主、从关系的，不构成主债和从债。

三、从债

在相互关联的两债中处于依从地位的债是从债。从债的债权叫从债权，债务叫从债务。

四、主债与从债的当事人

主债和从债虽有两个债，但两债之当事人，或有第三人担当从债务人，或主债务人兼为从债务人。前者，如上述 H 公司借款、Q 公司保证之二关系。后者如有息借款的债务关系。

当事人构成的不同，债权、债务的配置不同，债权实现的条件也不同。还如 H 公司借款之例，B 银行在借款关系中有主债权，在保证关系中有从债权；H 公司负担主债务，Q 公司负担从债务；若主债务人不能清偿，债权人得向从债务人 Q 公司请求清偿，其债权事实上有两份一般担保财产。又如无保证关系的有息借款之债，本金之债的债务人兼有主债务和从债务，贷款人对债务人有两个债权，但只有债务人一人的全部财产作为一般担保财产，若无其他因素，债权的安全性低于有两份一般担保财产者。

五、主债和从债的关系

通常，主债与从债是主、从关系。主债是独立之债，从债不能独立于主债，无主债即无从债；主债处于主导、决定地位，从债处于依从地位，主债终止，从债随之消灭；主债的效力决定从债的效力，主债无效，从债也无效。

但有例外情形，从债得除却从属性，单独发挥功效。对此，《民法典》第388 条第 1 款中规定，"担保合同包括抵押合同、质押合同和其他具有担保功能的合同。担保合同是主债权债务合同的从合同。主债权债务合同无效的，担保合同无效，但是法律另有规定的除外"。第 682 条第 1 款也明定，"保证合同是主债权债务合同的从合同。主债权债务合同无效的，保证合同无效，但是法律另有规定的除外"。这些条文中的"但书""除外"规定，就是关于在法律另有规定的情形，即使主债权债务合同无效，从债得以单独有效的一般性规定。

主债权债务合同无效，独立保证或者说是独立保函是否主债权债务合同的从合同，是否能够单独有效。对此问题，《民法典》颁布之后、施行之前，两套有影响的著作发表了不同的观点。

独立保函"是银行或非银行金融机构作为开立人，以书面形式向受益人出具的，同意在受益人请求付款并提交符合保函要求的单据时，向其支付特定款项或在保函最高金额内付款的承诺。"[1]

一种观点认为，《民法典》中的"主债权债务合同无效，保证合同无效"规定了保证合同的效力的从属性，"但是法律另有规定的除外"的但书条款涉及是否应当承认独立保证的立法争议问题。最高人民法院 1998 年的一个判例表明最高人民法院当时对于国内企业、银行之间的独立保证采取否定的态度，但 2016 年最高人民法院发布的《最高人民法院关于审理独立保函纠纷案件若干问题的规定》改变了之前的规定，明确了在国内交易中也允许银行或非银行金融机构有资格开具独立保函。《民法典》在立法过程中作出了维持立法现

---

[1]　参见最高人民法院《关于审理独立保函纠纷案件若干问题的规定》第 1 条第 1 款。

状的决定。[1] 分析其意思，应当是认为上述《民法典》条文中的"但书"适用于银行或者非银行金融机构开具的"独立保证"，而且"独立保证"不因主债权债务合同无效而必然无效。

另一种观点认为，"独立保函虽然客观上具有担保债权实现的功能，但与《担保法》规定的保证有本质区别，而与信用证性质相同""独立保函不是《民法典》第三编第十三章中调整的保证合同"，认为符合《最高人民法院关于审理独立保函纠纷案件若干问题的规定》开立的独立保函，不是主合同的从合同，其效力独立于主合同。承认银行和非银行金融机构开具的符合该司法解释的独立保函的效力，至于"银行或者非银行金融机构之外的当事人开立的独立保函，以及当事人有关排除担保从属性的约定，应当认定无效"。[2]

---

[1] 黄薇主编：《中华人民共和国民法典合同编解读》（上册），中国法制出版社 2020 年版，第 741 ～ 742 页。

[2] 参见最高人民法院民法典贯彻实施工作领导小组主编：《中华人民共和国民法典合同编理解与适用》[二]，人民法院出版社 2020 年版，第 1288 ～ 1295 页。《最高人民法院关于适用〈中华人民共和国民法典〉有关担保制度的解释》第 2 条第 2 款规定："因金融机构开立的独立保函发生的纠纷，适用《最高人民法院关于审理独立保函纠纷案件若干问题的规定》。"从司法解释的层面，否认独立保函作为保证合同、从合同的观点。

第五章

债的效力

【本章提要】 债的效力分为债权的效力和债务的效力。债权的效力包括给付受领力、给付请求力、执行请求力、给付利益保有力等。这些效力表现为以"给付利益归属债权人"为宗旨的各种权利，其中，给付请求权有着重要地位和作用。

债务的效力包括给付约束力和为债权圆满实现的其他约束力。分为三个方面：①债务人须依债给付，否则应承担债务不履行的责任。②债务人仅依债给付，债务之外无给付义务。对债权人的不当请求，债务人有一时或永久抗辩权。③债务伴有附随义务。债务的效力或由主给付义务和附随义务组合发挥，或由主给付义务、从给付义务和附随义务合成而施展。

重点掌握债权的效力、债务的效力，思考抗辩权与请求权的关系。

第一节　债的效力的意义与分类

一、债的效力的意义

债的效力，是指债所特有的保障债务清偿、债权实现的法律之力。解释如下：

（一）债的效力是法律之力，具有强制性

债是一种法律关系，自然具有法律关系的一般效力。法律关系的一般效力，是法律保障当事人之间的义务必须履行、权利必予实现的强制力。就债而言，其效力就是法律保障债务履行、债权实现的强制力。当债务人不履行债务时，债权人得依其债权，请求法院强制债务人履行，或对债务人的财产强制执行，就此取得债所确定的利益。

（二）债的效力为债所特有

债是财产关系的一种，与物权关系相比较，其效力自有其特殊性。表现为：

1. 债的效力具有相对性。债对债权人和债务人具有法律效力，对债的当事人之外的人，原则上没有约束力。因此，在对人的效力方面，债的效力具有相对性。同时，债权的实现，以债务清偿为条件，债权人只能通过债务人的给付才能实现利益，债的实现具有相对性。而物权关系的效力，具有对世性和绝对性，物权人得直接支配标的物实现利益，物权对任何人都有法律约束力。

2. 债的效力，是保障"给付利益归属债权人"的法律之力。给付利益，是指债所包容的、债务人应通过其"特定行为"而给予债权人的利益。法律强制性保障债务履行，目的是保障债权人得到给付利益。

就意定之债而言，当事人意思表示的内容是实现给付利益由债务人移转至债权人，法律认可意定之债的效力，实质是按照"意思自治"原则，实现当事人的意思。在法定之债，债务人或损害了债权人的利益，或自债权人受有利益，法律为衡平当事人之间的利害关系，使债务人负担给付义务，将"给付利益"移转于给债权人。总之，无论何种债，其发生的目的和必欲达致的效果，无不是"给付利益归属债权人"。而债的效力，正是实现这个目的和效果的法律强制力。

相反，物权关系的效力，是保障权利人对标的物的支配，"直接享受标的物的利益"。一个是保障权利人从义务人得到"给付利益"、一个是保障权利人"直接享受标的物的利益"，两种法律关系的效力截然不同，物权关系没有给付，没有给付利益，也就没有权利人从义务人得到给付利益的效力。

（三）债的效力包括债权的效力和债务的效力

债的效力，首先是指债这种法律关系的效力，同时，由于债权、债务是债的内容，自然也是指债权的效力和债务的效力的整体。

1. 债权的效力。债权以"给付利益归属债权人"为宗旨。为实现这个宗旨，法律赋予债权多种多样的效力，包括给付利益受领力、给付请求力、执行请求力、给付利益保有力、给付选择力、给付变更力、债权保全力、抗辩力等。这些效力，表现为相对独立的权利，即给付利益受领权、多种的请求权、抗辩权、形成权等。

2. 债务的效力。债务同样以"给付利益归属债权人"为宗旨。为实现此宗旨，法律赋予债务必须清偿的效力、债务不履行时得强制执行的效力、债务不履行发生损害赔偿责任的效力。这些效力，表现为主给付义务、从给付义务、债务违反的责任等。

（四）债有债务人抗辩权的效力

为防止债权人不当行使请求权，《民法典》和相关债权法赋予债务人多种抗辩权。抗辩权是债务人根据约定或者法定的事由，对抗债权人行使请求权的权利。也叫"反对权"。[1]它是请求权的反对权利，得暂时阻止或永久阻止请求权的行使。

债务人的抗辩权虽然主要存在于双务合同之债，但绝不限于此，单务合同之债也存在债务人抗辩权，如未到清偿期的抗辩权、时效期间届满的抗辩权等。

在双务合同之债中，当事人互为债权人和债务人。一方当事人被对方请求履行时就处于债务人地位，有约定的或者法定的抗辩事由的，就有抗辩权。由于抗辩权是对抗债权人请求权行使行为的权利，对抗的是债权人的请求行为，行使抗辩权者只能处于债务人的地位，而请求履行的对方此时处于债权人地位。如果认为当事人在行使抗辩权时仍然处于债权人地位，就会发生债务人行使请求权，债权人对抗债务人请求权的混乱认识。

债务属于义务，抗辩权属于权利，义务的效力不能是权利，因此，债务人的抗辩权不是债务的效力，否则就会发生义务的效力是权利的逻辑错误。债务人抗辩权的权源不是债务本身，而是债务人的地位和债权、债务的界限，超过该界限的利益，不是债务的内容，自然也不是债权的内容，债权人也就无权请求给付，倘若请求给付，便是无权行为、权利滥用行为，债务人有权抗辩。究其权源，有的是债务人在债中享有的对应的债权，有的则是法律的特别规定。实质上，债务人抗辩权是法律为均衡当事人之间的权利、义务，防止债权人凭借其债权的优势，滥用债权损害债务人的利益，特别赋予债的效力。[2]

抗辩权所对抗的，是权利人的权利滥用行为，即不正确行使权利的行为，不是对抗权利。权利具有法律强制力，正确行使者，义务人不得对抗。相反，权利滥用的，滥用的部分不具有权利的性质和地位。反面观之，滥用部分也不是义务人的义务，义务人自然得有对抗的权利。

例如，未到履行期而债权人请求给付，其给付请求是不正确行使权利的行为，不属于权利行使行为，故，债务人有未届履行期的抗辩权。又如，诉

---

[1]　［德］卡尔·拉伦茨：《德国民法通论》（上册），王晓晔等译，法律出版社2003年版，第328～333页。

[2]　法律特别赋予债的效力，还有附随义务。债从成立到消灭的发展过程中，债权人和债务人都有附随义务。《民法典》第509条第2款规定"当事人"应当遵循诚信原则，根据合同的性质、目的和交易习惯履行通知、协助、保密等义务，而不是规定只有债务人负担这些附随义务，意即如此。从附随义务的内容和制度功能看，它是法律为周到地保护债的当事人，确保债权圆满实现，特别赋予债的效力。所以，本书更愿意将其归为债这种法律关系的总体的效力，即债权和债务通有的效力。

讼时效期间届满的债权，成为"不完全债权"，丧失执行请求效力，法院不能强制债务人履行，债权人请求债务人给付的，债务人有时效期间届满的抗辩权，得自由选择是否给付，拒绝给付的，不发生债务不履行的效果。再如，出卖人交付的标的物质量不合格，导致其价款债权的效力发生减损，其付款请求行为，属于债权不正确行使行为，买受人有标的物瑕疵的抗辩权，得拒绝付款。

（五）债还有形成权的效力

形成权是权利人享有的依其单方意思表示得使权利变动的权利。如承认权、拒绝权、债权人撤销权等。债权人和债务人都享有形成权。债权人行使形成权，以其债权为基础权利，而债务人享有形成权，则以其债务人地位和债务的范围为依据。如选择之债中的选择债务，即是债务人有给付选择权。因此，债权有形成权效力，属应有之义，而债务人依其地位和债务的范围，也有形成权。

二、债的效力的分类

（一）一般效力和特殊效力

1. 一般效力。一般效力是指各种债共同具备的效力。也叫"普通效力""通共效力"。

一般效力分为债权的一般效力和债务的一般效力。

从债权方面看，债的一般效力包括债权的给付利益受领效力、给付请求效力、给付利益保有效力、执行请求效力、债权保全效力等。

从债务方面看，债的一般效力包括债务必须履行的效力、债务履行债即消灭的效力、债务不履行的损害赔偿的效力等。债务人抗辩权，也属于债的一般效力。

债的一般效力还包括给付选择权、变更权、解除权等形成权的效力。

2. 特殊效力。特殊效力是指某种债除具备一般效力之外还特有的效力。如合同之债有合同解除权的效力、发生违约责任的效力，而侵权行为之债就没有这些效力。又如，买卖合同具有标的物质量瑕疵担保的效力，而运输合同就没有这个效力。

某种债所特有的抗辩权，属于特殊效力。如双务合同中的先履行抗辩权、同时履行抗辩权等。

债权法总论研究债的一般效力，分论研究各种具体的债的特殊效力。

（二）对内效力和对外效力

对内效力和对外效力，是对债的一般效力的分类，属于债的效力的二次分类。

1. 对内效力。债对债权人和债务人的效力，是对内效力。包括债权的效力和债务的效力。对内效力仅作用于债权人和债务人，对第三人无效。

对内效力可以分解为：

（1）当事人之间存在债权、债务；

（2）债务人应按约定或法律规定为给付，否则，债权人得行使给付请求权；

（3）债务人不按照债的规定为给付的，要承担债务不履行的法律后果。即债权人得请求人民法院强制债务人承受约定的或法定的不利后果。

［例1］C法人与D法人签订买卖合同约定，D于合同签订日付清货款20万元，C于2006年8月10日交付货物，违反约定者须向对方支付货款总额10%的违约金；D如约付款而C到期不交货。

问题：买卖合同对C、D有哪些效力？

2. 对外效力。债对第三人的效力，是其对外效力。依法律规定债对第三人有效力的，债即发生对外效力。

债虽然是相对权关系，但是在法律有特别规定的情形，债对第三人发生效力。如为第三人利益的合同之债，第三人得依债享有权利。再如债务人与第三人串通损害债权的，债权人有撤销权，得请求法院撤销债务人与第三人的行为。

［例2］甲与保险公司订立人身保险合同，定受益人为甲子。甲在保险期内死亡，依合同，保险公司应支付保险金20万元，但甲子对保险合同事一无所知。

问题：甲死亡，合同主体一方消灭，甲子不是保险合同当事人，对合同事也一无所知，该保险合同的效力如何？

［例3］A公司欠B公司货款200万元，不想偿还，又担心B公司通过法院强制执行其财产，遂在清偿期届至前将其财产一部分赠与C公司，一部分贱卖给D公司，处分殆尽，B公司未能得到清偿。

问题：C、D都不是A、B之间债务关系的当事人，该债务关系的效力如何？

（三）积极效力和消极效力

1. 积极效力。债的积极效力是指债权的效力。如债权人得为给付利益受领、给付请求、合同解除、债的保全等行为。

2. 消极效力。债的消极效力是指债务的效力。如债务人须依债交付标的物、支付价款、给予赔偿金，不履行债务的须支付违约金等。

（四）主要效力和从属效力

1. 主要效力。债所具备的对给付利益的实现发挥主要作用的效力，是主要效力。如给付利益受领力、给付请求力、受领利益保有力，执行请求力以及债务的给付约束力等。

2. 从属效力。从属效力是指债所具有的对给付利益的实现起辅助作用、相对主要效力而言处于从属地位的效力。如债权人迟延受领、使其债权效力减损的效力；债务人在履行债务时未尽告知、照顾、保密义务致债权人受损害而应赔偿损失的效力。

（五）固有效力和派生效力

1. 固有效力。固有效力是指债所具备的为直接实现给付利益的效力。它体现债的发生的原本目的。包括债权的给付利益受领力、给付请求力以及债务的给付约束力等。

2. 派生效力。债所具备的因债务不履行而得发生新的债务的效力，是派生效力。如债务人不履行给付义务，依债的内容应当负担支付违约金、赔偿损失等义务。这些义务，不是发生债的原本目的，而是由债权未实现的事实生发的补救性效力。

第二节 债权的效力

一、债权效力的体系

（一）债权效力的意义

债权的效力，是指债权所具有的实现给付利益归属债权人的法律之力。

这种法律之力，有两个方面的表现：一是对债务人的约束力，即债权约束债务人必须按照债的规定为给付，将给付利益归属债权人；二是债权人得就给付为各种行为，从而收取给付利益。

债权有完全债权和不完全债权的区别，二者的效力有所不同。

完全债权是效力完整的债权。它具有"给付利益受领力""给付请求力""给付利益保有力""执行请求力""债权保全力""债权处分力""给付选择力"等效力。通常所说的债权的效力，除特别说明者外，指完全债权的效力。

不完全债权，是相对于完全债权而言欠缺部分效力的债权。其欠缺的，可以是请求力、执行力或处分力等。如诉讼时效期间届满时的债权，没有执行请求力。

（二）债权效力的特点。

债权的效力具有多样性和随机应变性，根据债务履行情况随机应变地由相应的效力应对债务履行情况。

债权的效力是个母体性的法律之力，它以"给付利益归属债权人"的功能和价值为动力，根据债务履行的不同情况而生发不同作用。具体而言，债权以给付利益受领力、给付请求力、受领利益保有力为基本效力，以执行请求力为救济性效力，以债权保全力、处分力等多种效力为债权实现的保障效力。债务不履行使给付受领不能实现时，给付请求力发挥功能；债权不安全时债权保全力施展效用；给付请求力仍然不能使债权实现时，执行请求力和损害赔偿请求力发挥作用，最终通过诉讼程序实现执行请求力，达致给付利益归属债权人的效果。

（三）债权效力与债权权能

债权的效力是债权的法律之力，债权的权能是债权的法律功能，二者大同而小异，在一定程度上，可以认为债权的效力是对债权权能的另一种表述。[1]

（四）债权效力的权利化

债权的各种具体效力，能够根据债务履行的情况转化为权利，以此实现其功效。其中，给付受领力成为给付受领权、给付请求力转化为给付请求权，其他分别是执行请求权、受领利益保有权，债权保全权，等等。

（五）债权和请求权的关系

债权效力能够转化出的权利，除给付请求权、执行请求权外，还有债权保全权、债权处分权等多种具体权利。据此，本书认为，债权不是请求权，请求权是债权的基本功能之一。[2]

1. 从效力看，请求权的效力是权利人得请求义务人为或者不为一定行为的法律之力，而债权的效力，则是债权人得就给付为多种行为的法律之力。请求权的效力限于请求，债权还有债权保全、债权处分等效力。

2. 从行使条件看，债权生效，给付受领权即时生效，债务人提前清偿对债权人无损害的，债权人即得行使给付受领权并保有给付利益。而请求权的

---

[1] 长期以来，人们已经习惯性地理解和使用"所有权的权能""债权的效力"等语词，对债权，很少从权能角度解读和表述，其实，债权有其权能，理所当然，从权能角度观察债权，亦有意义。

[2] 王泽鉴先生指出："请求权系由基础权利而发生。请求权乃权利的表现，而非与权利同属一物。"王泽鉴：《民法概要》，中国政法大学出版社 2003 年版，第 41 页。

行使，以"义务人未履行到期义务"为要件，请求权则不得提前行使。

3. 从权利消灭看，诉讼时效期间届满的，请求权受义务人抗辩权阻却，执行请求权消灭，但是债权并不消灭，受领请求权依然有效，债务人给付的，债权人仍得受领并保有受领之利益，债务人不得以不当得利为由请求返还。

二、完全债权的效力的体系

与不完全债权相比，完全债权的效力是应有尽有，体系完备。包括：

（一）给付利益受领权

给付利益受领权，是债权人享有的受领给付利益的权利。该权利是债权的首项效力。其功能是保障债权人在不同条件下受领给付利益均有合法性。[1]它没有请求效力，也不是债权的请求效力，故不属请求权。[2]

首先，债务履行期届至债务人依债清偿的，债权人自然有权受领；其次，债务人不履行而经债权人行使给付请求权才给付的，以及债务人不履行债务而发生损害赔偿债务的给付的，债权人有权受领；最后，诉讼时效期间届满，债务人给付的，债权人有权受领，债务人不得以不知诉讼时效已过为理由，主张返还。

该权利的行使结果，是给付利益的权利由债务人移转给债权人。

（二）给付请求权

债权人享有的得于清偿期届至时请求债务人为给付的权利，是给付请求权。履行期届至而债务人不履行债务的，债权人得行使该权利。[3]

给付请求权的行使，有以下法律效果：①诉讼时效中断。②使未确定期间的债权的期间确定。③确定债务人迟延给付的时间界限。

---

[1]　"诚如洪逊欣先生所云，债权之本质内容，乃有效地受领债务人之给付，债权人得向债务人请求给付，仅系其受领权之附随的作用而已"。参见王泽鉴：《民法学说与判例研究》（4），中国政法大学出版社 1998 年版，第 108 页。

[2]　本书认为，该权利是债权的"形成权"作用的表现。债务人依债履行，其意思是将给付利益归属债权人，但不能必然发生给付利益移转给债权人的效果，而债权人一方得依自己的单方意思，决定是否受领给付利益，受领的，即发生给付利益移转的效果。债务人依债给付而债权人为不受领意思表示的，得发生抛弃给付利益、免除债务的效果。《民法典》第 580 条第 1 款第 3 项之规定，可为此效果的规范依据。

[3]　民法以"理性人"标准对待民事主体，认完全行为能力人能够理性、主动地履行自己债务，包括合同债务和自己侵权行为所生之债务，故，在履行期届至前，债务人无须履行，债权人亦不得强求履行，履行期届满债务人未履行的，债权人才能行使其给付请求权。《民法典》第 1167 条所定被侵权人"有权请求"侵权人"承担"侵权责任，立法意旨仍然是确定被侵权人对侵权人有侵权赔偿债权，希冀侵权人能够理性、主动地履行。

　　给付请求权既包括原债确定的给付请求权，还包括债务不履行的"次生债"所定的给付请求权。如"继续履行请求权"[1]、"违约金给付请求权"[2]、"赔偿金给付请求权"[3]、"定金双倍返还请求权"[4]等损害赔偿请求权。

　　（三）执行请求权

　　债权人享有的、在债务人不履行债务时得请求法院依执行程序强制实现其给付利益的权利，叫执行请求权。是债权"执行请求力"的表现。

　　债权人行使执行请求权，得请求法院强制债务人继续履行，采取补救措施或者赔偿损失。

　　该请求权的功能，是以公力救济迫使债务人将给付利益归属债权人。

　　（四）受领利益保有权

　　债权人享有的得保有其所受领给付利益的权利，是受领利益保有权。

　　给付受领，因有"给付原因"，不构成不当得利，自无返还义务。此项权利对债权而言，事关根本，如果不能使债权人保有所受领给付利益，债权即无安全性，债权的其他权利如给付受领权、给付请求权、债权保全权等，全都失去意义。

　　因此，给付受领、给付请求、给付受领保有三项权利，实为债权的命脉。

　　（五）债权保全权

　　债权保全权是债权人享有的通过诉讼程序采取措施保护其债权安全的权利。

　　债务人减损其财产足以影响债权人的债权实现的，债权人得通过民事诉讼程序，将债务人的财产恢复于减损之前的状况，使债务人有给付的财产条件，以保护债权安全。

　　债权保全权包括债权人代位权、[5]债权人撤销权。[6]后者属于形成权。

　　（六）债权处分权

　　债权人享有的可依法自由决定其债权归属和存亡的权利，是债权处分权。

---

〔1〕《民法典》第577条。
〔2〕《民法典》第585条。
〔3〕《民法典》第583条。
〔4〕《民法典》第587条。
〔5〕《民法典》第535条。
〔6〕《民法典》第538条。

如债权放弃权（即债权人免除债务）、[1]债权转让权、[2]以债权进行质押的权利[3]等。其中，债权转让权和以债权质押的权利，是把债权作为财产流转对象的权利，能够满足债权人以债权换取更合适利益的需要，具有重要意义。

（七）给付选择权

给付选择权，是债权人享有的、当债务人应为的给付有二种以上之可能，选择一种即能满足债权，债权人得自由选择的权利。此权利属于形成权。

意定之债中，当事人有多种多样的给付选择权，[4]在法定之债，债权人也有给付选择权。[5]

（八）受第三人侵害时的救济权

债权受当事人之外的人侵害时，在适当条件下生发侵权行为之债权，成为受害债权的救济权。

第三人侵害债权能够发生侵权之债，在立法例和判例层面，早有实证，债法理论也有合理的研究结论。[6]债权属于权利，权利自有不可侵害性，第三人侵害债权的，受害的债权应当得到救济，侵害人对受害之债权人负担侵权赔偿责任，属于"有权利就有救济"规则的应有含义。《民法典》虽然未确认第三人侵害债权的制度，但是，从法律应当最大限度地保护民事权利的角度讲，不应当放任第三人侵害债权而无救济制度，期望司法解释或者审判实践能够有合理的对待。

（九）合同债权特有的合同解除权

合同解除权，是合同债权人享有的因解除条件发生而得解除合同的权利。

此项权利为合同债权所特有。合同贯彻"契约自由"，当事人可预先约定一定条件，在该条件发生时解除合同，终止债的效力。在此情形，债权人享有的是"约定解除权"。

---

[1] 《民法典》第575条是主动放弃，依该法第580条第1款第3项应当是发生放弃效果。

[2] 《民法典》第545条。

[3] 《民法典》第440条、441条。

[4] 如《民法典》第186条规定的因违约行为受到损害的，受损害人对违约责任和侵权责任的选择权；第582条关于债权人修理、重作、更换、退货、减少价款或者报酬的选择权；第588条规定的违约金、定金选择权。

[5] 如在不当得利之债，不当得利的标的物原物存在时，债权人有权选择返还原物或者返还相当价值的货币；在侵权行为之债，债权人有权选择恢复原状或者赔偿损失。

[6] 参见史尚宽：《债法总论》，中国政法大学出版社2000年版，第1～2，141～144页；王泽鉴："侵害他人债权的侵权责任"，载王泽鉴：《民法学说与判例研究》（5），中国政法大学出版社1998年版，第190～211页；王文钦："论第三人侵害债权的侵权行为"，载梁慧星主编：《民商法论丛》（第6卷），法律出版社1997年版，第759～804页。

法定事由发生，致使合同目的落空，或者对债权人不利时，债权人有权解除合同，终止债的效力。此时，债权人行使的是"法定解除权"，属"单方解除权"。

《民法典》第 563 条第 1 款第 2、3、4 三项规定的合同解除条件，属于债权人的单方解除权。如第 3 项之规定，即为债务人违约而债权人得行使解除权的条件。行使解除权的，可同时主张债务不履行的损害赔偿请求权。

（十）其他权利

债权除有以上权利之外，还有提前履行拒绝权、[1]部分履行拒绝权、[2]债务承担同意权和拒绝权，[3]以及其他多种权利。

总之，债权是一种为达致"给付利益归属债权人"宗旨的、有机的权利母体。

二、不完全债权的效力

不完全债权是效力有所欠缺的债权。其所欠缺的，或是请求力，或是执行请求力，也可能是处分力以及其他效力。这种债权存在效力的排除或阻却，故有时表述为债权效力的阻却。不完全债权主要有三种：

（一）债权人受领迟延的债权

受领迟延是指债权人对债务人的给付或已提出的给付，因己方原因，未为受领、不能受领或未为必要协助，以致给付未完成的事实。也叫"债权人迟延"。

需要受领的给付，债务人的给付或提出的给付的标的、数量、质量、时间、地点、方式等俱符合债的内容，债权人拒绝受领、不能受领，或应予协助而不协助，使给付不能如期完成的，构成受领迟延。

受领迟延的法律效果是：债权的请求力减损，债权人负担受领迟延的责任而受有不利，债务人责任减轻而得依法为有利于己的行为。

（二）当事人约定不得让与的债权

当事人约定不得转让的债权，债权人的债权处分权受到限制。债权人转让的，对债务人没有约束力，债务人得对抗受让人，但对债权人不能免除债务。典型如约定了不得转让条款的合同债权，票据上记载了"禁止转让"文

---

[1]　《民法典》第 530 条。

[2]　《民法典》第 531 条。

[3]　《民法典》第 551 条、第 552 条。

字的票据债权等。[1]

（三）自然债务相对的债权

自然债务是法律债务的对称，指欠缺法律强制力、不能请求强制执行的债务。

自然债务对应的债权，同样欠缺法律强制力、不能请求强制执行。

其典型如诉讼时效期间届满的债权。这种债权，债务人行使时效抗辩权的，债权人丧失其执行请求权。

第三节　债务的效力

一、债务的效力的体系

（一）债务的效力的意义

债务的效力，是债务人承受的须依债为给付的法律约束力。

义务对义务人有法律约束力，债务是由债所确定的给付义务，因此，债务的效力就是债务人须依债为给付以满足债权实现的法律约束力。

（二）债务的效力的特点

1. 债务的效力，分为一般效力和特别效力。

（1）一般效力。各种债务共同具备的效力，是债务的一般效力。包括三个方面：①债务具有必须依债履行的法律约束力；②债务未依债履行的，除有约定的或法定的免责事由者外，债务人须承担债务不履行的责任。又称"债务违反的责任"。在合同之债，则是"违约责任"。债权人得通过诉讼程序，取得债所确定的给付利益。③债务伴有附随义务。

上述债务效力的三个方面，可以具体化为：

第一，债务人须依约定或法律规定，全面履行义务。《民法典》第 509 条第 1 款规定，当事人应当按照约定全面履行自己的义务。全面履行也叫全部履行，包括：给付的品质，须符合债的目的和条件，能够满足债权实现之要求，更不得为加害给付；给付的数量，除约定或法律准许一部履行者外，须达全部；给付的时间，须符合债确定的履行期限，除约定或法律准许者外，不得期前或迟延履行；给付的地点、方式等，都要符合债的要求。

---

[1] 《票据法》第 27 条第 2 款规定，出票人在汇票上记载"不得转让"字样的，汇票不得转让。第 34 条规定，背书人在汇票上记载"不得转让"字样，其后手再背书转让的，原背书人对后手的被背书人不承担保证责任。

第二，债务人的全部财产是债务履行的一般担保财产。债务成立，无须特别约定，债务人的全部财产随即成为其债务的担保财产，也叫"责任财产"。债务人不得实施损害债权的财产减损行为，诸如无偿转让财产、以明显不合理的低价转让财产、放弃债权而使其债务不能清偿的行为；债务不履行的，债权人得就债务人的任何财产请求强制执行。

第三，债务不履行时，除有免责事由外，发生债务不履行的责任。债务人不履行债务，没有约定或法定免责事由的，应当负担继续履行、损害赔偿等债务不履行的责任、债权人请求法院执行时，债务人应受此强制执行。

第四，债务人负有附随义务。该义务为法定义务，[1]违反此项义务致债权人受到损害的，应当赔偿损失。在意定之债中，债务人应当根据债的性质、目的和交易习惯，履行通知、协助、保密等义务。在法定之债中，债务人也有附随义务。如无因管理之债中，管理人的主要义务是以善良管理人之注意管理本人的事务，同时，还有通知受益人的义务，如果管理的事务需要保密的，还有保密义务。即使在侵权之债中，侵权人也会有告知、协助，甚至必要的保密义务等。例如，甲在倒车时不慎撞坏他人停放的车辆，赔偿损失是其给付义务，应当采取措施告知受损车辆的主人则是附随义务。

（2）特别效力。债务的特殊效力是指个别债务除一般效力外特有的效力。如违约金债务的发生，是合同之债的特别效力，精神损害赔偿是侵害人身权的债务特有的效力。再如，买卖合同的债务与租赁合同的债务，除都有一般效力外，前者还有应当移转标的物所有权的效力，而租赁合同的债务则特有租期届满返还租赁物的效力。

债法总论研究的是债务的一般效力，特别效力由债法分论研究。

2. 债务由多种给付义务组成。债务的效力具有组合性特点：①债务人首先应按照约定或法律规定全面履行其义务，即"主给付义务"。典型如买卖合同，出卖人的债务，包括按照债所确定的标的物的品种、数量、质量，履行的时间、方式等为给付的义务，以及所有权移转义务，标的物质量瑕疵担保义务，标的物权利瑕疵担保义务等；②当事人约定或者法律规定有"从给付义务"的，主给付义务和从给付义务都必须履行全面，否则，发生债务不履行的法律后果，包括强制继续履行、支付违约金、适用定金罚则、损害赔偿等；③债务有附随义务。债务人除应当依据债的规定履行主给付义务、从给付义务外，还应当履行该法定义务。

---

[1]　《民法典》第509条第2款规定，当事人应当遵循诚信原则，根据合同的性质、目的和交易习惯履行通知、协助、保密等义务。显然这是无须约定的义务、法定义务。

二、债务的种类

（一）约定债务与法定债务

以债务的发生根据是约定还是法律规定为标准，有此区分。约定债务是依据合同发生的债务。法定债务是根据法律规定发生的债务。

约定债务是当事人以意思表示设立的债务，是债务人自愿负担的债务，一般也是以换取债权为"给付原因"的债务。法定债务与意思表示无关，不以债务人自愿为必要条件，是法律规定的"给付原因"引发的债务。

（二）给付行为的债务与给付效果的债务

以给付的标的是债所确定的行为还是预期的利益为标准，有此区分。给付行为的债务，是指完成债所确定的行为已为足够，不要求必达预期利益的债务。如雇佣合同，受雇人有按照合同提供劳务的义务，没有必使劳务给雇主带来预期利益的义务。给付效果的债务，是指以实现债权人预期利益为内容的债务。如承揽合同，承揽人的义务以提供约定的工作成果为必要。大部分合同的债务属于这种类型。

区别一债务的内容是给付行为还是给付效果，通常依据债的类型、性质、当事人的约定和交易习惯而论断。

给付行为的债务，债务人依债给付的，即达清偿效果，债权人不得以未达预期利益为由对抗债务人。给付效果的债务，给付未达至预期利益的，构成债务不履行的责任。

（三）主给付义务、从给付义务、附随义务

以债务对债权实现所具有的不同作用为依据，有此分类。

1. 主给付义务。债所固有、必备的并决定债的类型的基本义务，是主给付义务。也叫"主债务"。如买卖合同中的标的物交付义务和所有权转移义务、价款支付义务，承揽合同中的工作成果提供义务、酬金支付义务等。

主给付义务是债的本旨，是债权的对应。

2. 从给付义务。债所确定的不具有独立意义、从属和辅助主给付义务的义务，是从给付义务。也叫"从债务"。如旅客运送合同中承运人为旅客免费运输随身行李的义务，出卖人向买受人提供商品说明书的义务等。

从给付义务是主给付利益实现的辅助性条件。

3. 附随义务。附随义务是在债的发展过程中，依据诚信原则产生的照顾、告知、保护、协助、保密、忠实、注意等义务的总称。例如，履行合同时，当事人一方对进入己方场所的对方的人身安全负有基本的保护义务。再如，对标的物可能发生的特殊现象，出卖人应准确告知买受人。

其主要特点是：

（1）附随义务的发生，无须约定也无须法律的具体规定，债发生，附随义务即伴随发生。其规范的形式，通常是法律的概括性规定。如《民法典》第509条第2款，《德国民法典》第241条第2款。

（2）附随义务是主债务、从债务之外的一类义务。附随义务不同于主债务和从债务，是一类独立的义务，主债务清偿，或主债务、从债务均已清偿但违反附随义务给对方造成损害的，对此损害负有赔偿责任。

（3）附随义务是一个义务群。附随义务包括照顾、告知、保护、协助、保密、忠实、注意等多种多样的具体义务，不是单一义务的称谓。

（4）在不同的债中，附随义务的具体种类有所不同。如买卖合同与旅客运输合同，附随义务即各有差异，即使同为买卖合同，标的物品种的差别也导致附随义务的不同。如房屋买卖合同与轿车买卖合同，后者的附随义务，更侧重于轿车的品质、技术资料、性能、维护等方面的告知、注意义务。

（5）债的当事人双方都负有附随义务。通常，附随义务主要由债务人负担，但债权人不能完全免除此种义务。如，托运易碎物品的托运人，对承运人有告知和说明义务，以便承运人妥善运输。

（6）附随义务存在于债的全过程。债从发生到消灭，始终伴有附随义务。

4. 附随义务与主给付义务的区别。

（1）二者的存在形式和作用不同。主给付义务依约定或法定，自债发生时已经特定化，并决定债的类型和内容，是债的本旨和核心，附随义务是随着债的发展而有告知、保护、保密等不同要求，是辅助主给付义务圆满实现的义务。

（2）二者有无对待义务不同。多数的主给付义务都有对待给付义务，即对方当事人也负担相对应的主给付义务，且当事人得有同时履行抗辩权，而附随义务一般没有对待义务存在。

（3）二者在被违反的后果方面不同。意定之债的主给付义务不履行的，构成实质、根本的债务不履行，合同之债得发生违约金责任、解除合同等，而不履行附随义务的，发生损害赔偿责任。法定之债中违反附随义务的，通常发生损失扩大、赔偿额增加等后果。

5. 附随义务与从给付义务的区别。

（1）二者在债成立时是否特定不同。从给付义务的给付，一般在债成立时已经确定为某种特定行为，附随义务则随着债的发展而有变化。如，家用电器的买卖，提供合格标的物是主给付义务；交付质量合格证、使用说明书、实行三包是从给付义务，在买卖成立时已经确定；而在整个合同履行过程中，出卖人有义务照顾、保护买受人不因场所、设置、物品、员工、第三人而受到侵害，协助买受人妥善携带标的物离开经营场所。

（2）二者的违反后果不同。违反从给付义务的，对主债权的实现有实质影响，而不履行附随义务的，一般对主债权不产生实质影响。如，借款人到期不还借款，保证人不履行保证义务，主债权就不能实现；而债务人对前来讨债的债权人未予保护，致其被饲养的宠物狗咬伤，对主债权的实现没有实质影响。

从给付义务被违反的，债权人得诉请法院强制义务人继续履行，而附随义务不履行的，没有此种强制执行效力，只能请求损害赔偿。如到商店购物，店方开具购物发票是从给付义务，照顾买受人安全是附随义务，不给发票可依诉讼程序强制给付，未尽照顾义务使买受人摔伤，不能强制执行为照顾行为。

（3）二者的发生根据不同。从义务一般根据约定或债的特点发生，附随义务通常由法律按照诚信原则规定。

6. 主给付义务、从给付义务、附随义务的结合关系。主给付义务常有附随义务伴随，一般不得以约定排除；从给付义务除法律特别规定者外，当事人可以约定是否设定。

（四）原给付义务与次给付义务

以给付义务是由债原本确定的还是由原定义务演变的为标准，有此分别。

原给付义务是债原本包含的给付义务。也叫"第一次义务"。次给付义务是债中原来不包含，后来由于某种原因，从原给付义务演变而来的给付义务。也叫"第二次义务"。

例如，买卖合同中的标的物交付义务和标的物所有权移转义务，是原给付义务，由于未按约定交付标的物，发生违约金支付义务，该义务相对于标的物交付义务而言，就是次给付义务。

原给付义务是债的本旨，具有债务的各种效力。次给付义务是原给付义务不履行时的补救。

（五）先合同义务与合同后义务

以义务存在于合同成立之前还是合同终止之后为标准，有此区别。

1. 先合同义务。当事人在缔结合同过程中依法负担的照顾、告知、保护、保密、诚实信用等义务，是先合同义务。也叫"前合同义务"。

其特点是：存在于合同缔结合同过程中，合同生效该义务即消灭而合同义务发生；是法定义务，无须当事人约定，《民法典》第 500 条、第 501 条是其规范依据；包括照顾、告知、保护、保密、以诚信原则磋商合同事宜等具体义务；违反义务损害的是对方的"信赖利益"，依法负有"缔约过失赔偿责任"。

2. 后合同义务。当事人在合同之债消灭后，依法定或约定所负担的、旨在维护给付的效果或协助对方处理合同消灭的善后事宜的义务，是后合同义务。

其特点是：存在于合同之债消灭之后；义务的发生，有的是依据法律的规定，有的是缘于当事人的约定；义务的功能，是为了维护给付的效果或者协助对方的善后事宜；构成义务违反的，依法负担损害赔偿责任。

例如，当事人一方在履行合同过程中掌握了对方的相关技术资料，合同履行完毕后，仍然负有不泄露、不擅自使用等义务，即为一种后合同义务。[1]

《民法典》第501条中规定"当事人在订立合同过程中知悉的商业秘密或者其他应当保密的信息，无论合同是否成立，不得泄露或者不正当地使用"，其中，合同未成立时的保密义务，是先合同义务，而合同关系消灭之后的保密义务，是后合同义务。

3. 先合同义务、后合同义务与附随义务的关系。先合同义务、后合同义务与附随义务，相似而非相同。相似者，都有告知、保密、协助等义务，违反义务的，都发生损害赔偿，而且，先合同义务与附随义务都是法定义务，后合同义务则有约定义务，也有法定义务。相异者，附随义务是合同之债中的义务，伴随于主给付义务，合同不成立、不生效或无效，可有先合同义务而不能产生附随义务；先合同义务是合同成立前的义务，合同生效，先合同义务随即消灭；后合同义务是合同关系消灭之后的义务，合同终止，后合同义务发生。

第四节　不真正义务的效力

一、不真正义务的意义

不真正义务是指没有给付、不发生损害赔偿、没有强制执行效力，仅使义务违反者权利减损或丧失的注意义务，也叫"间接义务"。说明如下：

---

[1] 后合同义务有多种表现形式。还如：治疗结束后医者为患者保密；银行对已销户的存款人的存款信息保密；房屋租赁合同终止后，房屋所有人须容忍原承租人在原承租场所适当设置迁址启事；等等。

（一）不真正义务是当事人依法负担的防止自己受损的注意义务

依照诚实信用的社会生活规则，当事人应秉持善良行为人的注意，不但不损害他人，也要防止自己受损害，在他人行为致使自己受损害时，应以合理措施防止损害扩大，否则，对自损和放任扩大的损失，应自行承担。不真正义务就是法律遵从这一社会生活规则，赋予当事人防止自己受损的注意义务。

不真正义务由法律规定，无须当事人约定，随债而成立。也可以说，不真正义务是法律为受损害人规定的减轻自己损害的注意义务。在此意义，可称为"受害人的减损义务"。

（二）不真正义务没有给付、没有强制执行效力

债务人对债权人的义务，因发生财产利益移转，故以给付为要素，是真正义务。而不真正义务是义务人对自己的义务，不存在财产利益移转，所以不发生给付。否则就成为自己向自己给付，毫无意义。没有给付自不发生强制给付，不能具有强制执行效力。正因其是无给付的义务，才构成"不真正"的义务。

（三）不真正义务是不发生损害赔偿责任、义务违反者自受其害的义务

违反不真正义务者自损权益的，自作自受理所当然；因过于自信或疏忽大意使自己受损的，自食其果责无旁贷。无论故意过失，断无让他人负责之理由。

（四）不真正义务的效力，是义务违反者权利丧失或者减损

对方当事人不履行约定义务或法定义务，造成损害，而受害人又就该损害故意或者过失地扩大损失的，如何分配损失，事关公平正义。

不真正义务的设定，正是法律公正分配这种损失的合理安排。概要的说，不真正义务违反者对其行为扩大的损失，无损害赔偿请求权，应自行承担，对方当事人有免责或者减轻责任的抗辩权。其效果，使义务违反者的权利丧失或者减损。

例如，买受人因出卖人交付的货物数量不符合约定，置货物于露天场地，风吹雨淋，发生损耗，对此损耗，买受人即构成违反不真正义务，没有赔偿请求权，只能就数量不合约定部分，请求出卖人承担违约责任。又如，甲将乙撞成轻伤，自认赔偿医药费、误工费等，商定由乙自行就医，乙自信无大碍，未及时治疗，结果伤口感染，费用倍增，甲即有权请求适当减少赔偿费。

（五）不真正义务是法律赋予法律关系的一种独立义务，不是债务

当事人依债而不是债务负担不真正义务。债务以给付为要素，以可强制

执行为基本属性，不真正义务则相反，故二者不属同类。在债中，不真正义务与债务处于并列的法律地位，是一种独立的义务。[1]

二、不真正义务的正当性

这一法定义务的正当性在于：激励当事人在对方不履行债务或者侵权造成己方损失时，本着诚信原则、以善良行为人之标准，尽量减少损失；对已经发生的损失，按照自己行为、自己负责的公平正义标准，平衡双方当事人的利益，合理分配损失；达致尽量避免社会财富损失、保障社会财富积累的效果。

三、不真正义务的适用范围

从《民法典》看，不真正义务适用于合同之债和非因合同发生的债。

（一）合同之债中的不真正义务

《民法典》第591条第1款规定："当事人一方违约后，对方应当采取适当措施防止损失的扩大；没有采取适当措施致使损失扩大的，不得就扩大的损失请求赔偿。"

（二）侵权行为之债中的不真正义务

《民法典》第1173条规定："被侵权人对同一损害的发生或者扩大有过错的，可以减轻侵权人的责任。"这是侵权行为中的"混合过错"的规定，损害由侵权人和被侵权人双方共同造成，"一果多因"，被侵权人的过错行为也是自己受损害的原因的组成部分，其违反了不真正义务，不应让侵权人承担全部赔偿责任。

---

[1]　从广义上讲，在物权关系、知识产权关系、人身权关系中，当事人也有不真正义务。如所有人对自己的财产负有防止毁损的注意义务，如果故意或过失地损毁自己的财产，不发生债权、债务关系，自无赔偿问题；人格权关系中，自然人有防止自损的注意义务，自伤、自冒风险而致身体、健康等受损的，不发生损害赔偿。对此，《民法典》第1174条规定："损害是因受害人故意造成的，行为人不承担责任。"第1176条、第1243条也有这一方面的规定。

第六章

债的履行

【本章提要】本章研究的主要是：债权的实现，需要什么条件；在债权实现过程中会有什么特殊问题。概括地说，债权的实现以债务全面履行为条件；当事人不恰当主张债权的会受对方抗辩权的限制。对本章的内容应当重点理解相关抗辩权的构成要件、行使条件和效力，掌握债的履行涉及第三人的规则。

第一节　债的履行原则

一、债的履行的意义

债的履行是指当事人依债的内容为给付和受领给付。

债权的实现依赖于债务的履行，因此，在一般语言场合，债的履行主要指债务人依债的内容为给付。在此意义，讲债的履行原则，也是指债务履行的原则。

但是，债权的实现，离不开债权人的受领和其他必要的协助行为。如果债务人依债给付而债权人不受领，或实施妨害债务履行的行为，会导致债务不能履行，债权也不能实现。因此，债的履行还须包括债权人依债受领给付和给予必要协助。

二、债的履行的前提条件

债的履行有两个前提条件：债的有效性、履行期届至。

（一）债的有效性

有效的债，才有履行的必要性和强制性。

债的有效，除须具备法律关系的共同性要件外，还须具备以下特别要件：

1. 除法律另有规定者外，债的发生有合法原因。一般的债都是要因的法律关系，要因的法律关系，无原因或原因不合法的，不发生债的法律效力。因此，无论意定之债还是法定之债，都须有合法原因。

法律另有规定者，可以发生不要因的债，如票据法规定的票据关系。

2. 须标的确定、可能、合法、妥当。标的不具备确定性的，无从履行；标的不可能的，无法实现债的目的；标的不合法、不妥当的，不能发生债的履行的法律效果。

（二）履行期届至

履行期限是债务履行的时间界限，债务人须在此期限届至时依债履行。意定之债和法定之债都有其履行期限。履行期未至而履行的，属提前履行，也叫"期前履行"，债权人无权请求债务人提前履行，债务人原则上也不应提前履行。履行期届至而不履行的，构成债务违反，负有损害赔偿的责任。履行期届满后履行的，属于"给付迟延"，债权人得选择受领给付或者拒绝受领，并有权请求债务人负担给付迟延的责任。

三、债的履行的原则

当事人应当按照约定或者法律规定全面履行自己的义务，是债的履行原则。

合同之债的履行原则和法定之债的履行原则有同有异，分而述之。

（一）合同之债的履行原则

《民法典》第509条确立了合同之债的"全面履行原则"，即"全面履行约定义务和法定义务"的原则。该条第1款"当事人应当按照约定全面履行自己的义务"是关于"全面履行约定义务"的规定；第2款"当事人应当遵循诚信原则，根据合同的性质、目的和交易习惯履行通知、协助、保密等义务"是关于合同当事人履行附随义务的要求；第3款"当事人在履行合同过程中，应当避免浪费资源、污染环境和破坏生态"则是关于履行合同不得损害社会公共利益的规定。

从法律规范的性质来讲，这三款兼具行为规范和裁判规范的属性。但是，从法律适用效果的角度看，违反第1款的，构成"违约责任"，违反第2、3款的，构成违反法定责任。特别是，违反第3款的，能够发生污染环境、破坏生态的侵权责任。

"全面履行原则"包括两个方面的全面履行：

1. 全面履行约定的义务。全面履行约定义务，也叫"正确履行"或"适当履行"，是指履行的主体、标的、数量、质量、时间、地点、方式等都要符合约定，任何一方当事人都不能擅自改变。此语境中的"全面""正确""适当"等法律术语，都以债的内容为依据。全面，指履行之各要素全面地符合债的内容；正确，是指履行遵守债的内容，无偏差；适当，是指以债的内容为标准而履行的适合、恰当。所以，债的履行是否全面，或者是否正确、适当，都以债的内容为判断标准。三者之间只有用语的差异，没有实质的区别。全面履行，就是正确履行、适当履行，而正确、适当履行，同样是要求履行须全面符合债的内容。

全面履行可以具体化为以下三个方面的要求：

（1）适当履行。适当履行又称正确履行，要求当事人按照合同约定的标的及其数量、质量，由适当的主体在适当的履行期限、履行地点，以适当的履行方式，全面完成合同义务。

第一，履行主体要适当。债权人和债务人是当然的履行主体。但是，除法律规定、当事人约定、性质上必须由当事人本人亲自履行的以外，债权人和债务人的代理人、履行辅助人、合同约定的第三人皆可成为履行主体。

第二，履行标的要适当。履行标的是指债务人应为的特定行为，即给付。它因合同关系的不同而有别，主要包括交付财物、移转权利、提供劳务、完成工作等。当事人应按合同约定履行。合同没有约定或约定不明确的，按照《民法典》第 510 条的规定办理。

第三，履行的质量要符合约定。标的或者标的物的质量直接决定债权人的利益，因此，履行时必须符合约定。合同对质量约定不明确的，按照《民法典》第 510 条和第 511 条第 1 项的规定履行。

第四，履行的价款或者报酬应当符合约定。合同约定的不明确的，根据《民法典》第 500 条不能确定的，按照《民法典》第 511 条第 2 项的规定履行。

第五，履行地点要符合约定。履行地点是合同约定的债务人应为履行的地点。当事人应当按照合同约定的履行地点履行。合同对履行地点没有约定或约定不明确的，可以协议补充；不能达成补充协议的，按照合同有关条款或者交易习惯确定。如果仍不能确定，给付货币的，在接受货币一方所在地履行；交付不动产的，在不动产所在地履行；其他标的，在履行义务一方所在地履行。

第六，履行期限要符合约定。当事人应当按照合同约定的期限为给付和受领给付。合同对履行期限没有约定或约定不明确的，可以协议补充；不能达成补充协议的，按照合同有关条款或者交易习惯确定。如果仍不能确定，债务人可以随时履行，债权人也可以随时要求履行，但应当给予对方必要的准备时间。债权人可以拒绝债务人提前履行债务，但提前履行不损害债权人利益的除外。债务人提前履行债务给债权人增加的费用，由债务人负担。

第七，履行方式要适当。履行方式与当事人的权益密切相关，合同当事人应当严格按照约定的方式履行。合同对履行方式没有约定或约定不明确的，可以协议补充；不能达成补充协议的，按照合同有关条款或者交易习惯确定。如果仍不能确定，按照有利于实现合同目的的方式履行。债权人可以拒绝债务人部分履行债务，但部分履行不损害债权人利益的除外。债务人部分履行债务给债权人增加的费用，由债务人负担。

第八，履行费用要符合约定。履行费用是合同当事人为履行合同义务所支出的必要费用。履行费用的负担应当在合同中明确约定。合同对履行费用的负担没有约定或约定不明确的，可以协议补充；不能达成补充协议的，按照合同有关条款或者交易习惯确定。如果仍不能确定，由负有履行义务一方负担。因债权人原因增加的履行费用，由债权人负担。

（2）实际履行。实际履行是当事人按照债所确定的标的完成给付。当事人不能用其他标的代替原约定的标的，也不能在能够实际履行的条件下以违约金或赔偿金代替履行标的。

当发生《民法典》第580条规定的情形时，才能够无须实际履行：①法律上或者事实上不能履行。如以特定物为标的物的合同，当标的物灭失时，实际履行已不可能。②债务的标的不适于强制履行或者履行费用过高。③债权人在合理期限内未要求履行。其原因一般是债权人因为实际履行失去意义或不必要，放弃了实际履行的请求。

（3）协作履行。协作履行是要求当事人在合同履行过程中本着诚信原则相互协作、共同完成债所确定的给付和受领给付。《民法典》第509条第2款中的"协助"即为此规则。合同的履行是当事人的相互行为，债权的实现需要债务人的给付，也需要债权人的必要协助。只有债务人的给付行为，没有债权人的受领给付和其他必要的协助，债权债务仍难实现。当事人应尽量为对方的履行创造必要的方便条件；合同成立后与履行相关的条件发生变化或确实不能履行合同时应及时通知对方；发生纠纷时应及时协商解决，减少或避免损失的发生。

2. 全面履行债所确定的从给付义务、附随义务。债的履行主要是债务的履行。因此，要求债务人本着诚信原则，不但要全面履行其主给付义务，还要全面履行债所确定的从给付义务、附随义务等。

合同之债附有从给付义务的，从给付义务对债权人的利益的实现有相当的作用，因此，也应当如约履行。意定之债大都存在附随义务，不同性质的债，不但主债权债务不同，附随义务也有差异，因此，应当根据债的性质履行附随义务。同时，债权人也须秉持诚信原则，受领给付，履行其附随义务。

另外，合同当事人负有"后合同义务"的，在合同履行完毕或者合同因其他原因终止的，也应当全面履行该义务。违反"后合同义务"给对方当事人造成损害的，应当承担损害赔偿责任。

（二）法定之债的履行原则

各种法定之债与合同之债相同，也有全面履行的必要。但是由于法定之债的发生原因以及债权债务与合同之债有实质性差异，全面履行的具体内容也大不相同。各种法定之债属于当事人一方有债务而对方不负担"对价"义务，债务人履行债务而债权人有按照债受领给付利益的权利，无需给付。债务人应当按照债的规定全面履行债务，而债权人不存在合同之债那样的全面履行的要求，只是应当按照债的规定和诚信原则受领给付利益。

四、全面履行与清偿

从法律效果方面看，全面履行与清偿属于同义，清偿是全面履行的另一表述。因此，未达全面履行的，不能发生清偿的效果，债务不能消灭。

五、全面履行的法律效果

全面履行是债的发生目的，也是债权圆满实现的必要条件，还是债消灭的理想方式，因此，当事人依债全面履行的，债权实现，债归于消灭。

六、关于债的履行原则的学理讨论

多年来，不少民法学者主张债的履行有四个原则，即适当履行原则、协作履行原则、经济合理原则、诚实信用原则。[1]这些理论，对理解和解释债的履行问题发挥了重大的积极意义。

本书认为，债的履行只有"全面履行"一个原则。主要理由是：债的履行原则应当是债的履行所特有的原则，民法的基本原则、财产权的共同原则，

---

[1] 参见王家福主编：《中国民法学·民法债权》，法律出版社 1991 年版，第 145 页；魏振瀛主编：《民法》，北京大学出版社、高等教育出版社 2007 年版，第 330～333 页；崔建远主编：《合同法》，法律出版社 2000 年版，第 101～107 页；陈小君主编：《合同法学》，高等教育出版社 2003 年版，第 124～125 页。

并非债的履行所特有，不应成为债的履行原则。[1]

第二节　债务履行过程中的抗辩权

一、债务履行过程中的抗辩权的基本类型

债成立之后发生约定的或者法定的事由，当事人一方的行为有害对方的权益时，对方当事人得根据该事由的性质和特点行使相应的抗辩权，包括未到履行期的抗辩权、同时履行抗辩权、先履行抗辩权、不安抗辩权、时效抗辩权等。意定之债和法定之债都有抗辩权问题。意定之债中，双务合同之债履行过程中的抗辩权最为重要。《民法典》在第三编"合同"编的第四章"合同的履行"中，以第525条至第528条4个条文，规定了双务合同之债履行过程中的同时履行抗辩权、先履行抗辩权和不安抗辩权。未到履行期的抗辩权没有明文规定，是债务履行期的应有效力之一，无需在此赘论。时效抗辩权则是诉讼时效的应有之义，本书在此不予重复。

---

[1]　第一，就民事立法所确定的基本原则而言，《民法典》第5条至第7条对"自愿""公平""诚信"明确使用"原则"加以界定，明文规定民事主体从事民事活动，应当遵循自愿原则、公平原则、诚信原则三个原则。此外，第8条规定民事主体从事民事活动不得违反法律，不得违背公序良俗，第9条规定民事主体从事民事活动应当有利于节约资源、保护生态环境，但是这两条中没有使用"原则"二字予以定性。因此，在学理上固然可以把第8、9条的规定认为民法的基本原则，但是，从准确理解和解释角度讲，《民法典》既然在该两条中均未使用"原则"二字，就是在定性方面区别于第5条至第7条的规则。

第二，《民法典》第5条至第7条规定的民事活动应当遵循的三项基本原则，以及第8、9条规定的规则，是一切民事活动的一般性原则和规则、通用的原则和规则，民事主体发生、变更、终止债权债务关系固然应当遵循这些原则和规则，但是，债的履行尤其是合同之债的履行，除应当遵循这些一般性原则和规则之外，还存在本身"特有"的原则。从民法理论的体系化层面讲，民法总论部分对民事活动的一般性原则业已进行了阐述和论证，在"债的履行"部分，应当以其特有的原则为认识和解释的对象，不宜重复民法总论部分的相关内容。

第三，就上述多年来学者们主张的四个原则来说，协作已经被《民法典》第509条第2款"附随义务"所包容；该款中虽然规定当事人应当遵循诚信原则，但是如上所说，该原则是整个民法的基本原则，属于最高位阶的原则，不为债的履行所特有。至于"经济合理"，完全受债权、债务的制约，违反债权、债务的"经济合理"，不应当是法律上的原则，而符合债权、债务的"经济合理"，已经被债权、债务所决定，如果债权、债务不"经济合理"，能否认为该债权、债务无效？目前没有看到立法例和成熟的债法理论确定其为无效。所以，不宜过高地抬升为一个独立的原则。从另一方面说，如果认其为原则，那么，物权等权利的行使等也是需要经济合理的，所以，其不能构成债权法独有的原则。

二、双务合同履行过程中的抗辩权

（一）双务合同履行过程中的抗辩权的性质和功效

双务合同履行过程中的抗辩权，是双务合同的当事人一方依法享有的对抗对方当事人的履行请求权，暂时得不履行其债务的权利。

双务合同履行中的抗辩权的发生，原因是出现了法律规定的"抗辩事由"，效力是抗辩权人得暂时不履行自己的义务，但不能消灭对方的债权，抗辩事由消失后，抗辩权人仍应履行其债务。因此，双务合同中的抗辩权为一时的、延缓的抗辩权。

依据《民法典》第525条至528条的规定，双务合同履行中，有三种抗辩权，即：同时履行抗辩权、先履行抗辩权、不安抗辩权。

（二）同时履行抗辩权

1. 意义。同时履行抗辩权，是指双务合同没有约定先后履行顺序的，当事人一方在对方履行之前或者履行不符合约定时，能够拒绝其履行请求的权利。《民法典》第525条规定了这种抗辩权。对同时履行之"同时"，不应做绝对化理解，凡当事人约定的双方俱为给付的同一时间段，即为同时。

2. 构成要件。具备下列条件的，方得行使同时履行抗辩权：

（1）须当事人在同一合同中互负债务。互负债务，不但是双方当事人都负有债务，而且双方当事人所负的债务是对应关系，即一方的债务，就是对方的债权。

（2）须合同中未约定先后履行顺序。合同未约定先后履行顺序的，当事人即应同时履行。双方当事人的债务同时到期时，才可能产生同时履行抗辩权。

（3）须履行期届至而对方当事人未提出履行或者履行不符合约定。此为同时履行抗辩的抗辩事由。未到履行期的合同，当事人无须履行，自无从发生抗辩事由，不得行使此种抗辩权。未约定履行先后顺序即为同时履行，一方不按照约定履行即给对方构成风险，为防止风险演变为损害，法律赋予对方同时履行抗辩权，得暂时不履行己方的合同债务。抗辩事由消失，须恢复履行，否则构成违约。

（4）对方的债务有履行的可能。同时履行抗辩权的目的是使双方当事人同时履行自己的债务。因此，只有在债务可以履行的情况下，同时履行抗辩权才有意义。如果当事人的债务已经成为履行不能，则不发生同时履行抗辩权问题，当事人只能通过其他途径请求救济。如卖方不慎毁损标的物而不能履行，就应当按照违约对待，而不能行使同时履行抗辩权。

3. 效力。

（1）抗辩权人得暂时不履行自己的债务，待对方履行时则应同时履行。

（2）抗辩权人行使抗辩权不构成违约，不产生违约责任。

（三）先履行抗辩权

1. 意义。先履行抗辩权，是指在约定了先后履行顺序的双务合同中，后履行一方当事人享有的在应先履行一方未为履行或者履行债务不符合约定时，得拒绝其履行请求的权利，也称顺序履行抗辩权。

2. 构成要件。根据《民法典》第 526 条，先履行抗辩权有下列四个要件：

（1）须当事人因同一双务合同互负债务。当事人间有两个以上合同关系的，一合同的不履行不能构成另一合同的抗辩事由。

（2）须合同中约定了履行的先后顺序。合同未约定履行先后顺序的，应为同时履行，不能发生先履行抗辩权。

（3）应先履行的一方当事人未履行或者履行债务不符合约定。

（4）应先履行的债务有履行的可能。

3. 效力。先履行抗辩权人行使抗辩权致使合同迟延的，不承担迟延履行的责任。

（四）不安抗辩权

1. 意义。不安抗辩权，是指在约定了先后履行顺序的双务合同中，应先履行的一方享有的、在应后履行一方因财产状况恶化而难为对待给付时得于应后履行未提供担保之前拒绝先为履行的权利。

这一抗辩权是有先后履行顺序的合同中应先履行一方才能享有的权利。不安抗辩之"不安"，意在先履行后不能获得对待给付之危险，在应后履行一方有难为对待给付的情形时，先履行则是有去无回，为平衡双方之利益，法律赋予应先履行一方不安抗辩权，暂时中止履行。

2. 构成要件。根据《民法典》第 527 条、第 528 条，其构成要件如下：

（1）须双务合同约定了先后履行顺序。如果没有约定先后履行顺序，可能发生同时履行抗辩权，而不能构成不安抗辩权。

（2）须应后履行一方有难为对待给付的情形，包括经营状况严重恶化；转移财产、抽逃资金，以逃避债务；丧失商业信誉；有丧失或者可能丧失履行债务能力的其他情形。

（3）须应后履行一方的债务尚未届履行期。如果应后履行一方的债务履行期届至而难为履行，则发生债务不履行的后果。

（4）应后履行一方未履行且未提供担保。应后履行一方有难为对待给付之情形，又不提供担保，先履行一方之"不安"便随之加剧，为保自身合法利益，即得中止履行。相反，如果应后履行一方虽有难为对待给付之情形，但提供了适当担保，应先履行一方的"不安"即不存在，自然应当履行其债务。

3. 效力。按照《民法典》第 527 条和第 528 条，不安抗辩权的行使有以下效力：

（1）应后履行一方有难为对待给付的情形时，应先履行一方有权请求其提供担保。

（2）在应后履行一方提供适当担保前，应先履行一方有权中止履行，但应当及时通知对方。

（3）应后履行一方提供了适当担保的，应先履行一方应当恢复履行。

（4）在应先履行义务人中止履行后，对方在一定期限内仍没有恢复履行能力，且未提供适当担保的，中止履行方可以解除合同，并可以请求对方承担违约责任。

三、滥用抗辩权的责任

无论是合同之债还是法定之债，债务人在不具备抗辩权构成要件的情况下主张抗辩权而不履行债务的，构成债务不履行的责任。从合同之债的角度讲，滥行抗辩者应当承担违约责任；就法定之债来说，滥行抗辩者对其行为给对方造成的新的损失应当承担赔偿责任。

第三节　向第三人履行和由第三人履行

一、向第三人履行和由第三人履行的合理性及法律规定

债权债务关系是一种信用法律关系，受其相对性限定，一般由债务人亲自向债权人履行。但是，由于财产流转关系需要"效率"和"安全"，除当事人约定或依据债的性质只能在债权人和债务人之间直接进行履行外，在特定情形，为实现债的目的，第三人也能够向债权人履行债务或者接受债务人履行受领给付利益，并由此发生债的相对消灭。这种现象，在一定程度上突破了债的相对性，对于实现债的目的、加速财产流转和保障财产流转的安全，具有积极作用。在社会经济生活中，按照约定由债务人向第三人履行债务或者由第三人向债权人履行债务，是正常、普遍的现象。前者如"为第三人利

益的保险合同"，后者像转卖人和买受人约定由原出卖人向买受人交付标的物的合同等。

在法律层面，许多成文法国家的民事立法不但债权法上有明文规定，[1]物权法中的"指示交付"所发生的也是这种现象。我国《民法典》第522条至524条确认了债务履行涉及第三人的三种情形：当事人约定由债务人向第三人履行、由第三人向债权人履行，对债务履行有合法利益的第三人的"代位履行"。其中，前两种情形基于债权人和债务人的约定，第三种情形是第三人基于自身合法利益而主动代为履行。

二、当事人约定由债务人向第三人履行（向第三人履行）

（一）意义

向第三人履行是债权人和债务人约定由债务人向第三人履行债务。

当事人关于向第三人履行的约定，属于"利益第三人的合同"，又叫"利他合同"，分为两种，一种是"不真正利益第三人的合同"或者叫"不真正利他合同"，另一种是"真正利益第三人的合同"又称为"真正利他合同"，所谓"真正利益"和"不真正利益"，是指履行请求权是否归属第三人有所不同。

《民法典》第522条是关于向第三人履行的规定，该条的两款有不同的适用对象，第1款适用于"不真正利益第三人的合同"，第2款则适用于"真正利益第三人的合同"。[2]

（二）构成要件

当事人约定债务人向第三人履行应当符合下列条件：①形式要件。即须由债权人和债务人明确约定，一般应当是书面约定。②实质要件。即约定债务人向第三人履行不违反法律、法规的强制性规定，法律规定或者债务的性质决定必须向当事人履行的债务不得约定向第三人履行。典型如具有人身性质的债权债务，例如某医疗机构和自然人甲之间的医疗合同的债权债务，即

---

[1] 《法国民法典》第1121条规定，在"为第三人利益订立契约"是为本人订立契约或者是向他人赠与财产的条件时，亦可以为第三人利益订立契约。分析这种契约就是约定向第三人履行。罗结珍译：《法国民法典》（下册），法律出版社2005年版，第809页。《德国民法典》在其第二编"债务关系法"编的第三章第三节专节规定了"向第三人履行给付的约定"，第328条至第335条。见陈卫佐译注：《德国民法典》，法律出版社2006年版，第122~123页。

[2] 参见黄薇主编：《中华人民共和国民法典合同编解读》（上册），中国法制出版社2020年版，第204~208页。最高人民法院民法典贯彻实施工作领导小组主编：《中华人民共和国民法典合同编理解与适用》[二]，人民法院出版社2020年版，第411~416页。

不得约定向第三人履行。

（三）效力

两种不同的利他合同，效力有所不同。

1. 不真正利益第三人的合同的效力。根据《民法典》第 522 条第 1 款的规定，①第三人有权受领债务人的履行利益。②第三人对债务人没有直接请求履行的权利。该条第 2 款针对"真正利益第三人的合同"明确规定"法律规定或者当事人约定第三人可以直接请求债务人向其履行"，而第 1 款对"不真正利益第三人的合同"并无第三人"可以直接请求债务人向其履行"的规定，以此区别效力的不同。③债务人未向第三人履行或者履行不符合约定的，不是对第三人而是向债权人承担违约责任，第三人对违约的债务人没有违约赔偿请求权。因为第三人不是合同当事人，只是替代债权人实现债权，向第三人履行只是履行方式的变化，所以，债务人违约时，仍应向债权人承担违约责任。④债务人对债权人的抗辩权应当对债权人直接行使。

2. 真正利益第三人的合同的效力。根据该条第 2 款的规定，①第三人有权受领债务人的履行利益。②第三人对债务人享有履行请求权。该款明确规定"法律规定或者当事人约定第三人可以直接请求债务人向其履行债务，第三人未在合理期限内明确拒绝，债务人未向第三人履行债务或者履行债务不符合约定的，第三人可以请求债务人承担违约责任"。可见，此种合同的第三人对债务人得直接主张履行请求权。③第三人对违约的债务人有违约赔偿请求权，追究违约责任。④债务人对债权人享有的一切抗辩权，均可对第三人行使。

此外，因向第三人履行债务而增加的费用，除当事人另有约定外，应当由债权人承担。

三、按照债权人和债务人的约定由第三人向债权人履行（由第三人履行）

（一）意义

由第三人履行，是指当事人约定由第三人代替债务人向债权人履行债务。也叫"第三人负担的合同"。《民法典》第 523 条是关于由第三人履行的规定。

（二）构成要件

由第三人向债权人履行应当符合下列条件：①由第三人向债权人履行须由合同当事人约定；②由第三人履行不得违反法律、法规的强制性规定。法律规定或者合同性质决定以及当事人约定必须由债务人履行的合同，不得约定由第三人履行。法定者，比如《民法典》第 791 条第 3 款中规定"建设工程主体结构的施工必须由承包人自行完成"；合同性质决定者，如自然人个人之间的艺术创作等具有人身信任因素的债务；约定者，即合同要求债务人必须亲自履行者。

（三）效力

由第三人履行有以下效力：①债权人有权受领第三人的履行。②第三人不履行或者履行不符合约定，债务人应当向债权人承担违约责任。由第三人履行的合同，是债权人和债务人双方"当事人约定"的，第三人不是合同当事人，没有合同债权债务，也就没有违约责任。③由第三人向债权人履行所增加的费用，除当事人另有约定外，由债务人承担。

四、对债务履行有合法利益的第三人履行

（一）意义

对债务履行有合法利益的第三人的履行，是债务人不履行其债务事关第三人合法利益时，该第三人在并非只能由债务人履行的条件下，无须债务人意思表示而经债权人同意，代债务人履行的情形。属于第三人为自己合法利益的自愿代为履行。

（二）构成要件

《民法典》第 524 条第 1 款规定，"债务人不履行债务，第三人对履行该债务具有合法利益的，第三人有权向债权人代为履行；但是，根据债务性质、按照当事人约定或者依照法律规定只能由债务人履行的除外"。据此，该种第三人履行应当具备以下条件：①须有债务人不履行债务且不履行关涉第三人合法利益的事实。缺少这一条件而第三人自愿代债务人履行了债务的，成立"无因管理"或者"债权转让"。②须债权人和债务人之间、债务人和第三人之间没有关于由第三人履行的约定。如果债权人和债务人有约定，则成立"按照约定由第三人履行"；如果债务人和第三人有约定，则构成"委托代理"。③须债务并非只能由债务人自行履行。即法律规定、债权人和债务人的约定、债权债务的性质均不要求只能由债务人履行。如果有此种限制性要求，即使债务人不履行对第三人造成不利，也不能发生第三人代为履行的法律效果。④须债权人接受第三人履行而无需债务人同意。债权人不同意的自然不能发生第三人代为履行。《民法典》第 524 条第 1 款中规定"第三人有权向债权人代为履行"之"有权"，其义是对债务人而言，故无需债务人同意。

（三）效力

债权人接受第三人的履行的：①债权人和债务人之间的债归于消灭。②债权人的债权转让给第三人。但是，债务人和第三人另有约定的除外。

第七章

债的债权担保

【本章提要】 债务人不履行债务，或由于其他原因丧失资力而不能履行债务，债权就有落空危险。为防止债权落空，当事人可预先设定可靠的保障措施担保债务履行，一旦债务不履行，债权人得就保障措施受取财产利益，免遭损失。担保措施有"物的担保""保证担保""定金担保"等，前者属物权法范围，"保证"和"定金"是债权性担保。《民法典》把保证合同设置在第三编"合同"编的第二分编，规定为一种"典型合同"，对定金则安排在第一分编"通则"里，作为"违约责任"的制度之一。这样的安排有其合理性，但是，保证和定金的功能和制度价值是"用一个可靠的债权担保主债权实现"，此故，本书按照保证和定金在合同之债中的固有属性、功能及其制度价值，列为"债的债权担保"。这种学术安排对《民法典》将保证列为典型合同、把定金归入违约责任的立法体系并无妨害。

本章中，应当重点掌握保证的类型、特点、效力、保证期间、保证诉讼时效期间与保证期间的关系等。

第一节 债的担保的意义、性质和类型

一、债的担保的意义

债的担保，是当事人为担保债权实现，依约定或法定特别设定的保障措施。说明如下：

（一）债的担保，是当事人为债权实现所设定的保障措施

非即时清偿的债务，在债务的成立与清偿之间，有一定时间间隔，在此期间，债权人只有期待利益，如果债务人因主、客观原因，到期不清偿或不能清偿，债权就会受到损害甚至落空。

为防止债务不履行而损害债权，当事人可以采取特别的保障措施，即为债权设定担保权。当债务人不履行到期债务、债权有不能实现之虞时，债权人得行使担保权，对担保财产采取折价抵债、变卖或者拍卖而就价款优先受偿、请求法院强制执行担保财产而受偿等措施，保障债权实现。

（二）债的担保，兼指债权的担保和债务的担保

从债权实现看，指"债权的担保"，被担保的是主债权，担保权是从权利。

从债务履行看，指"债务的担保"，被担保的是主债务，担保义务是从义务。

（三）债的担保分为物权性担保和债权性担保，由当事人依约或依法设定

债的担保，有抵押、质押等物权担保，还有第三人保证、定金等债权担保，对应地成立担保物权和担保债权。当事人得依其交易条件进行选择，约定或依法设定担保。

（四）债的担保是为债权提供的特别担保

债的担保，有一般担保和特别担保两种类型。

1. 一般担保。一般担保是指无须特别设定、伴随债的成立而自动成立、以债务人的全部财产进行的担保。

这种担保，债务人的全部财产都是担保债务清偿的"责任财产"，债务不履行的，债权人得就全部责任财产请求强制执行。但是，当数债权人均对同一债务人享有一般担保的债权，债务人的责任财产不敷清偿全部债务时，任何债权人都没有优先受偿权，须遵循"债权平等原则"，按照各自的债权比例分配责任财产，只能得到部分偿还。因此，对债权的实现来说，存在隐患。

2. 特别担保。特别担保是指当事人特别设定，以债务人的特定财产或由第三人以其财产进行的担保。如以合同设定担保物权，同第三人订立保证合同设定保证债权担保。这种担保，有物权担保和债权担保的区别。

债权由物权担保的，一般称为"有担保债权"。债权人就担保物享有优先受偿权，担保物的价值额不能满足债权的，还可以继续主张一般担保，对担保物之外的责任财产主张清偿。

债权担保包括保证担保和定金担保。保证担保是以保证合同设立的由第三人作为保证人并以其财产为债务人担保的特别担保。债务人不履行债务时，债权人除得就债务人的财产请求强制执行外，还有权请求保证人按照保证合同履行保证债务。这样，债权的实现就有双份的责任财产。定金担保，是债务人预先向债权人支付一定数额的金钱，对其债务清偿进行担保。

债权担保制度和理论中所说的债的担保，除另有说明者外，指特别担保。

按照财产权物权、债权二分的立法和理论体系，物权担保属于物权法范围，债权担保归入债权法。

二、债的担保的必要性

民事权利体系中的物权、知识产权等均无须担保，唯独债权有担保之必要性。其缘由，在于其他财产权是以直接、现实的财产利益为内容的权利，而债权是以信用为基础的、相对性、期待性的财产权，债务人因任何原因不履行债务，债权即无法实现。因此，有必要用另外一个可靠的财产权利，保障债权的实现，而担保物权、定金权利、保证合同权利等担保权，就是这样的权利。

三、债的担保类型

根据《民法典》第二编"物权"编的第四分编"担保物权"，以及第三编"合同"编中第 586 条、587 条及第二分编"典型合同"的第十三章，债的担保包括抵押、质押、留置、保证、定金五种典型担保方式。[1]在理论上，对这些担保方式有不同的分类。

（一）物的担保、金钱担保、人的担保

依担保标的划分，有财产担保和信用担保。财产担保是以债务人或者第三人的特定财产担保债权实现，又分为物的担保和金钱担保。信用担保是以第三人的信用担保债权的实现，也叫"人的担保"，保证即属之。

1. 财产担保。

（1）物的担保。物的担保是在债务人或者第三人的特定物上为债权人设定担保物权的担保。通常叫作"物保"，其具体方式有抵押、质押、留置。

（2）金钱担保。金钱担保，是由债务人向债权人支付一定金钱，担保其债务的履行。通常称为"定金担保"，其形式是"定金合同"。

金钱担保，因金钱是特殊的动产，似乎可以归入"物保"，但是，金钱是特殊的种类物，债务人将定金交付债权人后，所有权即刻移转于债权人，债务人丧失定金所有权，只能请求返还相当金额而不能请求返还原物，与物权担保中担保物所有权不移转的本质不合，不能认为物保。所以，定其于债权法范围，认其为债权担保。

---

[1] 从立法例和债法理论层面讲，债的担保方式不止这些，应当还有所有权保留、动产让与担保、优先权等。《民法典》第 641 条规定了所有权保留，第 807 条规定了建筑工程价款的优先受偿权。对债的担保方式，可参见张俊浩主编：《民法学原理》（下册），中国政法大学出版社 2000 年版，第 678 页；沈达明编著：《法国/德国担保法》，中国法制出版社 2000 年版；[日] 近江幸治：《担保物权法》，祝娅、王卫军、房兆融译，法律出版社 2000 年版。

2. 人的担保。人的担保，是由第三人为债务人提供保证，在债务人不履行债务时由该第三人连带清偿或者补充清偿的担保。通常叫作"人保"，其形式为"保证关系"。

（二）法定担保和约定担保

法定担保是依法律规定而设定的担保。其特点是：①须充分法律规定的条件才可成立，无须当事人约定。②根据法律的规定发生效力。《民法典》第447条规定的留置权和第807条规定的建设工程价款的优先受偿权，就是法定担保。

约定担保是当事人以约定所设定的担保。其特点是：①由当事人以合同约定。②按照担保合同发生法律效力。《民法典》规定的抵押、质押、保证、定金、所有权保留，都是约定担保。

（三）普通法上的担保和特别法上的担保

普通法上的担保，是指民事普通法所规定的适用于普通债权、债务关系的担保。其特点是：①由民事普通法规定。《民法典》所规定的抵押、质押、留置、保证、定金、所有权保留、建设工程价款优先受偿权等，属于此类担保。②适用于普通债权、债务关系。

特别法上的担保，是指民事特别法规定的适用于特种债权、债务关系的担保。其特点是：①由民事特别法规定。《中华人民共和国海商法》（以下简称《海商法》）《票据法》等民事特别法上规定的船舶抵押权、留置权、优先权，票据保证、票据质押等，属于此类担保。②仅适用于各民事特别法所规定的特种债权、债务。如船舶抵押担保，依《海商法》之规定，只适用于债务人提供船舶作为债务担保的关系。再如票据保证，依《票据法》的规定，只适用于第三人为票据债务人提供保证的关系。

（四）本担保和反担保

本担保是为担保主债实现所设定的担保。如借款合同当事人设定的抵押。

反担保是第三人为担保人时，被担保的债务人为担保人提供的担保。通俗的说，反担保就是为担保人提供的担保。反担保的功效，在于债务人不履行债务，担保人为其清偿债务后，有权依据反担保向债务人求偿。从利害关系角度讲，反担保是担保人防止为债务人担保而受其损害的手段。

例如，甲公司向乙银行借款，丙公司为甲公司提供保证担保，为防止遭受不利，经丙公司要求，甲公司将自己的专利权质押给丙公司。后来，甲不能偿还银行借款，丙依保证合同为其清偿，遂有权实现其专利权质权，弥补损失。

《民法典》第387条第2款规定："第三人为债务人向债权人提供担保的，可以要求债务人提供反担保。反担保适用本法和其他法律的规定。"第689条规定"保证人可以要求债务人提供反担保"。反担保，可以是被担保的债务人自己提供担保财产，如上例，也可以是其他人为被担保的债务人向担保人提供担保。

本担保与反担保是存在于同一债中的对称概念，在一个有反担保的债中，才有本担保，只有一个担保的债，无所谓本担保和反担保。

（五）违约金是否债的担保的不同定位

违约金是依当事人的约定，当事人一方不履行合同债务时应当向对方支付的一定数额的金钱。

根据违约金功能的差异，分为赔偿性违约金和惩罚性违约金。

当事人依据违约金约定，享有"违约金债权"，违约金债权属于从债，债务人不履行债务时，债权人得主张违约金债权，请求债务人给付违约金以赔偿违约所造成的损失。而且，在债务能够履行、债权人要求继续履行的条件下，支付违约金不免除继续履行的义务。从此法律效果讲，违约金足以造成债务人对不履行债务的忌惮，能够促使债务的履行，具有一定的债的担保的性质和功能。

但是，由于违约金的支付只能发生于债务人不履行债务之后，而且，如果债务人不支付，债权人还须请求法院确认其效力，然后始得强制执行，更有甚者，当债务人的责任财产不敷清偿债务时，主债尚不得实现，违约金债权更无从实现。在此意义，其担保的功效远不如其他担保方式。《民法典》将违约金定性为"违约责任"，不是债的担保，把违约金排除于债的担保之外。

四、债的担保的性质

（一）债的担保是从属性权利、义务关系

担保的从属性，是指债的担保以其担保的债权、债务的存在为基础和前提，担保权从属于其所担保的债权，其所担保的债权与担保权之间形成主权利、义务和从权利、义务的关系。

其从属性表现为：①担保为债权实现而设定，其成立以主债存在为前提；②担保范围以主债的范围为基准；③担保不能与主债分离而单独移转，债权人不能自享主债权而将担保权转让给他人，也不能自享担保权而将主债权转让他人；债权转让的，抵押权等担保物权一并转让，但是除法律另有规定或者当事人另有约定的除外;[1]④第三人提供物的担保的，未经其书面同意，债权人允许债务人转移全部或者部分债务的，担保人不再承担相应的担保责任;[2]⑤债权人和保证人之间没有禁止债权转让约定的，债权人转让全部或者部分债权时通知保证人的，保证债权随之转移至债权受让人;[3]⑥除债权人和保证人另外有约定外，债权人未经保证人书面同意，允许债务人转移全部或者部分债务，保证人对未经其同意转移的债务不再承担保证责任;[4]⑦除法律另有规定者外，主债无效，担保也无效;[5]⑧担保人得行使主债务人对债权人的抗辩权;[6]⑨主债消灭的，担保随之消灭。

（二）债的担保，主要是约定权利、义务关系

现行法律确认的五种典型担保，除留置外，其余四种均属约定担保，其设定之担保权，都是约定权利。保证、定金所设定的是约定从债权。

（三）债的担保是保障性财产关系

对于债的担保功能，从积极面看，在于促使债务人履行债务，保障债权实现。在设定担保时，为防止债务不履行造成债权人的更大损失，通常设定的担保利益都等于甚至大于主债权，[7]债务人会忌惮不履行的高成本，尽力避免不履行。从消极面看，在于填补债权人因债务不履行所受损失，实现债权利益，债务人不履行的，债权人即得行使担保权，请求法院对担保财产采取强制执行，填补债务不履行造成的损失，实现债权的利益。

（四）债的担保是具有相对独立性的从权利、义务关系

债的担保的相对独立性，是指担保关系中的权利、义务，不是主债权、债务的组成部分，而是另外的一项权利、义务，自有其单独的成立、生效、行使、消灭的条件；在当事人有约定或法律有规定时，主债无效，担保可以独立有效。

---

[1] 《民法典》第 407 条。

[2] 《民法典》第 391 条。

[3] 《民法典》第 696 条。

[4] 《民法典》第 697 条。

[5] 《民法典》第 388 第 1 款、第 682 条第 1 款。

[6] 《民法典》第 701 条规定，保证人可以主张债务人对债权人的抗辩。债务人放弃抗辩的，保证人仍有权向债权人主张抗辩。此外，在第三人提供抵押的担保关系中，抵押人也同样享有债务人的抗辩权。

[7] 法律上的规定也有如此效果。如《民法典》第 389 条关于规定："担保物权的担保范围包括主债权及其利息、违约金、损害赔偿金、保管担保财产和实现担保物权的费用。当事人另有约定的，按照其约定。"该法第 691 条关于保证范围的规定与之基本相同，其中的利息、违约金、费用等均属主债权金额之外的利益。

以保证债务为例，它是主债务的从债务，但是，保证合同可以约定保证债务的范围，保证期间、成立要件、消灭原因、主债务无效时保证合同仍然有效等，从而区别于主债务。

第二节 保证

一、保证的意义

保证是为保障债权的实现，保证人和债权人约定，当债务人不履行到期债务或者发生当事人约定的情形时，保证人履行债务或者承担责任的合同。《民法典》第681条对保证的意义作出了规定。解释如下：

（一）保证是一种从合同关系

保证依当事人的合意而成立，目的是担保债务的履行。保证合意所设定的权利、义务关系，是债权、债务关系，故其属于保证合同之债。保证之债附从于其所担保的债权、债务，其所担保的债与保证之债之间是主债和从债关系。《民法典》第682条第1款第1句规定："保证合同是主债权债务合同的从合同。"

（二）保证有三方当事人

保证由债权人、债务人、保证人组成。债权人同时是主债和保证之债的债权人，称为"保证权人"。债务人同时为主债务人和保证之债中的"被保证人"。保证人是承诺为债务人保证、与债权人订立保证合同的第三人。他是保证之债的债务人。债权人依保证合同对保证人享有保证债权，保证债权是从债权。保证人依保证合同对债权人负担的保证债务，是从债务。

（三）保证的形成，以主债为前提，以保证人承诺为要件

保证担保，可依债权人、债务人、保证人的三方合意设定，也可因保证人和债权人的合意成立。

依三方合意设定的，债务人和保证人之间一般是委托合同关系，债务人委托保证人为其担保。保证人向债权人履行保证债务后，主债消灭，保证人依委托合同与债务人结算权利、义务。

保证人和债权人的保证合意，未经债务人同意的，亦生保证的效力。在此情形，保证人通常立足于无因管理。保证人为债务人清偿债务后，主债消灭，保证人得依无因管理与债务人结算权利、义务。

保证之债的成立，以主债为前提，以保证人与债权人之间的保证合同为

要件，以债务人与保证人的委托合同或者保证人的无因管理为原因。

（四）保证是无因行为

保证关系的成立，以保证人与债权人之间的保证合同为要件，不以债权人对待给付的承诺为给付原因。

保证人为债务人利益实施保证行为，因此，债权人无须就保证人的保证负担对待义务，也就无须为对待给付的意思表示，也因此，保证人也无权要求债权人为此种承诺，更不得以债权人无对待给付的承诺为由，主张其保证无效。

（五）保证的效力，是发生保证债权、债务和保证人对债务人的求偿权

1. 保证债权、债务。

（1）保证债权。即债权人享有的在债务人不履行到期债务或者发生当事人约定的情形时，得依据保证合同请求保证人承担保证责任的权利。它属于从债权。

（2）保证债务。即保证人在债务人不履行债务时，根据保证合同所承担的补充清偿债务或连带清偿债务。它属于从债务，《民法典》称其为"保证责任"。

2. 保证人在被保证人不履行债务时方应履行保证债务。债务人按照约定或法律规定清偿债务的，主债消灭，保证之债随之消灭，保证人自然得以解脱。债务人不履行债务时，保证人须按照保证合同为清偿。

3. 保证人履行保证债务后，对债务人有求偿权。《民法典》第700条规定，保证人承担保证责任后，除当事人另有约定外，有权在其承担保证责任的范围内向债务人追偿，享有债权人对债务人的权利，但是不得损害债权人的利益。

如果保证不具有这个效力，第三人就不会担当保证人，保证担保也无从发生。

二、保证的类型

保证依其效力的不同，有多种类型，当事人可根据具体情事选择设定。

（一）一般保证和连带责任保证

1. 一般保证。

（1）意义。当事人在保证合同中约定，债务人不能履行债务时，由保证人对债务人不能履行部分承担保证责任的，为一般保证。

根据《民法典》第687条第2款的规定，一般保证的主债务人不能履行债务，债权人不获清偿时，除四种情形之外，债权人须先通过诉讼或者仲裁

程序请求对债务人的财产强制执行，保证人对未清偿的债务负责清偿。债权人未进行诉讼或者仲裁并请求强制执行的，保证人有权拒绝向债权人承担保证责任。因此，该种保证又叫"补充保证"。

（2）特点。其一，保证人对债务负担补充保证责任。债务人部分不履行的，保证人负责清偿未履行部分；债务人全部不履行的，保证人才对全部债务负责清偿；其二，保证人有先诉抗辩权。[1] 债权人因债务人不履行债务而向保证人主张保证债权的，必须向对主债务人申请诉讼或者仲裁，即先诉债务人，否则，保证人有权抗辩。其三，保证人有先执行抗辩权。债权人行使执行请求权时须先请求执行债务人的财产，否则保证人有权对抗其执行能够请求。

2. 连带责任保证。

（1）意义。《民法典》第 688 条第 1 款给出的定义是："当事人在保证合同中约定保证人和债务人对债务承担连带责任的，为连带责任保证。"

在连带保证，保证人对债务清偿负担全部担保的责任，当债务人不履行债务时，债权人得直接请求保证人代债务人清偿债务。

（2）特点。其一，保证人对主债务负担连带清偿债务。债权人在债务人不履行债务时，有权请求债务人履行，也可以直接请求保证人清偿，保证人没有抗辩权。其二，保证人没有先诉抗辩权。债权人因债务人不履行债务而提起诉讼或者仲裁时，可直接起诉保证人，请求其清偿债务，保证人没有先诉抗辩权。在此诉讼中，债务人是第一被告，保证人是连带清偿的第二被告。其三，保证人没有先执行请求权。债权人行使执行请求权时，有权请求直接执行保证人的财产，保证人没有抗辩权。

从连带保证的特点可以看出，连带保证的保证人，负担的是"代位清偿"的保证债务，保证人的保证债务，重于一般保证。

3. 一般保证和连带保证的确定。保证关系当事人之间属于何种保证，通常由当事人以保证合同约定。当事人在保证合同中对保证方式没有约定或者约定不明确的，根据《民法典》第 686 条第 2 款的规定，按照一般保证承担

---

[1] 先诉抗辩权，是指一般保证的保证人所享有的，在债权人未就债务人的财产请求强制执行并确定其不足清偿之前，得拒绝承担保证债务的权利。又叫检索抗辩权。其通俗之义，就是保证人有权请求债权人必须先对债务人进行诉讼或者仲裁，并通过强制执行程序对债务人的责任财产进行执行。

保证责任。[1]

（二）单独保证和共同保证

1. 意义。单独保证是指保证人为一人的保证。又称"一人保证"。共同保证是指二人以上的保证人担保同一债务的保证。

2. 共同保证的特点。与单独保证相比较，共同保证的特点有：①保证人为二人以上。②全体保证人担保同一债务。各保证人为债务人分别担保不同债务的，不构成共同保证，仍然是单独保证。③保证人可共同向债权人承诺保证同一债务，也可无意思联系、分别地与债权人订立保证合同，客观上形成共同保证同一债务。④共同保证人与债权人之间，可以约定按份共同保证，也可以约定连带共同保证。

3. 共同保证的类型及保证责任。《民法典》第 699 条规定："同一债务有两个以上保证人的，保证人应当按照保证合同约定的保证份额，承担保证责任；没有约定保证份额的，债权人可以请求任何一个保证人在其保证范围内承担保证责任。"根据这一规定，共同保证可以分为三种类型：按份共同保证、连带共同保证、无连带共同保证意思联络的共同保证。不同类型的保证有不同的特点，保证责任大不相同。

（1）按份共同保证。数保证人按照保证合同约定的份额负担保证债务的，是按份共同保证。

其特点是：①保证合同明确约定了各保证人共同保证同一债务但是各保证人按照约定的份额向债权人承担保证责任。②债务人不履行债务时，债权人得向各保证人主张其保证的份额但不能请求部分保证人清偿全部债务。③各保证人向债权人清偿了约定份额的债务后，以该份额为限，有权向债务人求偿。④按份共同保证人之间的关系具备按份债务的特点，适用按份债务

---

[1]　《民法典》第 686 条第 2 款的这一规定，与已废止的《担保法》第 19 条的规定截然相反，该法第 19 条规定，当事人对保证方式没有约定或者约定不明确的，按照连带责任保证承担保证责任。对这一变化的主要原因，有观点认为是：连带责任保证是"加重责任"，原则上应当由债务人承担，在当事人对保证方式没有约定或者约定不明确情况下让保证人承担，对保证人失之于过严，从比较法角度看，绝大多数国家均在当事人没有约定或者约定不明确时按照一般保证承担保证责任。参见黄薇主编：《中华人民共和国民法典合同编解读》（上册），中国法制出版社2020 年版，第 750～751 页。另外一种观点，在引用著名民法学者王利明教授《合同法研究》（第 4 卷）论述的 4 个原因（①不符合保证制度的发展趋势。②不符合保证制度的主旨。③不利于发挥保证的作用。④有违民法的平等和公平原则。）的基础上，认为王利明教授的观点更符合担保法理，完全同意其观点，并认为这一变化使保证制度在这点上与国际接轨，体现先进性。参见最高人民法院民法典贯彻实施工作领导小组主编：《中华人民共和国民法典合同编理解与适用》［二］，人民法院出版社 2020 年版，第 1312～1313 页。

的规则，各个保证人独立负担约定份额的保证债务，独立对债务人享有求偿权，相互之间不负担义务、不享有求偿权。

按份共同保证的效力是：各按份共同保证人单独按照保证合同约定的保证份额承担保证责任，与其他保证人之间没有连带关系。

（2）连带共同保证。数保证人向债权人承诺各保证人承担连带的共同保证责任的，是连带共同保证。此所谓连带，是指共同保证人之间的连带关系。

其特点是：①数保证人之间有连带共同保证的意思联络，向债权人承诺相互连带地保证同一债务。这是连带共同保证的首要特点，也是连带共同保证的首要构成要件。数保证人之间没有连带共同保证的意思联络，且未向债权人承诺连带共同保证的，不能构成连带共同保证。②债务人不履行债务时，债权人无需提起诉讼或者申请仲裁，得直接请求任何一个保证人清偿债务。③任何共同保证人都无权以其内部相互间约定的保证份额，对抗债权人的清偿请求。④部分连带共同保证人清偿了债务的，有两项追偿权。其一，对主债务人享有就其清偿债务所涉财产的追偿权。该追偿权源自"代位权"，即因清偿债务自债权人取得债权而有债权人地位的权利。其二，对其他未履行保证债务的保证人的追偿权。有权请求其他未履行保证债务的共同保证人向其清偿应当承担的份额。如果共同保证人之间没有份额约定，应当均额分担。[1]清偿了保证债务的保证人，可以选择行使其中一项追偿权。

连带共同保证的效力分为外部效力和内部效力。

外部效力。即债权人和连带共同保证人之间、保证人和被保证人之间的效力。债务人不履行债务的，债权人有权向任何一个保证人请求清偿全部主债务，被请求者无权对抗债权人的请求。被请求者应债权人请求清偿主债务的，债权人应当将其债权凭证转移给该保证人，该保证人就此取得债权人的地位和权利，得向被保证人追偿其代为清偿债务所涉及的财产。

内部效力。即共同保证人之间的效力。连带共同保证人内部有保证份额约定的，各保证人在内部按照其份额分担保证责任，但是，不能依据内部约定对抗债权人的清偿请求；没有保证份额约定的，各保证人在内部按照相同份额分担保证责任；清偿了主债务的保证人有权请求其他未履行保证债务的共同保证人向其清偿应当承担的份额。

（3）无连带共同保证意思联络的共同保证。同一债务有两个以上保证人，

---

[1] 共同承诺连带保证的保证人属于《民法典》第519条规定的连带债务人。按照该条第1款，连带债务人之间的份额难以确定的，视为份额相同。

保证合同中没有保证人与他人连带共同保证的意思联络，也没有保证份额的约定，债权人可以请求任何保证人在其保证范围内承担保证责任的，是无连带共同保证意思联络的共同保证。

由于其具备连带共同保证的部分特点但不具备连带共同保证的首要特点，即保证合同中没有保证人与其他人的"连带共同保证的意思联络"，不能发生连带共同保证的法律效果，也可以称为"不真正连带共同保证"。

其特点是：①数保证人之间虽然对同一债务承担保证责任，但是相互之间没有"连带"共同保证的意思联络，更没有向债权人承诺连带共同保证。②数保证人之间可能分别与债权人订立保证合同，也可能在同一合同中承诺承担保证责任但是没有保证份额的约定。③数保证人各自均有在其保证责任范围内清偿主债务的保证责任，即按照保证合同承担保证责任。④但凡有保证人清偿了主债务，被保证人对债权人的债务即归为消灭，但是，清偿债务者取得债权人的地位和权利，对被保证人有追偿权，得请求偿付清偿债务所涉及的财产。⑤清偿了主债务的保证人对其他共同保证人没有追偿权。

不真正连带保证的效力：①各保证人之间没有连带责任关系，各自在其保证合同约定的保证范围内承担保证责任。②一保证人清偿主债务的，主债务消灭，各共同保证人的保证责任也消灭。③除当事人另有约定外，债权人受取保证人履行保证责任的给付利益，应当将债权转移给该保证人，履行了保证责任的保证人享有债权人的权利，有权在其承担的保证责任范围内向被保证人追偿，但是不得损害债权人的利益。④履行了保证责任的保证人无权向其他保证人追偿。其原因是，履行了保证责任的保证人是履行自己保证范围内的保证责任，与其他保证人没有连带共同保证的意思联络，也不是为其他保证人履行保证责任。

（三）单个债务的保证和最高额保证

1. 意义。单个债务的保证，是指保证人为债务人的某项债务进行的保证。最高额保证，是保证人和债权人约定在最高债权额限度内就一定期间连续发生的债权提供保证。

2. 最高额保证的特点。《民法典》第 690 条第 1 款规定："保证人与债权人可以协商订立最高额保证的合同，约定在最高债权额限度内就一定期间连续发生的债权提供保证。"据此，合同债务的最高额保证有以下特点：

（1）保证人保证的，是债务人在未来一定期间与同一债权人连续发生的多宗债权。如果保证的是一宗债权，或者是债务人的多个债权人的债权，就不是最高额保证。

（2）保证人同债权人之间订立的是一个保证合同。最高额保证节约了多宗债权多次订立保证合同的交易成本。如果订立多个保证合同、对多宗债权分别保证，就不是最高额保证。

（3）保证的多宗债权，在保证合同订立时尚未确定具体数额，只有一个债权额限度。如果保证的债权已确定具体金额，就不是最高额保证。

（4）保证合同对保证的多宗债权有最高额的约定。例如，甲公司向乙银行借款而由丙公司保证，保证合同约定，丙公司为甲公司于 2008 年 6 月 30 日至 2008 年 9 月 30 日之间总金额不超过 3000 万元的连续借款，提供连带保证，就是最高额保证的典型，其中的 3000 万元即为最高额。

三、保证的设立原因

保证人与债权人设立保证之债，负担保证债务，或因为债务人的委托，或出自无因管理。无因管理者，清偿保证债务后得依无因管理制度，向本人即债务人主张管理费用偿还请求权。

受委托而保证者，一般有四种原因：第一种，债务人对保证人有未到期债权，保证人以清偿保证债务而抵销对债务人的债务。第二种，债务人向保证人提供了反担保，保证人清偿保证债务后得就反担保受取财产，不受损失。第三种，债务人与保证人有信用关系，保证人为债务人保证，能够从债务人取回清偿保证债务所付出的利益。第四种，自然人之间，缘于亲情、友情等情感因素，不计个人得失。

四、保证的生效要件

根据《民法典》第 681 条至第 683 条的规定，保证的生效有三个要件：须有被保证的有效主债务、须保证人合格、须保证的形式合法。

（一）须有被保证的有效主债务

保证须有有效主债务。无有效主债务而设立保证的，不发生保证的效果。

《民法典》第 682 条第 1 款中规定，主债权债务合同无效的，保证合同无效，但是法律另有规定的除外。据此规定：

1. 保证的生效，以主债务有效为必要条件。保证是从合同，其成立的必要性是保证主债务的履行，因此，其以主债务的有效为基础和前提，没有有效的主债务，就没有保证对象，也就没有保证的必要性。

主债务既可为现实生效者，也可以是将来生效者，如附条件的或附期限的债务，还可以是约定的将来发生的债务，如最高额保证中约定期间发生的债务。

2. 主债务无效而设立保证的，除法律另有规定者外，不发生保证效果。保证的效果，是第三人与债权人之间发生保证债权、债务关系，第三人成为保证债务人，根据约定或者法律规定负担保证债务。

被保证的主债务无效的，其法律效果是当事人之间不发生债权、债务，对保证而言，就是没有主债权、债务。没有有效主债务可保证，自然不能发生保证的效果，第三人不负担保证债务。

《民法典》第 682 条第 1 款中"但书"所指"法律另有规定"，是该法之外的其他法律和行政法规、最高人民法院的有关司法解释，以及国务院的有关行政法规。

（二）须保证人合格

保证人合格，是指保证人须为法律不禁止其担当保证人的法人、其他组织或者自然人。

不具备保证人资格者所为之保证行为，不能发生保证的效力。

1. 不具备合法保证人资格者。依《民法典》第 683 条，机关法人不得为保证人，但是经国务院批准为使用外国政府或者国际经济组织贷款进行转贷的除外。以公益为目的的非营利法人、非法人组织不得为保证人。又依《民法典》关于限制行为能力人和无行为能力人的规定，行为能力欠缺者也不能担当保证人。如此，不具备合法保证人资格的单位和自然人有四种。

（1）机关法人。但是经国务院批准为使用外国政府或者国际经济组织贷款进行转贷的除外。

国家机关包括国家各级权力机关、行政机关、军事机关、检察机关和审判机关。这些国家机关，担负着组织和管理社会生活的职能，其财产来源于国家专门的财政预算，专项用于组织和管理社会公共事务，若许其担当保证人，一旦发生保证人清偿保证债务的情形，组织和管理社会公共事务所必需的财产减少甚至丧失殆尽，必然会损害国家机关的职能，直接危害社会公共利益。因此，法律规定，除经国务院批准，为使用外国政府或者国际经济组织贷款进行转贷者外，不许其担当保证人。此处所谓国家机关经国务院批准，为使用外国政府或者国际经济组织贷款进行转贷的保证，属于对外担保的一种，以国务院的批准为生效要件。

（2）以公益为目的的非营利法人。学校、幼儿园、医院等以公益为目的的事业单位、社会团体，其目的事业是公共教育、救死扶伤等社会公共利益，其财产或来源于国家的财政拨款，或由捐助人捐助，构成"目的事业财产"，专项用于其目的事业。其担当保证人具有以目的事业财产为他人清偿债务之风险，而一旦此风险转化为现实，就会发生目的事业财产减损，违背国家拨款目的和捐助人意思，害及社会公共利益的后果。[1]

（3）未经公司股东（大）会或者董事会决议以自己名义对外提供担保的公司分支机构。公司法人的分支机构，不具有法人地位，也不属于有自主支配财产的非法人组织，无独立财产，因此，不具备担当保证人、负担保证债务的条件。[2]

（4）限制行为能力人和无行为能力人。这两种人，欠缺独立实施法律行为的能力，不得为保证人。

2. 得担当保证人者。

（1）企业法人除其章程限制者外，一般均可担当保证人。公司法人为他人担保者，必须由董事会或者股东会、股东大会决议，并不得超过章程规定的限额；公司为其股东或者实际控制人提供担保的，必须经股东会或者股东大会决议。[3]

（2）登记为营利法人的事业单位、非法人组织，可以担当保证人。在经济体制改革过程中，一些事业单位、非法人组织，经过国家主管机关的登记，从事与其事业、团体宗旨不相违背的经营活动，从市场营取利润，发展其目的事业，这些事业单位、非法人组织，具有担当保证人的合法资格。[4]

（3）完全行为能力的自然人。完全行为能力人能够独立实施各种法律行为，担当保证人自无资格障碍。

3. 保证人不合格的保证合同的效力。上述"不得为保证人"，而为他人担当保证人的，属于保证人不合格，发生以下两方面的效力：

（1）保证合同无效。即不发生保证债权、债务。

（2）无过错的债权人无保证债权但有损害赔偿请求权。保证合同无效，不发生保证债权、债务，并非无任何效力。《民法典》第682条第2款规定，"保证合同被确认无效后，债务人、保证人、债权人有过错的，应当根据其过错各自承担相应的民事责任"。据此规定，债权人无过错的，对有过错的保证人、债务人有赔偿请求权。

（三）须保证的形式合法

按照《民法典》第685条的规定，单独订立的书面保证合同、主债权债务合同中的保证条款、债权人接受且未提出异议的第三人的书面形式的保证，

---

[1] 参见《最高人民法院关于适用〈中华人民共和国民法典〉有关担保制度的解释》第6条第1款。

[2] 参见《最高人民法院关于适用〈中华人民共和国民法典〉有关担保制度的解释》第11条。

[3] 《公司法》第16条。

[4] 参见《最高人民法院关于适用〈中华人民共和国民法典〉有关担保制度的解释》第6条第2款。

都是有效的保证合同形式。该法第 684 条规定了保证合同应当具备基本条款。据此，保证为法定要式行为，即书面形式，不具备法定形式要件者，不能发生保证的效力。

1. 保证合同的意义和特点。保证合同是保证人与债权人订立的内容为保证人负担保证债务的书面合同。

其特点是：①以设定保证债权、债务，担保债务人清偿主债务为内容。保证合同的目的，是为债权人设定保证债权，为保证人设定保证债务，这个目的，见之于文字，构成了保证合同的内容。②是法定要式合同。保证合同须具备书面形式，并有保证人的签名或者签章，才能发生效力。③是诺成、单务、无偿合同。保证合同无须标的物的交付，自保证人和债权人签署书面合同之时成立，因此是诺成合同；合同生效后保证人对债权人负担保证债务而无对待债权，所以是单务合同；保证人清偿保证债务而不能从债权人取得报偿，故属无偿合同。④是附从性合同。保证合同的成立，以主债的存在为前提，无主债即不能成立保证合同；保证合同的订立，仅为债权的实现，依附于主债而发挥作用；保证合同未约定禁止债权转让的，主债权转移通知保证人的，保证债权随之转移于受让人，保证债权、债务不能与主债分离而单独移转；主债权债务无效的，除法律另有规定外，保证合同也无效；主债务人对债权人的各种抗辩权，保证人也得行使。保证合同与主债的这些关系，决定其为附从性合同。

2. 保证合同的形式。保证合同有五种形式：①独立于主债权债务合同的、有保证人签名或盖章的保证合同书。②主债权债务合同中订有保证条款，保证人签名或盖章的。③债权人接受且无异议的第三人所出具的书面保证。④第三人以保证人名义签名或盖章的无保证条款的主债务文书。⑤经保证人确认的数据电文形式的保证合同。[1]

3. 保证合同的一般条款。依《民法典》第 684 条，保证合同的内容一般包括下列条款：①被保证的主债权债务的种类、数额。主债权的数额，决定保证债务的基本数额，保证合同务必明确约定。②主债务履行期限。主债务的履行期限，是确定保证期间开始的时间点，债务人到期不履行债务的，保证期间即开始计算，因此，务必明白记载于保证合同。③保证的方式。当事人约定的是一般保证还是连带责任保证，保证人为数人的，约定为按份共同

---

[1]　根据《民法典》第 137 条第 2 款，以数据电文表达订立合同愿望的，属于意思表示。又据该法第 491 的规定，当事人采用数据电文可以订立合同。因此，当事人以数据电文表示保证的，是有效的保证合同形式。

保证还是连带共同保证。④保证担保的范围。保证的范围，是保证债务的界限，当事人可以约定保证主债权及利息、违约金、损害赔偿金和实现债权的费用，也可以约定只保证其中某一部分。⑤保证的期间。保证期间是债权人得请求保证人清偿保证债务的时间范围。在此期间，一般保证的债权人未对主债务人提起诉讼或者申请仲裁的，连带保证的债权人未请求保证人承担保证责任的，保证人不再承担保证责任。此外，当事人还可以约定双方认为需要的其他事项。

这些方面的内容有欠缺的，当事人可以补正。其中，当事人未约定保证期间或者约定不明确的，按照《民法典》第 692 条第 2 款的规定，法定保证期间为主债务履行期限届满之日起 6 个月。

上述①至③要件是保证的共同性要件，欠缺其中之一的，不生保证的效力。

五、保证的效力

保证在保证人与债权人之间、保证人与债务人之间发生法律效力，表现为当事人在保证关系中的权利、义务。

（一）保证在保证人和债权人之间的效力

债权人享有保证债权；保证人负担保证债务，并依法享有抗辩权。

1. 债权人对保证人的权利。债权人享有保证合同约定的保证债权。债务人不履行到期债务时，债权人有权请求保证人依保证合同清偿保证债务。不同保证方式的保证，债权人的保证债权有所区别。

（1）一般保证的，债权人有权请求保证人补充清偿债务。在一般保证关系中，债权人应先对债务人行使给付请求权，或请求人民法院强制债务人清偿债务；经对债务人的财产强制执行而不能清偿债务的，有权请求保证人清偿或请求法院强制执行保证人的财产。

（2）连带保证的，债权人有权直接请求保证人连带清偿债务。在连带责任保证关系，债权人有权直接请求保证人代债务人清偿债务，无须先请求法院强制执行债务人的财产。保证人不清偿的，债权人有权请求法院强制执行保证人的财产。

（3）主债权既有物的担保又有保证的，债权人的保证债权，因提供物的担保的担保人的不同，有不同的行使条件。主债权既有物的担保又有保证的，物的担保或由债务人提供，或由第三人提供；债务人不履行到期债务或者发生当事人约定的实现担保物权的情形时，债权人应当按照约定实现债权；没有约定或者约定不明确，债务人自己提供物的担保的，债权人应先就该物的担保实现债权，否则，保证人有抗辩权。第三人提供物的担保的，债权人有权选择就物的担保实现债权或主张保证债权。债权人行使保证债权的，保证人不得以有物的担保为由，对抗债权人。[1]

2. 保证人对债权人的权利。

（1）保证人依法享有一般债务人的权利。保证债务是合同债务的一种，保证人具有债务人的地位，依法享有一般债务人的权利，包括一般债务人的抗辩权，如未到清偿期的抗辩权、债权消灭的抗辩权、诉讼时效抗辩权等，以及撤销权、抵销权等。

（2）保证人依法享有主债务人的抗辩权。主债务人对债权人的各种抗辩权，保证人均得行使，同时，保证人行使主债务人的抗辩权，不受主债务人放弃抗辩权行为的影响。

《民法典》第701条规定，保证人可以主张债务人对债权人的抗辩，债务人放弃抗辩的，保证人仍有权向债权人主张抗辩。该规定表明保证人的此项权利不是对债务人抗辩权的代为行使或者单纯继受，而是法律的特别认可。其立法目的，在于保护保证人，防止债务人与债权人串通，放弃抗辩权而损害保证人利益。

（3）一般保证的债权人享有先诉抗辩权。先诉抗辩权，是指一般保证的保证人所享有的，在债权人未就债务人的财产请求强制执行并确定其不足清偿之前，得拒绝履行保证债务的权利。

先诉抗辩权的效力，是对抗和阻止债权人行使保证权利，拒绝履行保证债务。

《民法典》第693条第1款规定："一般保证的债权人未在保证期间对债务人提起诉讼或者申请仲裁的，保证人不再承担保证责任。"此即一般保证的保证人的先诉抗辩权的依据。

据此法律规定，有下列情形之一的，一般保证的保证人得行使先诉抗辩权：其一，债务人不履行债务时，债权人未通过诉讼或者仲裁请求对债务人的财产依法强制执行。也就是说，当债务人不履行债务时，债权人必须通过诉讼或者仲裁，首先请求对债务人的财产强制执行，才能请求一般保证人履行保证责任。其二，债权人通过诉讼或者仲裁请求对债务人的财产强制执行，债务人的财产足以清偿债务。一般保证是补充保证，保证人负担的是补充清偿债务，如果债务人的财产足以清偿，无须补充，保证人当然得对抗债权人的请求。

---

[1] 《民法典》第392条。

先诉抗辩权的行使受有法定的限制。先诉抗辩权的效力在于阻却债权人的请求权，如果保证人恣意滥用，就会损害债权人的根本利益，因此法律给予必要限制。有下列四种情形之一的，一般保证的保证人的先诉抗辩权受到限制：①债务人下落不明，且无财产可供执行；②人民法院已经受理债务人破产案件；③债权人有证据证明债务人的财产不足以履行全部债务或者丧失履行债务能力；④保证人书面表示放弃先诉抗辩权的。[1]

保证人不得行使先诉抗辩权的效果是：债权人请求保证人清偿债务时，保证人无权拒绝。

（二）保证在保证人与债务人之间的效力

1. 履行了保证债务的保证人，对被保证人有追偿权。保证人的追偿权，是指保证人清偿保证债务后，对债务人享有的请求其偿还约定保证范围内的财产的权利。也叫保证人的求偿权。

《民法典》第700条规定，保证人承担保证责任后，除当事人另有约定外，有权在其承担保证责任的范围内向债务人追偿。此为保证人追偿权的法律依据。

保证人清偿保证债务是为债务人利益，其财产本不该减少而因之减少，债务人原应减少财产而未减少，双方之间的损益明显失衡。法律确认保证人在清偿保证债务后对债务人有追偿权，是为衡平保证人和债务人之间的财产权利、义务。

保证人追偿权的行使，有三个条件：

（1）须保证人履行了约定的保证债务，使债务人就此免除了债务。保证人清偿保证债务的，得请求全部偿付；按照约定履行了部分保证债务的，得就该部分请求偿付，但保证人与债务人约定清偿主债务而保证人仅为部分履行的，因保证人违反约定，债务人可为先履行抗辩。

（2）须保证人无过失地履行保证债务。无过失地履行保证债务，是指保证人履行的是应当履行的债务。保证人知道或应当知道有不应履行债务之事由而履行保证债务的，即属有过失的履行，对过失所涉及部分的财产没有追偿权。[2]

---

[1]《民法典》第687条。

[2]《民法典》第700条规定的保证人承担保证责任后，除当事人另有约定外，"有权在其承担保证责任的范围内向债务人追偿"其义包括了相反的效果，即保证人向债权人履行保证债务超过"其承担保证责任的范围"的，对超过部分不应当对债务人有追偿权，否则会损害债务人的合法权益。《最高人民法院关于适用〈中华人民共和国民法典〉有关担保制度的解释》第3条第2款有相同的规定。

不应履行债务之事由，包括不应履行主债务和不应履行保证债务两方面的事由。前者如主债务人对债权人有抗辩权而不应履行，后者如主债务已经清偿、抵销、免除、提存等使保证债务消灭。保证人过失地清偿保证债务的，就其过失所涉及的财产，虽不能向债务人行使追偿权，但有权向债权人主张返还不当得利。

（3）须在保证合同约定的保证债务范围内请求偿付。超出约定范围的，债务人有权拒绝。

另外，保证人的追索权受诉讼时效制度的制约。追索权属普通债权，适用普通诉讼时效，期间为3年，自保证人向债权人清偿保证债务之日起开始计算。

2. 保证人为连带债务人全体保证的，清偿保证债务后对各债务人有全额追偿权，各债务人对保证人负有连带债务。

3. 数保证人为一债务人按份共同保证的，已清偿保证债务的保证人，按其份额向债务人追偿。

4. 数连带保证人为一债务人保证，有人清偿保证债务的，各保证人均有权向被保证人追偿。已清偿者，有权请求未履行者按其分担的份额向自己补偿。

5. 在特定情形，保证人对债务人得主张预先追偿权。保证人的预先追偿权，是保证人在有法定事由时得于清偿保证债务之前，向债务人请求偿付其将来清偿主债务所支付财产的权利。[1]

通常，保证人追偿权行使于清偿保证债务之后，但是，在特殊情形，清偿之后的追偿会因债务人无财产可为偿付而无效果，保证人徒受损失。为防止发生此等结果，使人们忌讳担当保证人而损害保证的制度功能，保证人得预先追偿。

保证人预先追偿权的行使须具备三个要件：①须为委托保证关系。出于无因管理的保证，不得预先追偿。②须有法定事由。例如法院已受理债务人破产案件，债权人未申报债权。③须保证人依法定程序行使。

---

[1] 外国立法例上，对保证人预先追偿权一般规定多种法定事由。典型如《法国民法典》第2032条，定有五种事由：①在保证人受到清偿诉讼时；②在债务人破产或非商人破产时；③在债务人承担义务于特定的时间内免除保证人之责任时；④在债务因其订定的期限到期而成为可追偿之债务时；⑤在主债务没有规定清偿期限而已经过10年时；但主债务具有在特定时期届满前不得消灭之性质时，例如，监护义务，不在此限。参见罗结珍译：《法国民法典》（下册），法律出版社2005年版，第1478页。又如，《日本民法典》第460条也规定了"求偿权的事前行使"。参见曹为、王书江译：《日本民法》，法律出版社1986年版，第93、94页。

《民法典》在"保证合同"一章中没有明确规定保证人的预先追偿权，但是，从平衡当事人之间权利、义务角度讲：①在立法没有明文规定的情况下，司法解释进行规定是理想的正当选择。②当事人之间约定预先追偿权的，人民法院应当认可。③当事人之间虽然没有约定该种权利，但是提出诉讼请求并提供证据证明确应预先追偿的，合理的做法应当是支持该请求。

六、保证范围

保证的范围，是保证合同约定的保证债务的界限。

保证合同可以约定保证的范围，包括主债权及利息、违约金、损害赔偿金和实现债权的费用，也可以约定只保证其中某一部分。当事人对保证范围没有约定或者约定不明确的，保证人应当对全部债务承担保证债务。

在保证期间内，债权人与债务人变更主债权、债务，未经保证人书面同意的，主债务减轻时，保证人对减轻后的主债务仍然负担保证债务；主债务加重的，保证人对加重部分不负担保证债务。

七、保证期间

（一）保证期间的意义

保证期间是保证债务有效存续的时间范围。

主债务未清偿的，保证债权、债务开始发挥功效，在保证期间内，债权人得请求保证人清偿保证债务。此期间未开始的，债权人不得行使保证债权，否则，保证人得行使未届履行期的抗辩权。另一方面，债权人未在此期间内行使保证债权的，保证债权消灭，债权人再向保证人主张保证债权的，保证人得行使保证债权已消灭的抗辩权。在这个意义上，保证期间制度也是督促债权人及时行使其保证债权的制度。

（二）保证期间的确定

保证期间依其产生的根据不同，分为约定保证期间和法定保证期间。

1. 约定保证期间。即保证人和债权人明确约定的保证期间。所谓明确约定，是指当事人约定的自主债务不履行之日起计算，且不被法律限制的期间。当事人对保证期间有明确约定的，依约定确定保证期间。

2. 法定保证期间。法定保证期间，有三种情况：①保证合同约定的保证期间早于主债务履行期限或者与主债务履行期限同时届满的，视为没有约定，保证期间为主债务履行期届满之日起 6 个月。[1]②保证人和债权人对保证期间没有约定或者约定不明确的，无论一般保证还是连带责任保证，保证期间为主债务履行期届满之日起 6 个月。[2]③保证合同约定保证人承担保证责任直至主债务本息还清时为止等类似内容的，视为约定不明，保证期间为主债务履行期限届满之日起 6 个月。[3]

（三）保证期间的起算

债权人和债务人对主债务履行期有明确约定的，保证期间从主债务履行期届满之日起计算；根据《民法典》第 692 条第 3 款，对主债务履行期没有约定或者约定不明的，保证期间自债权人请求债务人履行债务的宽限期届满之日起计算。

（四）保证期间的效力

债权人须在保证期间行使债权或保证债权，否则保证人的保证债务消灭。

因保证方式的不同，债权人请求的对象和主张的权利有差别：

1. 一般保证的债权人，须在保证期间对主债务人提起诉讼或仲裁。依《民法典》第 693 条第 1 款，一般保证的主债务人不履行债务时，债权人"未在保证期间对债务人提起诉讼或者申请仲裁的，保证人不再承担保证责任"。

2. 连带责任保证的债权人，须在保证期间对保证人主张保证债权。《民法典》第 693 条第 2 款规定，连带责任保证的债权人"未在保证期间请求保证人承担保证责任的，保证人不再承担保证责任"。

（五）保证期间的性质

1. 保证期间是不变期间。[4]根据《民法典》第 692 条第 1 款的规定，保证期间不发生中止、中断和延长。保证期间开始计算后就不可改变地向着

---

[1]　《民法典》第 692 条第 2 款。

[2]　《民法典》第 692 条第 2 款。

[3]　《最高人民法院关于适用〈中华人民共和国民法典〉有关担保制度的解释》第 32 条。

[4]　关于保证期间的性质，《民法典》颁布后，最高人民法院一些法官认为"可以不对保证期间的性质进行归类，其既不属于除斥期间，也不属于诉讼时效期间，而是《民法典》规定的一种特殊期间。现有的理论一般认为，就民法上的期间而言，要么是诉讼时效期间，要么是除斥期间，必须二选一，不存在除此之外的其他性质。现在看来，还存在这样的特殊期间，只是理论上对其名称还没有形成共识"。参见最高人民法院民法典贯彻实施工作领导小组主编：《中华人民共和国民法典合同编理解与适用》[二]，人民法院出版社 2020 年版，第 1344 页。本书认为，民法理论中有"不变期间"的称谓以区别于诉讼时效期间这种可以终止、中断和延长的"可变期间"。鉴于《民法典》第 692 条第 1 款规定保证期间"不发生中止、中断和延长"，约定的保证期间或者法定的保证期间的时间范围除不可抗力的影响之外不可以发生变化，将其定性为"不变期间"既有民法理论的历史根据，又符合《民法典》的规定。故认为将保证期间称为"不变期间"最为妥帖。

期间届满的方向发展，因此，属于"不变期间"。民法学界多认其为除斥期间。

2. 保证期间通常是约定期间，特殊情形下为法定期间。一般情况下，债权人和保证人会在保证合同中明确约定保证期间，约定的期间长，债权人的保证权利存续的时间就长，对债权人就有利。特殊情形，当事人对保证期间没有约定或者约定不明确，才发生法定期间。

（六）保证期间和诉讼时效期间的主要区别

1. 二者的发生条件不同。保证期间一般属于约定期间，保证合同没有约定或者约定不明确的，才例外地发生法定期间。而诉讼时效期间只能由法律规定，不容当事人约定。

2. 二者的适用对象不同。保证期间作为除斥期间适用于形成权，保证诉讼时效期间则只适用于请求权不能适用于形成权。

除斥期间主要适用于形成权，但是不排除适用于实体权利。[1]如保证债权就是实体权利，债权人在保证期间对连带保证的保证人不主张保证债权的，保证债权消灭，就是除斥期间适用于实体权利的例证。又如《民法典》第574 条规定的债权人对"提存物"的领取权，也有如此效果。

3. 二者的期间长短不同。法定期间的时间范围为 6 个月，约定保证期间的时间范围由当事人约定，但是，约定保证期间的届满不能早于或者同时于主债务履行期限的届满，否则，按照《民法典》第 692 条第 2 款适用法定保证期间。普通诉讼时效期间为 3 年，最长诉讼时效期间为 20 年。

4. 二者在诉讼中的适用规则不同。在诉讼过程中，法官得主动审查保证期间相关问题，而诉讼时效期间的适用则由债务人提出时效抗辩，债务人未主张该抗辩权的，法官不得向当事人释明，更不得主动适用。[2]

5. 二者的法律效果不同。保证期间届满的效果是债权人的保证债权消灭，保证人不再承担保证债务，诉讼时效期间届满的效果是债务人得行使时效抗

---

〔1〕 关于除斥期间的适用对象，我国民法学者一般认为适用于形成权，少数学者有不同论述。朱庆育就提出，"形成权虽然是除斥期间的主要适用对象，但不限于此。绝对权与请求权均可能受除斥期间规制。前者如著作权中的财产权存续期间（《德国著作权法》第 64 条，《中华人民共和国著作权法》第 21 条）；后者如债权人对提存物的提取请求权（《德国民法典》第 382 条，我国《合同法》第 104 条第 2 款第 1 句），因产品缺陷而产生的损害赔偿请求权（《德国产品责任法》第 13 条第 1 款，《中华人民共和国产品质量法》第 45 条第 2 款），债权人对解散后独资企业投资人的连带求偿权（《中华人民共和国个人独资企业法》第 28 条），等等"。参见朱庆育：《民法总论》，北京大学出版社 2016 年版，第 548 页。

〔2〕 参见最高人民法院民法典贯彻实施工作领导小组主编：《中华人民共和国民法典合同编理解与适用》〔二〕，人民法院出版社 2020 年版，第 1349 页。

辩权，对抗和阻却债权人的保证责任请求权，但是，债权人的保证债权并不消灭。

6. 二者期间是否可以变化不同。保证诉讼时效期间可以中止、中断和延长，属于"可变期间"；保证期间则没有中止、中断和延长，是"不变期间"。

八、保证债权的诉讼时效

（一）意义

保证的诉讼时效，是指法律规定的债权人得请求人民法院强制执行保证人财产以实现其保证债权的时间范围。

保证债务属于普通债务，适用普通诉讼时效，期间为 3 年。

（二）保证诉讼时效期间的开始

保证诉讼时效期间，发生于保证期间，且与保证期间有衔接关系，不同的保证，保证诉讼时效开始时间不同。

1. 一般保证的诉讼时效期间的开始。依《民法典》第 694 条第 1 款，一般保证的债权人在保证期间届满前对债务人提起诉讼或者申请仲裁的，从保证人拒绝承担保证责任的权利消灭之日起，开始计算保证债务的诉讼时效。而主债务的诉讼时效期间，从债权人知道或者应当知道债务人不履行债务时，已经开始计算。足见，一般保证的诉讼时效期间的开始，通常会晚于主债务的诉讼时效期间。

债权人未在保证期间对债务人提起诉讼或者申请仲裁的，保证债务免除，保证债权消灭，不发生保证诉讼时效，自无保证诉讼时效期间开始问题。

债权人在保证期间对债务人提起诉讼或者申请仲裁的，会导致保证诉讼时效期间开始计算。如果债务人的责任财产足以清偿其债务，经过执行程序，债权实现，无需一般保证的保证人履行保证责任，自然不发生保证诉讼时效，相反，如果经过对债务人责任财产的强制执行仍然不能达到债权实现的效果，一般保证的保证人即应履行其保证责任，保证诉讼时效随之生发生，保证诉讼时效期间的开始问题也就凸显出来。

《民法典》第 694 条第 1 款中的"保证人拒绝承担保证责任的权利消灭之日"，是债权人经过诉讼或者仲裁并对债务人的责任财产强制执行仍然不能实现其债权，因而能够请求一般保证的保证人履行保证责任之日。换言之，也就是保证人对债权人的"先诉抗辩权"消灭之日。[1]在债权人未经诉讼或者仲裁并对债务人的责任财产强制执行之前,保证人的"先诉抗辩权"足以对抗、阻却债权人的请求,是"拒绝承担保证责任的权利",而债权人经过这些程序仍然未能得到清偿的,保证人的"先诉抗辩权"即告消灭,也就是"拒绝承担保证责任的权利"归于消灭。

2. 连带保证的诉讼时效期间的开始。《民法典》第694条第2款规定,连带责任保证的债权人在保证期间届满前请求保证人承担保证责任的,从债权人请求保证人承担保证责任之日起,开始计算保证债务的诉讼时效。由此规定可知,连带保证的诉讼时效期间的开始,与一般诉讼时效期间有如下相同点和不同点:

(1)相同点。都是在保证期间内开始。

(2)不同点。连带责任保证的诉讼时效期间,从债权人在保证期间内请求保证人承担保证责任之日起开始计算;一般保证的诉讼时效期间,债权人在保证期间届满前对债务人提起诉讼或者仲裁的,从保证人拒绝承担保证责任的权利消灭之日起开始计算。

(三)保证诉讼时效与主债务诉讼时效的关系

1. 保证诉讼时效期间的开始,在保证期间内。主债务人不履行其债务保证人才应当履行保证责任,保证期间才开始计算,保证的诉讼时效期间也才有可能开始计算。债权人在保证期间没有向保证人主张保证债权的,保证人不再承担保证责任,也就不存在开始计算保证诉讼时效期间的前提条件。所以,保

---

[1] 有的观点主张:"为便于操作,建议最高人民法院指定司法解释将'保证人拒绝承担保证责任的权利消灭之日'解释为:债权人持生效法律文书向人民法院申请执行,自人民法院自收到申请执行书之日起6个月届满之日。这里的6个月来源于《中华人民共和国民事诉讼法》(以下简称《民事诉讼法》)第226条的规定。"参见最高人民法院民法典贯彻实施工作领导小组主编:《中华人民共和国民法典合同编理解与适用》[二],人民法院出版社2020年版,第1358页。《民事诉讼法》第226条的规定是:"人民法院自收到申请执行书之日起超过6个月未执行的,申请执行人可以向上一级人民法院申请执行。上一级人民法院经审查,可以责令原人民法院在一定期限内执行,也可以决定由本院执行或者指令其他人民法院执行。"本书认为,与其使用"自人民法院自收到申请执行书之日起6个月届满之日",倒不如规定为"经债权人申请对债务人的财产执行但是其债权仍未获全部清偿之日"更为妥帖。因为,根据《民事诉讼法》第226条的规定,受理债权人执行申请的人民法院在6个月内未执行的,申请执行人可以向上一级人民法院申请执行,而上一级人民法院的审查、裁定需要一定时日。这样保证诉讼时效期间开始计算的时间就以受领执行申请的人民法院的执行状况为根据。而不是以"保证人拒绝承担保证责任的权利消灭之日"为标准。相反,由于"债权人经人民法院对债务人的财产强制执行但是其债权仍未获全部清偿之日"就是"保证人拒绝承担保证责任的权利消灭之日"。所以,以本书的提法解释《民法典》第694条中"保证人拒绝承担保证责任的权利消灭之日",应属贴近该条法律规范的意旨。

证的诉讼时效期间开始计算的时间在保证期间之内。因此，保证的诉讼时效期间一般同时于或者晚于主债务诉讼时效期间的开始，期间的届满也比较晚。

2. 不同保证的诉讼时效是否受主债诉讼时效中断的影响不同。一般保证的主债务诉讼时效中断的，保证的诉讼时效中断，但是，连带责任保证的主债务诉讼时效中断的，保证债务的诉讼时效不中断。

无论一般保证和连带责任保证，主债务诉讼时效中止的，保证债务的诉讼时效期间同时中止。

九、保证的消灭

有下列八种原因之一的，保证债权、债务消灭：①主债务消灭；②发生主债务承担而保证人不同意；③债权人同意解除保证；④债权人放弃其他担保权利，在被放弃担保权利限度内，保证债务消灭；⑤保证人履行了保证债务；⑥在保证期间届满前，债权人未向一般保证的债务人主张债权或者未向连带责任保证的保证人主张保证债权；⑦主债当事人变更主债未获保证人书面同意，且保证合同无另外约定；⑧担当保证人的自然人死亡或者法人终止。自然人保证人死亡的，其继承人以其遗产为限，清偿保证债务；法人或非法人的保证人终止的，以该法人或非法人组织的财产为限，清偿保证债务。

十、保证意思表示不真实的效果

保证是民事法律行为，保证意思表示真实是生效要件之一。根据《民法典》关于民事法律行为效力的规定，保证意思表示不真实的，不能发生保证的法律效力，产生保证合同无效或者可撤销的法律效果。保证人如果是恶意的，应当对债权人承担损害赔偿责任。

（一）因债权人、债务人的原因发生的保证意思表示不真实的效果

1. 主合同当事人双方恶意串通、骗取保证人提供保证，损害保证人合法权益的，保证合同无效。[1]

2. 主合同债权人或者债务人采取欺诈手段，使保证人在违背真实意思的情况下提供保证的，保证人有权请求人民法院或者仲裁机构撤销保证合同。[2]

3. 债权人、债务人、第三人采取胁迫手段，使保证人在违背真实意思的情况下提供保证，受胁迫的保证人有权请求人民法院或者仲裁机构撤销保证合同。[3]

---

[1]　参见《民法典》第 154 条。

[2]　参见《民法典》第 148 条、第 149 条。

[3]　参见《民法典》第 150 条。

保证人主张受欺诈、受胁迫而债权人知道或者应当知道受欺诈、受胁迫事实的，负担证明责任。

（二）因债务人和保证人的原因发生的保证意思表示不真实的效果

债务人与保证人共同欺骗债权人订立主合同和保证合同，债权人受有损失的，可以请求法院予以撤销，由保证人和债务人承担连带赔偿责任。[1]

第三节　定金

一、定金的意义和种类

（一）意义

定金，是当事人一方为担保合同债务的履行，按照约定向对方交付的一定数额的金钱。

解释如下：①定金是一笔为担保合同债务而交付的金钱，由当事人以定金合同确定。定金合同是从合同，合同确定的定金权利、义务属于从债权、从债务。②定金担保的对象，是债务履行、债权实现。③定金先于债务履行期而交付。④定金交付后，发生所有权的移转。定金通常是货币，货币占有的转移，发生货币所有权的转让。收受定金者即取得定金的所有权。

《民法典》将定金制度规定在第三编"合同"编的第八章"违约责任"之中，共3个条文（第586条至第588条）。从规范体系角度看，凸显了定金在违约责任方面的功能。但是，该法第586条明确规定，当事人可以约定一方向对方给付定金"作为债权的担保"。据此，在《民法典》的理论体系中，定金仍然属于"债的债权担保"方式之一。

（二）种类及效力

《民法典》第587条规定，债务人履行债务的，定金应当抵作价款或者收回。给付定金的一方不履行债务或者履行债务不符合约定，致使不能实现合同目的的，无权请求返还定金；收受定金的一方不履行债务或者履行债务不符合约定，致使不能实现合同目的的，应当双倍返还定金。此一规定，揭示了定金的基本种类和法律效力。

定金由约定而生，当事人的合意决定着定金的种类和效力。对于定金的

---

[1]　参见《民法典》第148条。

种类及其效力，首先应依当事人的定金合同确定；定金合同不明确的，应按照法律规定确定。

根据民法理论和我国以往的司法实践，定金有五种类型，效力各异。

1. 成约定金。即当事人约定作为主债权债务合同成立要件的定金。

其效力通常是，主债权债务合同因定金的交付始告成立，不交付定金的，主债权债务合同不成立。特殊的是，当事人约定以交付定金作为主债权债务合同成立或者生效要件的，给付定金的一方未支付定金，但主债务已经履行或已经履行主要部分的，不影响主债权债务合同的成立或生效。

2. 证约定金。即作为主债权债务合同成立的证据的定金。

其效力是作为主债权债务合同业已成立的证据，一方否认主债权债务合同成立时，对方得以定金证明主债权债务合同业已成立。证约是定金的基本性能，《民法典》规定的定金，兼有证约定金和违约定金的性质和效力。

3. 违约定金。即当事人违约时无权收回或应当双倍返还给对方的定金。

其效力是，给付定金的一方不履行债务或者履行债务不符合约定的，无权请求返还；收受定金一方不履行债务或者履行债务不符合约定的，应当向对方双倍返还定金。该种定金有预付违约金的性质和功效。《民法典》第587条和第588条的规定，从违约定金角度规定了定金的性质和效力。

4. 解约定金。即当事人约定作为保留主债权债务合同解除权的代价的定金。

其效力是：定金具有保留主债权债务合同解除权的效力；给付定金者得以抛弃定金为代价而解除主债权债务合同，收受定金者得以双倍返还定金为代价而解除主债权债务合同。

在罗马法，除当事人有特别约定者外，定金不能当然有保留解除权的效力，奥地利、德国、瑞士等国的债法沿袭这一制度，[1]《法国民法典》则规定，以定金作为买卖预约者，当事人可以抛弃定金或双倍返还定金，自由解除预约；[2]日本民法规定，买卖关系中，定金当然地有保留解约权的效力。[3]

---

[1]　参见史尚宽：《债法总论》，中国政法大学出版社2000年版，第512页。

[2]　参见《法国民法典》第1590条。但是，依据该条内容，定金的解约权保留效力仅限于"买卖预约"的定金，预约履行、本约成立后，定金无保留解约权的效力。另外，在法国司法审判中，对有定金但是恶意废约者，法官认为"许诺人（预约人）是恶意行使为其保有的'反悔权利'（废约权利），这种反悔不能产生任何效力"。参见罗结珍译：《法国民法典》（下册），法律出版社2005年版，第1208页。

[3]　《日本民法典》第557条规定，买卖合同中，于当事人一方着手履行契约前，买受人可以抛弃其定金，出卖人可以加倍偿还定金，而解除契约，且不适用第545条第3款规定的解除契约的损害赔偿制度。参见曹为、王书江译：《日本民法》，法律出版社1986年版。

我国《民法典》未认可解约定金。该法把定金规定在第三编第一分编中"违约责任"一章的第 586 条至第 588 条，应当是把定金规定为违约定金。况且，没有认可定金具有保留解约权效力的条文和含义。但是，并不能就此推定法律禁止当事人约定解约定金，而且，我国司法实践已经明确认可可解约定金。[1] 因此，当事人无特别约定的定金，按照《民法典》属于违约定金。当事人约定解约定金的，属于"合同自由"的范畴，应当得到保护。

5. 立约定金。即约定为保证正式订立合同而交付的定金。其效力是为正式订约设定担保，给付定金的一方拒绝订立主债权债务合同的，无权要求返还定金；收受定金的一方拒绝订立主债权债务合同的，应当双倍返还定金。如甲、乙两公司签订"意向书"，约定 1 个月后正式签订买卖合同，买方为保证不爽约，交付 10 万元定金，即属之。

（三）定金与预付款、押金的区别

在买卖、租赁等有偿合同中，当事人之间会发生预付款、押金等现象，定金与这两种金钱虽然都是预先交付的金钱，但在性质、功能等方面都不相同。

1. 定金与预付款的主要区别。

（1）性质不同。定金是一种担保，预付款是价款或酬金的部分的预先支付。

（2）功能不同。定金的功能是担保，预付款虽然也有一定的担保作用，但其功能是预先支付价款或者酬金。

（3）当事人违反约定时法律效果不同。在定金，给付定金的一方违反约定的，无权收回定金；收取定金的一方违反约定的，双倍返还。而在预付款，

---

[1] 最高人民法院原法官奚晓明曾经代表最高人民法院指出："我们认为，除当事人另有约定外，定金约定并不当然给予当事人解除合同的权利。我国《担保法》规定的定金为违约定金，对于立约定金、成约定金、证约定金和解约定金未作规定，但也未禁止，当事人可以通过定金合同约定定金的性质，该司法解释中已对这一问题予以明确。定金合同对定金的性质没有约定或者约定不明确的，按照法律规定的违约定金处理。"参见"最高人民法院民二庭庭长奚晓明就《关于适用〈中华人民共和国担保法〉若干问题的解释》答记者问"，载奚晓明主编：《解读最高人民法院司法解释》（民商事卷），人民法院出版社 2006 年版，第 291 页。随着《民法典》施行，《担保法》和《担保法解释》失去效力，然而，作为曾经的法律规范，成为我国民法文化的历史积淀，仍然有其说明价值。已失效的《担保法解释》第 117 条确认了解约定金，其内容是："定金交付后，交付定金的一方可以按照合同的约定以丧失定金为代价而解除主合同，收受定金的一方可以双倍返还定金为代价而解除主合同。对解除主合同后责任的处理，适用《中华人民共和国合同法》的规定。"再则，《民法典》关于定金的制度（其实还有其他许多制度）存在需要进一步完善的需要和空间，历史积淀自有其影响力。

给付一方违反约定的，得以其充抵债务，也可在赔偿债务不履行的损失后，请求返还。

（4）法律的限制程度不同。定金的数额有明确、严格的法律限制，依《民法典》第 586 条第 2 款的规定，定金的数额不得超过主合同标的额的20%，超过部分不产生定金的效力。预付款的数额没有法律限制，当事人得自由商定。

2. 定金与押金的主要区别。押金是债务人为担保其履行债务而向债权人提供的一定数额的金钱。在租赁、住宿等合同中普遍使用。通行的做法是，一方当事人向对方交付一定金额的押金，收受押金的一方给支付方出具"押金收据"，双方之间不属于定金合同关系，交付押金的一方不履行债务时，收取押金一方得就押金优先受偿，收取押金一方不履行债务时如数返还押金。

押金的功能是担保债务的履行，这一点与定金相同。但是，定金罚则对给付定金一方和收受定金一方都可适用，押金只对不履行债务的押金交付方发生不利后果，押金收取方不履行债务时，只如数返还押金，不发生双倍返还。如房屋租赁合同中的押金，出租人违约时，有如数退还押金的义务但无双倍返还的责任。

在实务中，当事人之间预先交付的金钱究竟是定金还是押金，必须依据其合意，在没有书面的定金合同时，应当按照押金对待。

二、定金的成立

定金的成立，须具备下列条件：

1. 须以主债的有效为前提。定金之债是从债，须其担保的主债有效。

2. 须为书面形式。定金应以书面形式约定，否则易生分歧，故其属于要式合同。

3. 须实际交付定金。定金合同是实践合同，依《民法典》第 586 条第 1 款的规定，定金合同从实际交付定金时成立。定金交付的时间即为定金合同的成立时间。

4. 定金的标的原则上是金钱。当事人有特别约定的，也可以给付替代物作定金。

5. 定金的数额不得超过法定限额。在不超过主债务标的额的 20% 的限度内，当事人得自由约定。

三、定金与违约金

(一) 违约金的作用与支付条件

违约金是当事人违约时，依约定或法律规定应当支付给对方的一定数额的金钱。其作用在于填补因违约而给对方造成的损失。

违约金的支付，须具备下列条件：①须有违约行为。即有一方不履行约定义务的事实。②须无约定或者法定的免责事由。虽有违约行为，但是根据约定或法律规定免除责任的，不支付违约金。

从违约金的作用和支付条件看，违约金是违约事实发生后债务人应交付债权人的金钱，而定金是合同订立前或者债务履行期之前交付债权人的金钱。

(二) 定金与违约金不能并用

《民法典》将定金定位于违约定金，定金即具有预付违约金的性质和功效。该法第 588 条第 1 款规定，当事人既约定违约金，又约定定金的，一方违约时，对方可以选择适用违约金或者定金条款。明确了定金与违约金的关系，据此规定，二者是排斥关系，不能并用。

四、定金和赔偿损失

当事人违约给对方造成损失，定金不足以弥补违约造成的损失的，对方可以请求赔偿超过定金数额的损失。

立法例上，有些国家认可守约方对不足部分行使损害赔偿请求权。如《俄罗斯联邦民法典》第 381 条规定，对合同不履行负有责任的一方，必须向对方赔偿损失，但应当扣除定金的数额。[1] 又如《德国民法典》第 338 条规定，收受定金的一方请求不履行的损害赔偿的，必须在给予损害赔偿时退还定金。[2] 有的国家的民法则不准许，如日本民法第 557 条。[3]

---

〔1〕 参见黄道秀、李永军、鄢一美译：《俄罗斯联邦民法典》，中国大百科全书出版社 1999 年版。

〔2〕 陈卫佐译注：《德国民法典》，法律出版社 2006 年版。

〔3〕 曹为、王书江译：《日本民法》，法律出版社 1986 年版。

第八章

债权保全权

【本章提要】本章是关于《民法典》第三编"合同"编第五章"合同的保全"的理论研究。债权的保全权，是债权效力之一。其功能是，债务人的全部财产包括其债权，都是清偿其债务的"责任财产"，当债务人应该回收其债权而怠于回收，或以其他方式不当减少财产，影响债权人的债权实现，债权人得通过人民法院采取措施，保持债务人财产的完整和安全，使债务人维持清偿债务的资力，以便债权的实现。

债权保全权，包括债权人代位权和债权人撤销权两种具体的实体权利，它们各自的要件和效力，是本章的重点。

第一节　债权保全权的意义和性质

一、债权保全权的意义

债权保全权，是债权人享有的、当债务人不当减少责任财产影响其债权实现时，得通过人民法院采取措施保护其债权安全的权利。

说明如下：

（一）债权保全权，是债权人享有的保护其债权安全的权利

债务人负担债务，以其全部财产担保债务的清偿，其所有的实物、金钱以及对第三人的以财产给付为内容的债权，都是债务清偿的一般担保财产，也叫"责任财产"。责任财产是债务人负担债务时可用于清偿债务的物质条件，债务人不履行到期债务的，债权人得请求法院强制执行责任财产，实现债权。[1]因此，债权实现的安全，建立于债务人责任财产的完整。债务人信守诚实信用、维护责任财产完整，保持资力的，债权处于安全状态。相反，

---

〔1〕　在合同之债，这种物质条件最为明显。如远期付款的买卖合同，出卖人将标的物先交付买受人，一定时间后买受人才付款，如果买受人没有足够的资力，出卖人不敢如此交易。在法定之债，这种物质条件看上去有些模糊，但实质上仍然存在。典型如侵权赔偿之债，法律规定侵害人负担赔偿债务，除了其行为的违法性和可归咎性外，侵害人有财产可以赔偿受害人，是侵害人债务的物质条件。

债务人违背诚实信用，减少责任财产降低资力的，债权便处于不安全状态，有不能实现的危险。

为防止债务人不当减少财产影响债权实现，法律赋予债权人债权保全权。[1]

所谓债权保全，是防止债务人不当减少其财产而影响债权人的债权实现，从而保护债权安全的措施。影响债权实现，也叫"损害债权"，指债务人不当减少财产的行为使到期债权不能依债实现。

当债务人减少责任财产影响债权实现时，债权人依其保全权，得通过人民法院采取保全措施，回复债务人清偿债务的资力，保护债权的安全。

（二）债务人不当减少责任财产的行为包括消极减少行为和积极减少行为

消极减少行为是指债务人不行使其到期债权，使其财产该增加而未增加，资力降低而影响债权实现的行为。例如，甲公司欠乙公司 50 万元到期债款不能偿还，其对丙公司有 60 万元到期金钱债权，如果行使此债权就能还债但其不行使。

积极减少行为是指债务人以处分行为减少责任财产，使其资力降低而影响债权实现的行为。例如马某欠董某 100 万元，其责任财产原值 300 万元，然而其将价值 240 万元的楼房赠与其表弟，无力还债。又如，A 法人有价值 200 万元的财产，对 B 法人负有 150 万元的到期债务，其不但不还债，反而先期将价值 100 余万元的高级轿车以 30 万元卖与关系密切的 C 公司，最终无力清偿债务。

（三）债权人保护债权的措施，包括行使债权人代位权和债权人撤销权

债权人代位权，是债权人享有的、当债务人怠于行使其对第三人的债权影响自己的债权实现时，得向法院请求以自己的名义代位行使债务人的债权，自己获得清偿的权利。如上例乙公司，即得以自己名义，代替甲公司要求丙公司清偿 50 万元的债务，使甲公司清偿债务。

债权人撤销权，是债权人享有的、当债务人积极减少责任财产影响债权实现时，得请求法院撤销债务人的行为，回复债务人责任财产原状的权利。如上例董某，有权请求人民法院撤销马某的赠与行为。

（四）债权保全权的效力，是保护责任财产的完整，保持债务人的资力

债务人减少责任财产损害债权的，债权人才能行使保全权。相反，如果

---

[1] 债权保全制度源于罗马法。罗马法上有"撤销之诉"，起初为破产而设置，后来扩大适用到非破产案件。《法国民法典》发展了这一制度，除在第 1167 条规定了债权人撤销权，又增设了债权人代位权，编列在第 1166 条，构建了比较完备的债权保全权制度。意大利、日本等国的民法借鉴了《法国民法典》的这一制度。《德国民法典》只规定了债权人撤销权，未认可债权人代位权。我国民国时期的《民法典》一并规定了这两种权利。参见王家福主编：《民法债权》，法律出版社 1991 年版，第 177 页。

债务人怠于主张其对第三人的债权或者减少财产，但其资力仍然足以清偿债务的，债权人不得行使保全权。如，甲有 50 万元的财产，欠乙 5 万元，其减少价值 30 万元的财产，无碍债务清偿，乙不得行使保全权。

二、债权保全权的性质

（一）债权保全权是债权对外效力的表现

债权有对内效力和对外效力，对内效力作用于债权人和债务人，对外效力作用于当事人与第三人。当减少责任财产影响债权实现的行为发生在债务人与第三人之间时，第三人自债务人获得不应得到的利益，而债权人无端受损害。如果放任债务人与第三人之间的财产行为，无疑支持和保护了损害债权的行为，破坏社会交易安全和社会信用。为保护债权实现的安全，法律确认债权具有保全权效力，债权人依其债权，得通过民事诉讼程序，对发生于债务人与第三人之间的财产行为，根据具体情况，行使代位权或者撤销权。

（二）债权保全权属于实体权利

《民法典》以第三编"合同"编的第五章"合同的保全"规定了债权人代位权和债权人撤销权。该法第 535 条至第 537 是关于债权人代位权的规定，第 538 条至第 542 条是债权人撤销权的规定。依该法的实体法性质和债权保全权使债权人得到实体利益的立法意趣，债权保全权属于实体权利。

第二节　债权人代位权

一、债权人代位权的意义

债权人代位权，是债权人享有的、当债务人怠于行使其到期债权或者与该债权有关的从权利，影响自己的到期债权实现的，得以自己的名义代位行使债务人对其相对人的权利，保全自己债权的权利。

说明如下：

（一）债权人代位权，涉及两个债、三方当事人

1. 两个债，即本债和次债。本债是债权人与债务人之间的债。次债是本债的债务人与其债务人之间的债。两债之间，因债务人不行使其在次债的到期债权、损害本债债权的安全而发生联系。缺少其一的，不发生债权人代位权。

如以上所举"甲公司欠乙公司 50 万元到期债款不能偿还，其对丙公司有 60 万元到期金钱债权，如果行使此债权就能还债，但其不讨债也不采取其他

方法还债"一例，甲、乙两公司之间的债，甲、丙两公司之间的债，原本是两个相互独立的债，效力之间没有联系，但是，因甲公司不对丙公司行使债权而不具备清偿债务的资力，损害了乙公司的债权，为保全乙的债权，法律规定两债之间发生效力上的联系，成立本债和次债，甲、乙之间的债为本债，甲、丙之间的债为次债。

2. 三方当事人。债权人、债务人、债务人的相对人也即债务人的债务人，是债权人代位权关系的三方当事人。其中，债权人在行使代位权时，称为"代位权人"；本债的债务人兼有两重身份，在本债中为债务人，在次债中为债权人；债务人的相对人，叫"次债务人"。

（二）债权人代位权是债权人代位行使债务人对次债务人的债权的权利

所谓代位，即替代他人的法律地位的意思。债权人代位，是债权人依其债权的效力，替代债务人在次债中的债权人地位，行使债务人在次债中的债权。

（三）债权人代位权是保全债权的权利

债务人怠于行使自己对次债务人的债权，使自己本应增加的财产没有增加，因而资力不足以清偿债务、影响债权实现的，债权人行使其对次债务人的债权，使债务人责任财产得以增加，以此确保债权的实现。如果债务人怠于行使其债权无害于债权的，债权人不能主张代位权。

（四）债权人以自己名义，行使代位权

债权人代位权，是债权的效力之一。因此，债权人代位权是债权人自己的权利，不是代理权，债权人对次债务人主张代位权，是以自己名义而非代理人资格。

（五）债务人怠于行使其到期债权或者与该债权有关的从权利，足以影响债权人到期债权的实现

易言之，即债务人不行使其对他人的债权，责任财产不敷清偿其对债权人的债务，影响债权人债权的实现。《民法典》第535条中就债务人对其相对人的债权未明文界定为到期债权，而是用"怠于"一词蕴含"到期债权"之义，表明履行期届至，是债权行使的必要条件，所以，债权人行使代位权的对象，是债务人对其相对人的"到期债权"。否则，次债务人得主张债务人对债权人的"未到履行期的抗辩权"。

二、债权人代位权的性质

债权人代位权除具备债权保全权的一般性质外，与债权人撤销权相比较，还有其独特的性质。学者们对债权人代位权的性质，有不同认识，主要包括

"以行使他人权利为内容的管理权或能权说"〔1〕"法定之无因管理权说"〔2〕
"广义的形成权说"〔3〕"法定的债权权能说"〔4〕等。

三、债权人代位权的成立要件

《民法典》第535条第1款规定："因债务人怠于行使其债权或者与该债
权有关的从权利，影响债权人的到期债权实现的，债权人可以向人民法院请
求以自己的名义代位行使债务人对相对人的权利，但是该权利专属于债务人
自身的除外。"根据这一规定，债权人代位权的成立，有四个要件：

（一）须债务人对他人享有以财产利益为内容的债权或者与该债权有关的
从权利，处于"债权人地位"

这是债权人代位权得以成立的前提性条件。债权人代位权是债权人以自
己的名义"代债务人对其他人的债权人的地位"而行使债务人的权利，如果
债务人对其他人没有债权或者有关的财产权利，就没有对其他人的"债权人
地位"，债权人也就无从"代位"。

（二）须债务人怠于行使其对相对人的到期权利

1. 具有债务人怠于行使其债权或者与该债权有关的从权利的事实。如果
没有这一事实，债务人积极行使其对相对人的权利，债权人代位权就不能成
立。"怠于"是能行使且应该行使但是不行使。

2.《民法典》第535条所定债务人对其相对人的债权或者与该债权有关
的从权利，应当是财产权利和可以转化为金钱等财产的权利。〔5〕非财产的或

---

〔1〕　史尚宽：《债法总论》，中国政法大学出版社2000年版，第463页。

〔2〕　黄立：《民法债编总论》，中国政法大学出版社2002年版，第472页。

〔3〕　王家福主编：《民法债权》，法律出版社1991年版，第178页。

〔4〕　王卫国主编：《民法》，中国政法大学出版社2007年版，第381页。

〔5〕　本书认为，为了最大限度地有利于债权保全，参考国外立法例和我国有关学术观点，对债权人
　　　得代位行使的债务人的财产权，应当作扩大解释，不应局限于债务人的债权或者与该债权有关
　　　的从权利。从广义讲，债务人的能够转化为金钱的财产权，都应当允许债权人代位行使，如抵
　　　押权、物的返还请求权等。从立法例看，《法国民法典》第1166条所定"债权人得行使其债务
　　　人的一切权利与诉权，专属于人身的权利除外。"《日本民法典》第423条第1款所定"债权人
　　　为保全自己的债权，可以行使属于其债务人的权利。但是，专属于债务人本身的权利，不在此
　　　限。"这些立法，可资参考。从我国有关学术观点看，台湾地区学者如史尚宽先生、黄立先生
　　　等，大陆地区学者王家福先生、张广兴先生等都主张，债务人的下列权利，可由债权人代位行
　　　使：①纯粹的财产权。如财产债权、物权及物权的请求权、以财产利益为目的的形成权、抵销
　　　权等。②主要为财产利益的权利。如欺诈行为撤销权、胁迫行为撤销权、继承回复请求权等。
　　　王家福先生等还同意史尚宽、孙森焱等人的观点，认为债权人还得代位行使债务人的诉讼上的
　　　一些权利。以上分别参见史尚宽：《债法总论》，中国政法大学出版社2000年版，第467～468
　　　页；黄立：《民法债编总论》，中国政法大学出版社2002年版，第476页；王家福主编：《民法
　　　债权》，法律出版社1991年版，第179页。

者不能转化为财产的权利,不能满足债权人债权实现的需要,没有成立债权人代位权的必要性和可行性。例如债务人甲对其债务人乙的债权是办公设施修理请求权,甲怠于行使这个权利,债权人丙如果代位行使甲的这个债权,就不能达到其到期债权实现的效果。该条中所定的"与该债权有关的从权利",包括担保物权、保证债权、定金权利等。

3. 债务人怠于行使的,是其到期债权或者与该债权有关的从权利。债务人对相对人的债权未到履行期的,相对人对债务人有抗辩权,如果债权人行使代位权,依《民法典》第535条第3款,相对人"可以向债权人主张"该抗辩权。

(三)须债务人已经迟延履行而怠于行使其对相对人的权利,影响债权人到期债权的实现

首先,应当有债权人的债权清偿期届至而债务人陷于迟延履行的事实。如果未到清偿期,债务人享有未到履行期的抗辩权,债权人代位权不能成立。同时,债务人怠于行使其对相对人的权利,给债权人的债权的实现造成不利影响,造成债权不能按照债的规定实现。如前举甲乙两公司、马某与董某的例子。

(四)须债务人的债权不是其专属性债权

债权人不得就专属于债务人的债权行使代位权。所谓专属性债权,是指法律规定专属于特定人、不能由他人享有的债权。如受害人的人身损害赔偿债权、人寿保险合同的人寿保险金债权等。[1]

四、债权人代位权的行使

债权人代位权的构成要件齐备的,债权人代位权成立。但是,债权人如何行使其代位权,也十分重要。就此,有两点必须注意:

(一)须行使方式不违反法律的规定

1. 债权人须以自己的名义。债权人不能以债务人名义行使债务人的权利,否则不是行使代位权而是以债务人代理人资格主张权利。

《民法典》第535条第1款中规定,"债权人可以向人民法院请求以自己的名义代位行使债务人对相对人的权利",确定了这个方法。

---

[1] 随着《民法典》施行而失效的《合同法解释(一)》第12条,对"专属于债务人自身"的债权解释为:"合同法第73条第1款规定的专属于债务人自身的债权,是指基于扶养关系、抚养关系、赡养关系、继承关系产生的给付请求权和劳动报酬、退休金、养老金、抚恤金、安置费、人寿保险、人身伤害赔偿请求权等权利。"这一解释,仍然有理论上的价值。

2. 债权人须尽善良管理人之注意义务。债权人是代位行使债务人的权利，其中含有为债务人管理债权的因素，因此，在向次债务人主张权利或者受领给付时，须尽到善良管理人之注意义务。如果行使代位权不当，给债务人造成损失的，负有损害赔偿义务。

3. 可以通过人民法院行使。《民法典》第535条第1款中规定"债权人可以向人民法院请求"行使债务人的权利，对其中的"可以"二字的规范意旨，有解释的必要和空间。在立法理论中，"可以"一词在立法文件中的通常意义，与"应当"有明显区别，它授予主体选择的权利，而不是强制性的要求。因此，该款并不是强制性地规定只能通过民事诉讼程序行使债权人代位权。

债权人代位权是实体权利，债权人行使代位权而次债务人不拒绝的，当事人自行解决债务问题，达到了债的目的，节省了诉讼费用，避免了讼累，还节省了裁判资源。当事人因债权人代位权发生争议的，才必须通过法院裁判。

据此，应认为，债权人代位权的行使有两种方式，一是债权人直接向次债务人主张该权利，二是债权人提起民事诉讼，经法院裁判支持其代位权。

但是，最高人民法院的法官们认为"代位权必须通过诉讼程序行使。虽然在理论上代位权行使的方式有诉讼和径行两种，但径行方式若在债权人、债务人及相对人之间达成意思一致，则可用抵销、指示交付等法律规范解释。否则，相对人径行向债权人履行，因缺乏合同依据或法律依据不能产生代位权行使的法律后果。需要注意，本条中'债权人可以'是指债权人诉权的自由，而并非对非诉方式法律效果的肯定"。[1]

（二）行使范围以债权人的债权额为限

《民法典》第535条第2款规定，代位权的行使范围以债权人的到期债权为限。代位权人主张的债权的价值额，仅得与需要保全的债权的价值额相当，超过部分不在代位权范围。行使债权人代位权的必要费用，由债务人负担，得计入代位权范围。如，债权人甲对债务人乙有20万元的债权，乙对丙有30万元债权，若甲对丙行使债权人代位权，可请求的即为20万元及行使代位权的费用，不可超过。债权人代位权诉讼中，债权人请求的数额超过债务人所

---

[1] 最高人民法院民法典贯彻实施工作领导小组主编：《中华人民共和国民法典合同编理解与适用》[一]，人民法院出版社2020年版，第503页。在理论层面，"可以"一词有"准许"之义，本书认为，"可以"也好，"准许"也罢，债权人代位权作为实体权利，就应当具有债权人以诉讼方式和非诉方式而行使的特性。

负债务额或者超过次债务人对债务人所负债务额的，超出部分不合理，不能得到人民法院的支持。

五、债权人代位权的效力

债权人代位权的效力，即债权人代位权对当事人的约束力。具体表现为代位权对债权人、债务人、次债务人有什么样的法律后果，其中核心问题是，从次债务人所收回的财产，法律地位如何。

有两种模式：

（一）归属于债务人

这一模式，也叫"入库规则"，即债权人从次债务人收回的财产，归入债务人的责任财产，债务人对次债务人的债权消灭，行使代位权的债权人不得直接以此财产受偿，而是同债务人的其他债权人按照债权平等原则，分配债务人的财产。债务人不主动履行债务时，债权人可请求法院强制履行而受偿。《法国民法典》第1166条是该规则的典型，《日本民法典》第423条第1款有相同规定。

（二）行使代位权的债权人得直接就次债务人获得清偿

《民法典》第537条中规定，"人民法院认定代位权成立的，由债务人的相对人向债权人履行义务，债权人接受履行后，债权人与债务人、债务人与相对人之间相应的权利义务终止"。据此，《民法典》没有采取"入库规则"，而是规定行使债权人代位权的债权人直接从次债务人获得清偿。[1]

根据《民法典》第537条的规定，债权人代位权的效力有三个方面：

---

[1] 《民法典》第537条的这一规定，应该是采纳已废止的最高人民法院《合同法解释（一）》第20条的结果。原《合同法》第73条规定的债权人代位权制度，没有规定次债务人直接向债权人履行，而已废止的《合同法解释（一）》第20条规定："债权人向次债务人提起的代位权诉讼经人民法院审理后认定代位权成立的，由次债务人向债权人履行清偿义务，债权人与债务人、债务人与次债务人之间相应的债权债务关系即予消灭。"按照该司法解释，债务人有2个以上分别的债权人的，行使代位权者获得清偿，未行使者的债权将有落空之虞。该司法解释舍弃"入库规则"而构建了新的规则，在《民法典》颁布之前理论界已经早有质疑和支持的观点。质疑者认为"这一规定，不仅会损害其他债权人的权利，还会损害债权平等原则"。参见张俊浩主编：《民法学原理》（下册），中国政法大学出版社2007年版，第691页。支持者称赞该规则"全面修正了传统代位权理论中以法定债权权能说为基础的'入库规则'"，"堪称债权人代位权制度的理论和实践创新"。参见奚晓明主编：《解读最高人民法院司法解释》（民商事卷），人民法院出版社2006年版，第73页。另有评论者说"这样的规定，实际上是将代位权制度当作一种直接满足债权的制度，而不是一种保全债权的制度。其好处是鼓励债权人积极行使权利，并简化了债权实现的诉讼流程"，"它毕竟突破了传统民法的债权平等观，以机会平等代替了结果平等"。参见王卫国主编：《民法》，中国政法大学出版社2007年版，第383页。

1. 对债权人的效力。行使债权人代位权的债权人，直接就次债务人的财产获得清偿，债权的全部或者部分得到实现。

债务人有数债权人时，各个债权人均得行使代位权。代位权行使所得财产，用于清偿行使代位权者的债权。

债权人无论对债务人有无担保权，在具备代位权的成立要件时，均得行使代位权。如，抵押物的价值不足以清偿到期债务，债务人怠于行使其对次债务人的到期债权，因而影响债权人债权实现的，有抵押权的债权人还得行使代位权。

2. 对债务人的效力。代位权行使奏效的，债务人的债务消灭；债务人对次债务人的债权，与代位权价值额相当的部分因之消灭。由于代位权人是代位行使债务人的债权，所以，代位权人自次债务人获得清偿，本债、次债的相等部分的债权、债务消灭的法律效果归债务人。

3. 对次债务人的效力。代位权的行使，在代位权人与次债务人之间发生债务清偿关系，次债务人不得以与代位权人之间无债务关系为由，对抗代位权人，但是，他对次债的债权人有抗辩权的，也得对代位权人进行抗辩。如果他能够证明代位权不成立的，得行使代位权不成立的抗辩权。

代位权成立的，债务人自当满足代位权人的请求。

六、举证责任

（一）债权人的证明责任

债权人行使代位权的，负举证责任。应当证明：

1. 债务人未清偿到期债务，即陷于履行迟延。

2. 债务人资力不足以清偿债务。

此一证明对象，只要证明债务人未清偿到期债务已为足够，不应苛求债权人证明债务人资力的真实情况。债务人反对的，应当证明其有清偿债务的资力。

3. 债务人怠于行使其对次债务人的到期债权，影响自己债权的实现。首先，债权人应当证明债务人对其相对人享有以财产给付为内容的债权。不能证明的，代位权的成立要件欠缺。

事实上，债权人证明这一点有较大困难。债权、债务关系具有隐秘性，除上市公司和财务制度比较规范的法人设有会计账簿可供查阅外，通常债务人对他人是否有债权、债权是否到期、债权额多少等，债权人未必能够顺利获得真凭实据，如果苛求债权人必须逐一提供证据，债权人也许力所不逮。因此，在裁判中，法院应当从保护债权的立场出发，只要债权人证明债务人对其相对人有债权即可。至于次债的内容，应当要求债务人和次债务人说明。

（二）债务人的证明责任

债务人对其债务及对其相对人的债权无异议但反对债权人主张代位权的，应证明其有足以清偿债务的资力。

债务人资力状况属实的，债权人因代位权欠缺成立条件，不能行使代位权，应请求执行债务人的财产；债务人主张自己未怠于行使其到期债权的，应证明其已提起诉讼或仲裁程序，向其债务人主张到期债权。

（三）次债务人的证明责任

次债务人不认为债务人有怠于行使其到期债权情况的，负举证责任。证明对象，是债务人已经提起诉讼或者仲裁程序，向其主张到期债权。

七、债权人代位保存权

债权人代为保存权是债权人依法享有的在其"未到期债权"因为其债务人对次债务人的权利将会发生不能正常实现的情事、足以影响其将来到期债权的实现时，得通过法定程序代位行使其债务人相关权利的权利。

《民法典》第536条规定了这一权利。与《民法典》第535条规定的债权人代位权相比较，该权利属于特殊的债权人代位权，它有以下主要特点：①适用的债权，是债权人的未到期债权，不适用于到期债权；②行使的原因，是债务人对其相对人的债权或者与该债权有关的从权利发生不能正常实现的情形而债务人怠于行使其权利，影响债权人将来到期的债权的实现，不是现实地影响债权的实现；③行使的方式，包括对次债务人请求向债务人履行、申报破产债权及其他足以"保全"债务人权利的合法行为，不是像债权人代位权那样请求次债务人直接向债权人履行；④行使的结果，是"保全"债务人对其相对人的权利的效力，不是由债务人的相对人直接向债权人清偿。[1]

如债权人甲对乙有未到期的债权，乙对丙有金钱债权，但是该债权的诉讼时效期间即将届满，一旦期间届满将会使乙遭受丙的抗辩，使乙在甲的债权到期时无法履行对甲的债务。在此情形，甲即得代位行使乙对丙的给付请求权，中断乙、丙之间债权债务关系的诉讼时效，以此消除对自己将来债权到期时的不利影响。

---

[1] 《民法典》第536条规定："债权人的债权到期前，债务人的债权或者与该债权有关的从权利存在诉讼时效期间即将届满或者未及时申报破产债权等情形，影响债权人的债权实现的，债权人可以代位向债务人的相对人请求向债务人履行、向破产管理人申报或者作出其他必要的行为。"其中的"其他必要的行为"究竟应当是哪些行为，有待于相关有权解释予以说明。

八、债权人代位权制度的形成

（一）债权人代位权制度是法国民法的创制

法国民法是这一制度的开先河者。[1] 德国民法、瑞士债法等，均无此权利的相关规定。

债权人代位权制度的形成，是债权人请求强制执行债务人财产和利害关系第三人财产的程序权利，嬗变为实体法上的债权救济权利的结果。

债务人陷于履行迟延的，债权人得请求法院强制执行其一般担保财产。当债务人的资力不足清偿债务，其对第三人有到期债权的，依诉讼法的规定，债权人得以该第三人为诉讼中的利害关系人，经过裁判，在债务人的债权额范围内，强制执行该利害关系人的财产，然后自债务人收取的财产获取清偿。

程序法上的强制执行，对实现债权无疑有效果。但是正如学者所指出"然强制执行须有执行名义，其程序繁杂"。[2] 如果强制执行法律不周全，对利害关系人财产的执行极易事倍功半。相比之下"债权人代位权之行使，则较简捷"。[3] 而且，不影响债权人的执行请求权，债权人得根据具体情况，选择最有利者。

《法国民法典》第 1166 条最早设置这一制度，将债权人代位权规定为"代位诉权"。学者们认为，"代位制度的设立，旨在弥补强制执行法的不完备"。[4]

"法、意等国规定这一制度的原因，系因其强制执行法不完备。"[5] "在法国法系则因强制执行制度较不完备，所以代位权制度不但受到重视，且获得发展，其主要目的即在补充强制执行之不备。"[6] 相反，"德国、瑞士因强制执行法较为完备，不认债权人代位权之必要，故从罗马法制，仅设债权人

---

〔1〕 史尚宽先生认为罗马法没有此制度。参见史尚宽：《债法总论》，中国政法大学出版社 2000 年版，第 462 页。大陆地区有人认为："债权人代位权起源于罗马法中的代位请求权或称间接诉权。在罗马法中，有一代位请求权制度，其含义是指债权人对于债务人不行使自己权利而将影响债权人权利实现时，债权人得以自己的名义代替债务人行使权利的权利。""现代意义上的债权人代位权，确是 1804 年的《法国民法典》第 1166 条最先规定的。"参见陈小君主编：《合同法学》，高等教育出版社 2003 年版，第 181 页。

〔2〕 史尚宽：《债法总论》，中国政法大学出版社 2000 年版，第 462 页。

〔3〕 史尚宽：《债法总论》，中国政法大学出版社 2000 年版，第 462 页。

〔4〕 张广兴：《债法总论》，法律出版社 1997 年版，第 197 页。

〔5〕 王家福主编：《民法债权》，法律出版社 1991 年版，第 178 页。

〔6〕 孙森焱：《民法债编总论》（下册），台湾三民书局 1986 年版，第 508 页。

撤销权"。[1] "以理性思维见长的日耳曼人认为债是对人权，不能发生对抗第三人效力，《德国民法典》因此拒绝承认债权保全权为实体权利，另辟蹊径在民事诉讼法的强制执行程序解决责任财产的不完全问题。"[2]

（二）我国债权人代位权制度的形成

我国自民国时期民法始，债权保全权制度兼设债权人代位权和撤销权。中华人民共和国成立后，长期没有民法典和债法总则，遑论债权人代位权制度。

有学者指出，我国法律对债权人代位权的规定，始于1992年《最高人民法院关于适用〈中华人民共和国民事诉讼法〉若干问题的意见》（以下简称《民诉法意见》）。[3]该《民诉法意见》第300条规定："被执行人不能清偿债务，但对第三人享有到期债权的，人民法院可依申请执行人的申请，通知该第三人向申请执行人履行债务。该第三人对债务没有异议但又在通知指定的期限内不履行的，人民法院可以强制执行。"最高人民法院也有法官认为，"显然这是代位权原理在执行程序中的应用"。[4]然而，"此条规定与民法上的代位权制度在性质、行使方法以及行使效果等并不相同"。[5]民事诉讼中的程序权利，没有诉讼就无法行使，毕竟没有实体权利的性质和效力。

随着《民法典》施行而废止的《合同法》的第73条的规定，应当是我国债权人代位权制度的开端。已废止的《合同法解释（一）》中代位权的条文，少数是程序方面的规定，多数是从实体方面对《合同法》第73条的补充。《民法典》关于代位权制度的规定，形成了我国债权人代位权制度立法的基本框架。根据我国法律制度建设的特点，最高人民法院应当会有新的相关司法解释。

第三节　债权人撤销权

一、债权人撤销权的意义

债权人撤销权，是债权人享有的当债务人减少责任财产影响其债权实现时，得请求法院撤销该行为的权利。

---

[1] 王家福主编：《民法债权》，法律出版社1991年版，第177页。

[2] 张俊浩主编：《民法学原理》（下册），中国政法大学出版社2000年版，第688页。

[3] 张俊浩主编：《民法学原理》（下册），中国政法大学出版社2000年版，第688页。

[4] 奚晓明主编：《解读最高人民法院司法解释》（民商事卷），人民法院出版社2006年版，第75页。

[5] 张广兴：《债法总论》，法律出版社1997年版，第198页。

《民法典》第538条至第542条规定了债权人撤销权制度。

对上述定义说明如下：

（一）债权人撤销权是撤销权的一种

撤销权是权利人能够通过法院撤销自己或他人的行为的权利。撤销的目的和法律效果，是使被撤销的行为自始无效，回复到行为之前的财产状况。

根据撤销权人的不同，撤销权分为两种：①撤销自己行为的撤销权。如行为人撤销自己的受欺诈、受胁迫行为的权利，赠与人撤销赠与行为的权利等。②撤销他人行为的撤销权。债务人处分财产损害债权时，债权人得请求法院撤销其处分行为的权利，即属这种撤销权。

（二）债权人撤销权是撤销债务人所实施的减少其责任财产而影响债权人债权实现的行为的权利

此所谓债务人减少财产、影响债权人的债权实现的行为，依《民法典》第538条、第539条的规定，有七种行为：①债务人放弃其债权影响债权人的债权实现的。②债务人放弃其债权担保影响债权人的债权实现的。③债务人无偿转让财产影响债权人的债权实现的。如赠与。④债务人恶意延长其到期债权的履行期限，影响债权人的债权实现的。如，赵某对钱某有债权，履行期限为2020年3月15日，钱某对孙某有债权，履行期限原为同年3月10日，后钱某将孙某债务的履行期限改变为同年12月31日，到3月15日钱某无力清偿对赵某的债务。⑤债务人以明显不合理的低价转让财产影响债权人的债权实现，且其相对人知道或者应当知道的。如，甲欠乙15万元，后来，甲将其价值20万元的一辆轿车，以10万元价格买给丙，结果不能清偿对乙的债务，丙明知这一情形，为贪图便宜，乐而受让，乙即有权请求人民法院撤销甲、丙之间的买卖，使轿车回归甲的责任财产的范围。⑥债务人以明显不合理的高价受让他人财产，影响债权人的债权实现，其相对人知道或者应当知道的。如张某以超出市价一倍的价格购买同事王某的家具，造成责任财产不敷清偿对同事李某的债务，且王某事先知情的情形。⑦债务人为他人的债务提供担保，影响债权人债权的实现，其相对人知道或者应当知道的。如段某请朋友申某为其借款提供担保，申某称自己资金不多且欠高某的装修费很快要支付，段某软磨硬泡而申某用自己的轿车为段某提供了担保，导致申某未能如期对高某偿还所欠装修费的情形。

本来，债务人对其财产有处分权，得依法自由处分，然而，负债使其总财产成为"责任财产"，为保护债权安全，法律限制其不当减少财产，当其减少财产影响债权人的债权实现时，债权人有权通过法院撤销其行为，回复其责任财产，保持其偿债资力。

债务人处分其财产对债权人的债权没有影响的，债权人不得主张撤销权。

债务人以正常的事实行为减少责任财产的，不适用债权人撤销权。例如债务人正常消费而使总财产减少影响债权人债权实现，债权人不能请求撤销该消费行为。

（三）撤销权的效力，是导致债务人和第三人之间的财产行为自始无效

债务人转让财产或增加其财产的负担，与第三人发生财产授受，或使第三人受益，债权人请求撤销他们之间的财产行为，使之自始无效，撤销的效力当然及于第三人，债务人与第三人之间发生返还财产的关系，从而达到恢复债务人责任财产的效果。

（四）债权人撤销权须通过法院行使[1]

债权人撤销权的行使，对债务人、债务人的相对人有直接的利害关系。对债务人而言，其财产处分的自由受到限制。对债务人的相对人而言，无偿行为被撤销的，作为相对人，其固有财产虽不受损失，但毕竟空为收受费时费力而有不利；有偿行为被撤销的，债务人与相对人之间的交易归于自始无效，枉费交易成本。为衡平三者之间的利害关系，防止债权人滥用撤销权损害债务人、相对人的合法利益，损害交易安全，法律特别设计，非通过法院，不得行使该权利。

二、债权人撤销权的性质

债权人撤销除具有债权保全权的一般性质外，与债权人代位权相比较，还有其独特的性质。对此，理论上主要有：

1. "形成权说"。认为债权人撤销权是依债权人的意思表示而使债务人与第三人的财产行为自始无效的权利。债权人撤销权诉讼是"形成之诉"。

2. "请求权说"。认为债权人撤销权是债权人对因债务人的财产行为而受益者，得请求其给付所得利益的权利。其诉讼属"给付之诉"。

---

[1] 债权人撤销权源自罗马法上的"废罢诉权"，因其由法学家保罗创制，也叫"保罗诉权"。按照罗马法，"如果某人为诈欺债权人将其物交付给他人，根据行省总督的判决获得了其财产之占有的债权人，被允许由他们自己通过撤销交付要求该物，换言之，断言从未交付该物，因此它仍在债务人的财产内"。参见〔古罗马〕优士丁尼：《法学阶梯》，徐国栋译，中国政法大学出版社 2005 年版，第 459~460 页。依"根据行省总督的判决"句，罗马法上债权人撤销权的实现，以通过法院判决为必要。此属通说。参见史尚宽：《债法总论》，中国政法大学出版社 2000 年版，第 496 页；魏振瀛主编：《民法》，北京大学出版社、高等教育出版社 2007 年版，第 345 页；张广兴：《债法总论》，法律出版社 1997 年版，第 211 页；张俊浩主编：《民法学原理》（下册），中国政法大学出版社 2000 年版，第 691 页；奚晓明主编：《解读最高人民法院司法解释》（民商事卷），人民法院出版社 2006 年版，第 83 页。

3. "折中说"。主张债权人撤销权是兼有撤销债务人损害债权的财产行为和请求第三人返还债务人财产的权利。有学者认为，债权人仅请求撤销债务人与第三人之间的财产行为的，是形成之诉；同时有取回债务人财产请求的，是形成之诉和给付之诉的结合。[1]大陆学者多认同折中说。[2]

三、债权人撤销权的构成要件

根据《民法典》第 538 条、第 539 条的规定，债权人撤销权的成立，有其构成要件。[3]而且，依据债务人减少财产影响债权实现的行为是无偿行为还是有偿行为，构成要件有所不同。

（一）债务人以无偿行为减少财产的，债权人撤销权的构成要件

《民法典》第 538 条规定的是债务人以无偿行为减少责任财产影响债权实现的情形。在此情形，债务人减少财产行为的相对人不得以主观无恶意而对抗债权人撤销权。其原因在于，债务人无偿给予相对人财产利益，相对人自债务人受益不付出代价，债务人的行为被撤销时，相对人只是不增加财产，其固有财产利益并无损害。在债权人与债务人的相对人之间，法律保护前者的利益，彰显公平、正义。

债务人以无偿行为减少财产影响其债权实现的，债权人撤销权应当具备四个构成要件：

1. 须有债务人无偿减少财产的行为。如债务人赠与财产，放弃债权或者放弃其债权的担保，或者恶意延长其到期债权的履行期限等。

2. 须债务人的行为影响债权人的债权实现。债务人减少财产导致其清偿债务的资力降低，因此影响债权人的债权实现。

3. 须债务人减少财产的行为发生于债权成立之后。债务人减少财产之后成立债权的，按照法律上的公平原则和一般社会生活经验，不应当认为后成立的债权受到在先减少财产行为的不利影响。所以，债权人只能请求撤销债务人于债权成立后的影响债权实现的减少财产行为。

---

[1] 参见史尚宽：《债法总论》，中国政法大学出版社 2000 年版，第 476 ~ 479 页。

[2] 参见魏振瀛主编：《民法》，北京大学出版社、高等教育出版社 2007 年版，第 345 页；张广兴：《债法总论》，法律出版社 1997 年版，第 207 ~ 208 页。

[3] 《民法典》第 538 条规定："债务人以放弃其债权、放弃债权担保、无偿转让财产等方式无偿处分财产权益，或者恶意延长其到期债权的履行期限，影响债权人的债权实现的，债权人可以请求人民法院撤销债务人的行为。"第 539 条规定："债务人以明显不合理的低价转让财产、以明显不合理的高价受让他人财产或者为他人的债务提供担保，影响债权人的债权实现，债务人的相对人知道或者应当知道该情形的，债权人可以请求人民法院撤销债务人的行为。"

4. 须债务人减少财产的行为有效。①债务人减少财产的行为成立的，方有撤销的必要。如果债务人减少财产的行为不成立，不能发生债务人财产减少的法律效果，也就不能对债权人的债权实现产生不利影响，即无可撤销，撤销权当然不成立。②债务人减少财产的行为应当有效。无效行为自始无效，债务人的相对人不能有效取得财产的权利，所涉及的财产仍然属于债务人总财产的范围，不发生责任财产减少的效果，无须撤销。

债务人减少责任财产满足这些要件的，债权人即得主张债权人撤销权。

（二）债务人以有偿行为减少财产影响债权人的债权实现的，债权人撤销权的构成要件

按照《民法典》第 539 条的规定，债权人在债务人以明显不合理的低价转让财产、以明显不合理的高价收购财产、为他人的债务提供担保等方式减少财产，影响债权人的债权实现，债务人的相对人主观有过失的条件下，得主张撤销债务人与其相对人之间的有偿性财产行为。具体而言：

1. 须有债务人以明显不合理价格减少财产的行为。即债务人实施了以明显不合理的低价转让财产，或者以明显不合理的高价收购他人财产，或者为他人的债务提供担保等方式减少财产的行为。

2. 须债务人恶意减少财产。即债务人知道其减少财产的行为影响债权人的债权实现但仍然为该行为的不良心态。

此种恶意，基于债务人行为的结果推定。也就是说，无论债务人主观是否故意实施减少财产影响债权人的债权实现的行为，只要其减少财产的行为影响债权人的债权实现，就推定其为恶意。[1]

对债务人的恶意，根据《民法典》第 539 条的规定，可以从四个方面理解：

---

[1] 大陆法系对判断债务人恶意的立法，有两种主义：①观念主义。规定债务人知道其减少财产的行为可能使资力降低而不足清偿债务，即为明知损害债权，主观有恶意，无须故意诈害债权人的意思。法国、日本、我国民国时期的民法等采取这种主义。②意思主义。规定须债务人减少财产时有诈害债权人的意思。德国、瑞士采取这种主义。参见史尚宽：《债法总论》，中国政法大学出版社 2000 年版，第 492 页。我国《民法典》第 538 条和第 539 条的规定，与观念主义相接近。在《民法典》颁行之前，最高人民法院有的法官曾经针对《合同法》第 74 条关于债权人撤销权的规定提出观点："对于债务人的恶意，只要举证债务人存在'以明显不合理的低价转让财产'行为，就足以表明其主观有恶意。"债权人证明债务人以明显不合理的低价转让财产"必然会影响债权人债权的实现，即可认定其有恶意"。参见奚晓明主编：《解读最高人民法院司法解释》（民商事卷），人民法院出版社 2006 年版，第 84 页。有学者也认为，判断债务人的恶意，"我国合同法以债务人是否'明显不合理的低价'转让为依据"。参见陈小君主编：《合同法学》，高等教育出版社 2003 年版，第 189 页。本书认为，《民法典》第 538 条至第 542 条关于债权人撤销权的规定，与《合同法》的相关规定在立法理念和规范意旨方面没有质的差别，早先的这些学术观点仍然有其理论价值。

（1）债务人实施减少财产的行为，主观上是知道或者应当知道其行为影响债权人的债权实现。债务人以明显不合理的低价转让财产等行为是表意行为，该行为是否降低偿债资力而影响债权人的债权实现，债务人最为清楚。因此，债务人实施该等行为影响债权人的债权实现的，就属于明知有害于债权人而为之，主观有恶意。在此意义上，只要债务人实施减少财产行为足以影响债权人的债权实现的，即可推定其主观恶意。相反，债务人虽减少财产担保有足够偿债资力的，不能认为其为恶意。

（2）须债务人的恶意存在于减少财产之当时。行为在当时无害于债权，事后债务人产生恶意，或其他原因致使债务人资力不足、发生损害债权事实的，不能倒推债务人减少财产当时有恶意。如，法人甲欠法人乙900万元，其有市值2000万元的股票，另有价值100万元的高级轿车一辆，甲将该轿车以50万元卖给支持其业务的丙法人后不到3个月，其股票的价格缩水2/3，其财产不足还债，不能认为甲卖车时有恶意。

（3）债务人的恶意，得依其代理人或者法定代表人的行为认定。代理人在代理权限范围内的行为，由本人承受，故代理人依其代理权限的财产行为损害债权的，属本人恶意。债务人为法人的，其法定代表人以明显不合理的低价转让法人财产损害债权的，该法人有恶意。

（4）债务人虽有损害债权的恶意但减少财产不损害债权的，撤销权不成立。

3. 须债务人的相对人受益时为恶意。即债务人的相对人自债务人的行为受益当时知道或者应当知道债务人的行为影响债权人的债权实现但仍然受益的不良心态。对此，有四个方面的注意事项：

（1）相对人的恶意，不是与债务人串通而损害债权人，或者知道债务人有损害债权的恶意而配合。只要相对人在债务人与其进行明显不合理价格的交易之当时知道或者应当知道债务人的行为影响其债权人的债权实现而仍然受益的，就构成恶意。通俗地说，就是知道或者应当知道债务人以明显不合理价格出让财产影响债权人的债权实现，趁机利用债务人的行为而获取过分的便宜，就是恶意。

（2）认识债务人相对人的恶意，有两方面的要求：①须债务人与相对人之间的财产利益授受价格明显不合理。具体讲，即相对人的受益，属于《民法典》第539条列举的债务人以明显不合理的低价转让财产、以明显不合理的高价收购财产、为相对人的债务提供担保。②须相对人自债务人受益当时知道或者应当知道不合理之受益足以影响债权人的债权实现，仍然受益。受益之当时，是指债务人与相对人之间财产权益授受之时，包括债务人与相对人之间财产权益合同成立之时，订立合同之前已经知道的，包括在内。

《民法典》第 539 条关于相对人恶意的立法本意，是只要相对人知道或者应当知道债务人的财产授予行为影响债权人的债权实现，仍然收受不合理的利益，就构成恶意，无须相对人与债务人串通。如果是串通，就构成该法第 154 条规定的无效行为而不适用债权人撤销权。因此，只要相对人受益之时知道或者应当知道债务人的行为影响债权人的债权实现的，即推定相对人有恶意。在此情形，撤销权不仅成立且得行使。[1] 相对人于受益之后才知道债务人恶意的，债权人不能主张撤销权。

（3）明显不合理价格的确定标准。债务人与其相对人之前的交易，价格是否"明显不合理"，是推定相对人是否恶意的客观要素。《民法典》第 539 条对"明显不合理的低价"和"明显不合理的高价"没有量化标准，有待立法解释或者司法解释及早予以明确。最高人民法院原有的司法解释《合同法解释（二）》第 19 条给出的量化标准仍然有其理论价值。[2]

（4）关于举证责任的分配和证明对象。债权人承担其撤销权成立的证明责任。[3] 包括：①证明债务人的财产行为影响其债权实现。证明了这一事实就履行了证明债务人恶意的责任，不需要、也不应当要求证明债务人内心的故意。②证明债务人的相对人知道，尤其是应当知道债务人的财产行为影响

---

〔1〕 《民法典》颁布之前，曾经有学者针对《合同法》关于债权人撤销权的规定提出观点，认为债务人的恶意是撤销权的成立要件，第三人（即债务人的相对人）的恶意是撤销权的行使要件，有前者无后者，撤销权成立但不能行使，有后者无前者则撤销权不能成立。参见陈小君主编：《合同法学》，高等教育出版社 2003 年版，第 189 页。这种学术观点来我国台湾地区学者（如史尚宽：《债法总论》，中国政法大学出版社 2000 年版，第 491 页）。在《民法典》颁布之前，从已废止的《合同法》《合同法解释（一）》《合同法解释（二）》关于债权人撤销权的规定中得不出这个认识；现在，从《民法典》第 539 条至 542 条的规定中也无法看到这种含义。

〔2〕 已废止的《合同法解释（二）》第 19 条给出的量化标准是：①对于《合同法》第 74 条规定的"明显不合理的低价"，人民法院应当以交易当地一般经营者的判断，并参考交易当时交易地的物价部门指导价或者市场交易价，结合其他相关因素综合考虑予以确定。转让价格达不到交易时交易地的指导价或者市场交易价 70% 的，一般可以视为明显不合理的低价；②对转让价格高于当地指导价或者市场交易价 30% 的，一般可以视为明显不合理的高价。

〔3〕 证明责任的分配原则，一般是主张权利者负担证明责任，在撤销权纠纷的证明责任上，固然应由债权人主张撤销权的要件齐备，但是，如果要求债权人证明债务人的相对人知道债务人的行为损害债权，对债权人要求过于苛刻。对此点，台湾地区有的学者的见解较为合理，可资参考的观点有：①受让人明知债务人的行为足以发生损害债权的结果的，即为知道。参见孙森焱：《民法债编总论》（下册），台湾三民书局 1986 年版，第 544 页。②债权人只需证明债务人有超过自己清偿债务能力的财产转让行为，依情形受让人应当知道的，即可推定其恶意。参见黄立：《民法债编总论》，中国政法大学出版社 2002 年版，第 494 页。③债权人证明债务人有超过债务的转让行为，依其周围情形应当为受让人知道，可推定其为恶意，受让人非证明其无诈害的认识的，不得免责。参见史尚宽：《债法总论》，中国政法大学出版社 2000 年版，第 498 页。

其债权实现。能够证明该相对人"应当知道"的，即履行了证明责任。债务人反对撤销的，应当证明其现有资力足以清偿到期债务。债务人的相对人抗辩的，应当证明其受益的正当性、不知道并且不应当知道债务人的行为影响债权人的债权实现。债务人及其相对人不能证明的，债权人得行使撤销权。

债权人证明债务人的相对人恶意，有相当难度。理论界对此问题有不少的研究。早先，在《合同法》颁布后曾经有不少学者发表了一些看法。[1]《民法典》颁布之后，最高人民法院民法典贯彻实施工作领导小组发表观点认为"我们需要找到一个相对客观的判断标准。'以明显不合理的低价'转让，对受让人而言，显然应当知道这是一个非正常的交易，亦应知道如果债务人不是为了逃避债务一般不会如此不顾自己利益而'以明显不合理的低价'转让的，受让人明知这种交易会减少债务人的责任财产，仍与债务人进行交易，一般可推定受让人知道或者应当知道该交易会影响债权人的债权实现，进而认定其主观具有恶意"。"债权人只需要证明债务人的行为有害于债权，且依当时具体情形受让人应当对此是能够知晓的，据此即推定受让人具有恶意。受让人如对此推定不服，则应就其主观上的善意负有证明责任。即通过举证责任的分配来实现对受让人主观恶意认定标准的客观化。"[2]另外，有观点认为，债务人实施有偿行为，"债务人的相对人取得利益也付出了代价，与债务人的行为是无偿行为相比，在设计撤销权成立要件时，需要更重视对交易安全因素的考量，需要更加严格适用"。[3]

本书认为，在社会主义市场经济条件下，如果单纯以价格因素决定相对人的恶意，理由相对单薄，公正性不足，应当综合债务人与相对人之间的近疏关系、交易场所、交易环境以及相关交易条件等，全面考虑，确定相对人对债务人行为的注意义务，既合理保护债权人利益，又防止简单化地根据价

---

〔1〕　最高人民法院有些法官提出，对于受让人的恶意，一般仅要求举证其知道"明显的低价"即可，而不宜要求其知道给债权人造成损害。参见奚晓明主编：《解读最高人民法院司法解释》（民商事卷），人民法院出版社 2006 年版，第 85 页。一些学者也有相同主张，如：①第三人恶意的认定，仅以第三人在行为时知道债务人的行为有害于债权即可，即知道债务人以明显不合理的低价处分其财产。参见陈小君主编：《合同法学》，高等教育出版社 2003 年版，第 189 页。②债权人能够证明依当时的具体情事，债务人有害于债权的事实应为受让人所知的，可推定受让人为恶意。参见张广兴：《债法总论》，法律出版社 1997 年版，第 211 页。③债权人能够证明债务人有害于债权的事实，依当时具体情形应为受益人所能知晓的，可推定受益人为恶意。参见魏振瀛主编：《民法》，北京大学出版社、高等教育出版社 2007 年版，第 345 页。
〔2〕　最高人民法院民法典贯彻执行工作领导小组主编：《中华人民共和国民法典合同编理解与适用》[一]，人民法院出版社 2020 年版，第 538 页。
〔3〕　黄薇主编：《中华人民共和国民法典合同编解读》（上册），中国法制出版社 2020 年版，第 268 页。

格因素撤销债务人和相对人之间交易，造成善意第三人合法权益的损失。

希望有权解释机关尽快作出合理解释，以便正确理解和执行法律。

4. 转得人的恶意。在撤销权关系中，债务人的相对人为第三人，也叫"受益人"，意指因债务人的行为受有利益的人。从受益人得到债务人所转让财产或者财产权利的人，叫"转得人"。转得人的恶意，是指转得人知道债务人与受益人的行为损害债权但仍然转得的心态。受让人为恶意，转得人无偿取得的，不问其有无恶意，债权人得通过法院对转得人行使撤销权；转得人为有偿取得的，知道债务人与受益人之间的行为损害债权的，为恶意，债权人得对其行使撤销权。

四、债权人撤销权的行使

（一）行使方式

债权人须以自己名义通过诉讼方式行使撤销权。其原因在于，撤销权的行使对债务人及其相对人都有重大的利害关系，债权人撤销权的主、客观要件是否齐备，经过法院审判，才能有公平、确定的结果。

（二）行使的主体

债权人须以自己名义，以原告之诉讼地位行使撤销权。债权人为二人以上的，任何债权人均得行使；各债权人可单独行使，也可共同行使。两个以上的债权人以同一债务人为被告，就同一标的提起撤销权诉讼的，法院可以合并审理。

（三）诉讼被告人的确定

债务人以单方行为减少财产的，以债务人为被告。如放弃到期债权的情事。债务人减少财产的行为是双方行为的，以债务人为被告，以受益人为第三人。如赠与、以明显不合理低价转让财产等。

（四）行使期间

债权人须在法定期间内行使撤销权，未在法定期间行使的，撤销权消灭。

1. 债权人撤销权的期间。《民法典》第541条规定，撤销权自债权人知道或者应当知道撤销事由之日起1年内行使。自债务人的行为发生之日起5年内没有行使撤销权的，该撤销权消灭。其中所谓"撤销事由"，是指该法第538条、第539条规定的债务人减少财产影响债权人的债权实现的行为。依此规定，债权人撤销权的期间有两种：

（1）1年期间。该期间的起算点，是"债权人知道或者应当知道撤销事由之日"。其效力是，债权人未在1年的期间届满前行使撤销权的，债务人、受益人得行使灭却抗辩权，否定债权人的撤销权。

（2）5 年期间。该期间的起算点，是债务人的行为发生之日。其效力是，债权人无论是否知道或者是否应当知道撤销事由，未在 5 年期间内行使撤销权的，撤销权消灭。无须债务人、受益人或者受让人抗辩，法院应当主动裁判债权人已无撤销权。

2. 债权人撤销权期间的性质。《民法典》对债权人撤销权的性质未作清晰的界定，从该法第 541 条中规定的"自债务人的行为发生之日起 5 年内没有行使撤销权的，该撤销权消灭"来看，不应认其为诉讼时效期间。因为，诉讼时效期间届满的效果，是债务人得主张抗辩权，不消灭实体权利。而债权人撤销权期间届满，消灭的是撤销权这个实体权利。据此，撤销权期间为除斥期间。

（五）撤销的范围

债权人行使撤销权的范围，以其债权的价值额为限。

债务人减少的财产的价值额，可能大于、小于或者等于债权的价值额，在小于或者等于的情形，债权人得请求全额撤销债务人的行为，以求全面保全债权。在减少的财产的价值额大于债权价值额时，债权人得请求撤销的，不能超过其债权的价值额。法院对债权人撤销的主张进行审理，对其债权范围内的申请部分，依法撤销，该撤销部分所涉的债务人的行为，自始无效，超出债权的部分，仍然有效。但是，债务人行为涉及的财产为不可分物的，除相对人对债权额折价返还债务人外，应当撤销全部行为。

债权人撤销权关系着债权的安全和债务人处分权的自由、第三人的交易安全等，在三者之间，法律虽然着力维护债权安全，但是，不能因此而容许债权人滥用撤销权而损害债务人、第三人的合法利益。既达到债权保全效果，又不致债务人、第三人受到损害，求得三者的合法利益的合理、平衡，是债权人保全权的立法宗旨之一。债权人在其债权额范围内行使撤销权，是达到这一法律宗旨的具体规则。

债权人为二人以上，共同对同一债务人，就同一标的提起撤销权诉讼的，法院合并审理，能够达致上述效果。

行使撤销权的必要费用，由债务人负担。[1]

---

[1]　《民法典》第 540 条。关于债权人行使撤销权的必要费用，在《民法典》颁布前，根据已废止的《合同法解释（一）》第 26 条的规定，行使债权人撤销权的费用，不仅包括诉讼费，还包括债权人行使撤销权所支付的律师代理费、差旅费等。《民法典》颁布后包括哪些具体费用，有待有权解释予以明确。

五、债权人撤销权的效力

（一）债权人撤销权效力的发生

债权人撤销权在法院的判决生效之前，不能当然有效，经法院生效判决确定的，才发生撤销的效力，撤销的效力溯及既往，被撤销的行为自始无效。

（二）债权人撤销权对当事人的效力

债权人撤销权涉及债务人、债务人财产行为的相对人、债权人三方的利害，因此，有三个方面的效力。

1. 对债务人的效力。债务人的行为，被撤销之前充分法律行为生效要件的，具有法律效力；被撤销时，自始无效；部分被撤销的，该部分自始无效，未被撤销部分仍然有效。

2. 对债务人财产行为相对人的效力。该相对人因债务人的行为所受利益，须返还债务人；原先取得物品而原物存在的，应返还原物；原物不存在的，折价返还。相对人因债务人放弃债权受益的，须按照原债权的价值额向债务人给付。相对人不返还的，债务人有权请求法院强制执行。

相对人有偿取得的，在返还时对债务人有价款或已给付利益的返还请求权。

3. 对债权人的效力。

（1）行使撤销权的债权人没有优先受偿权，不能就被撤销行为所涉财产优先受偿。撤销权生效时，债权人无权向相对人请求清偿，相对人给付债务人的财产，归入债务人的总财产，作为责任财产。[1]

（2）相对人不按照生效判决向债务人给付财产，债务人怠于行使其债权的，债权人得行使代位权。

---

[1] 对债权人撤销权的效力，有两种学说：①效力相对说。认为债权人撤销权的效力，是使损害债权的行为相对无效，也就是债务人的行为被撤销，只在满足原告债权的范围内有效，债务人与受益人之间的行为仍然有效，债务人不得主张撤销。②效力绝对说。认为债务人的行为被撤销的，对任何人均为自始无效，受益人应负回复原状或损害赔偿责任，因撤销权的行使，由债务人脱离之物或者权利，复归债务人，撤销的效力及于恶意转得人，其亦负有回复原状或者损害赔偿责任。参见史尚宽：《债法总论》，中国政法大学出版 2000 年版，第 498～501 页；黄立：《民法债编总论》，中国政法大学出版社 2002 年版，第 494～495 页；奚晓明主编：《解读最高人民法院司法解释》（民商事卷），人民法院出版社 2006 年版，第 84 页。按照效力相对说，债权价值额小于债务人减少的财产的价值额的，债权人撤销权的效力限于债权价值额范围，行使撤销权的费用，由债务人负担，得计入债权人请求的范围。按照效力绝对说，债权人得请求撤销债务人的整个行为，使债务人与受益人之间的行为全部自始无效，所涉财产全部回归债务人。据此分析，《民法典》第 540 条应属采取了效力相对说。

（3）债务人自相对人获取返还利益但不向债权人清偿的，债权人须通过请求法院强制执行获得清偿。

（4）债务人有数债权人的，各债权人按照其债权比例，就债务人责任财产求偿。

六、债权人撤销权的消灭

债权人撤销权因行使、抛弃、除斥期间届满而消灭。

债权人抛弃撤销权，应向债务人或者受益人为意思表示，仅向债务人或受益人表示抛弃的，亦对二人发生抛弃的效果。

债务人有数债权人的，一债权人抛弃撤销权，不影响其他债权人的撤销权，债务人和受益人不得就该债权人之抛弃，对抗其他债权人。

第九章

债的移转

【本章提要】债的移转是指债权、债务在不同主体之间的移转，包括债权转让、债务承担、债权和债务的概括承受。债权转让是债权处分行为，通常不需要债务人同意，但债权人不通知债务人的，转让行为对债务人无效，债务人得予抗辩。债务承担涉及承担人有无清偿债务的能力，因此须经债权人同意。《民法典》第三编第六章规定了合同的变更和转让，在民法理论上属于债的移转中的合同之债的移转，法定之债也有债权转让、债务承担问题。

债权转让的效力，发生于转让人、受让人、债务人之间，受让人成为债权人，因此，转让的生效条件、转让通知及其效力是重点；债务承担，第三人在具备一定条件时成为债务人，所以，债务承担的构成要件是重点。

深层问题是，债权、债务成为交易对象，确保其交易自由和安全是关键。

第一节 概述

一、债的移转的意义

债的移转，是指债权、债务因特定原因在不同主体之间移转。

如甲、乙协议，甲将自己的债权转让给乙。再如，因为继承，债务人薛某的遗产由其子概括继承，薛子不但取得薛某的房屋、存款等，还承受了用薛某的遗产清偿薛某生前个人债务的义务。还如，法院的生效判决判定，因 L 公司兼并了 M 公司，M 公司的积极财产和消极财产（债务）概括地归属 L 公司，M 公司原欠 N 公司 1000 万元货款，应由 L 公司负担清偿义务。

对上述定义解说如下：

（一）债的移转是债权、债务在不同主体之间的移转

债的移转，基本特点是债权、债务本身无变化，而债权人或者债务人发生了变换。债权人变换的，是"债权转让"，由债权人将其债权转让给受让人，受让人取代原债权人的法律地位；债务人变换的，是"债务承担"，由第三人替代债务人负担债务，或者由第三人加入，与债务人共同负担债务。

（二）债的移转出于特定原因

所谓特定原因，有三种：法律行为、法律的规定、法院裁判。

法律行为者，如前述甲、乙之间的债权转让协议。

法律规定者，如前述薛子根据继承法概括继承薛某的遗产。

法院判决者，如前述 L 公司兼并了 M 公司，替代 M 公司成为 N 的债务人。

二、债的移转是债的变更的主要类型

债的变更，有广、狭二义。广义者，泛指债的三要素的变化，包括主体的变更、客体的增减、内容的扩缩等。狭义者，仅指客体、内容的变更，不包括主体的变更。主体的变更，属于"债的移转"，是债的变更的主要类型。

债的变更不同于债的更改。债的更改，是主体不变而为了消灭旧债成立新债。通俗地说，就是以新债替换旧债，用新合同取代原合同。《民法典》未明确规定这个制度，但是在实务中并非没有这种情况，法律并不禁止。

债的内容、客体的变更，其特点是个别性大于共同性，难做抽象之概括，因此在立法例上分散规定于相关制度。债的主体的变更，共同性突出，能够抽象出一般性规则，所以在债法中有突出的地位。如《民法典》第三编第六章"合同的变更和转让"，共 14 条，关于合同债权转让和债务承担的规定有 12 条（第 545 条至第 556 条），关于合同变更的仅两条（第 543 条、第 544 条）。在债法理论上，"债的移转"也是研究的主要问题之一。本章适从立法体系和学科体系的特点，对"债的移转"的法律规范和原理进行解析。

三、债的移转的性质

债的移转，是相对性财产权流通转让的形式，是债权、债务交易的方式之一。

债权是财产权，除债权性质限制、法律明文禁止、当事人特别约定限制者外，能够以多种方式在民事主体之间自由流转。债权有处分权能，债权人得在法律不禁止范围内，按照其意思表示自由处分其债权，债权交易，就是这种处分的典型。

债务虽然是法律上的不利益，但是，由于它的财产性，也能够用于交易。

在债的移转的各种方式中，债权交易的方式具有重大的意义。

受市场经济的引导，人们享有债权，在很大范围、很大程度，不再单纯地为实现"给付受领权"和"给付请求权"直接获取"给付利益"，而是为了利用债权的处分权，把债权当作交易对象进行交易。在一定意义上，"债权已不是取得物权和利用物的手段，它本身就是法律生活的目的。经济价值不是暂时静止地存在于物权，而是从一个债权向另一个债权不停地移动"。[1]诸如"债券交易""期货交易""票据贴现""债权质押""债权买卖"等，已经成为我国经济生活中正常的、普遍的现象。

四、债的移转的种类

（一）债权转让、债务承担、债权和债务的概括承受

债权转让，是债权人将其可转让债权转让于受让人的法律行为。如债权人赠与或者有偿转让其债权。

债务承担，是债之外的第三人，替代债务人承担债务或者与债务人共同承担债务的法律行为。

债权、债务的概括承受，是债权、债务因特定法律事实全部归属一人。

（二）因法律行为移转、因法律规定移转和因裁判移转

1. 因法律行为的移转。包括：因单方法律行为的移转，如债权遗赠。因双方法律行为的移转，如第三人与债务人签订债务承担合同并经债权人同意，由第三人承担债务。

2. 因法律规定的移转。主要有五种：

（1）继承。自然人死亡的，其生前的债权、债务因继承可以移转至继承人。

（2）合同当事人地位的概括承受。如《民法典》第725条规定的"买卖不能打破租赁"，即租赁物在承租人按照租赁合同占有期限内发生所有权变动的，不影响租赁合同的效力的情形，买受人替代出卖人而成为出租人，概括承受租赁合同的权利义务。

（3）连带债务人清偿债务后的内部求偿权。连带债务人清偿债务者，有权请求其他连带债务人偿付他应当分担的份额。在此场合，已为清偿的连带债务人的内部求偿权，实质上是债权人转让的债权，是扣除了已为清偿者应负担部分的债权。

（4）保证人的求偿权。保证人履行保证债务后，取得债权人地位，对被保证人有求偿权。该权利，实际上是债权人转让之债权。

（5）保险人的求偿权。保险人依据保险合同向债权人支付保险金之后，

---

[1] 转引自［日］我妻荣：《债权在近代法中的优越地位》，王书江、张雷译，中国大百科全书出版社1999年版，第6~7页。另可参见［德］拉德布鲁赫：《法学导论》，米健、朱林译，中国大百科全书出版社1997年版，第64~65页。这一段话，在这两本书的中文译本中有所不同。

对造成损害的人有代位求偿权。此为债权人转让之债权。

3. 因裁判的移转。法院或仲裁机构的关于债的移转的生效判决、裁决，得发生债的移转的效果。

（三）特定承受和概括承受

1. 特定承受。债权单独移转的，是债权的特定承受。债务单独移转的，是债务的特定承受。债的移转的理论，以此类型为主要研究对象。

2. 概括承受。债权、债务因特定法律事实而作为整体，全部归属一人的，是债权、债务的概括承受。典型如法人合并而新法人概括承受合并前法人的债权、债务，继承人概括继承被继承人的债权、债务等。

五、债的移转的经济原因

债的移转，以债权、债务的交易为主要原因。债权、债务的财产性和信用性，使其得为交易对象。如债权转让，债权人将其债权转让给受让人而取得对价利益，就是债权的交易。而债务承担，承担人取代原债务人的地位而清偿其债务，目的不是施惠于原债务人，而是为抵销自己对原债务人的债务，或者在履行债务之后取得债权。

六、债的移转的立法概况

1804 年的《法国民法典》首先确立了债的移转制度，[1]将其作为"债的更新"规定在债的消灭的原因中。1900 年施行的《德国民法典》，债的移转制度与债的消灭制度分立，作为独立的债的变动原因，在第二编"债务关系法"中专设第五、六两章，[2]以 22 个条文，作了系统规定。

我国民国时期的民法典债编，借鉴德国民法规定了这一制度。

《民法通则》制定之时，由于计划经济思想对债权立法尚有重大影响，仅对合同之债的移转设置了一个条文（第 91 条）。到《合同法》施行时期，我国已经确立了社会主义市场经济制度，合同之债的移转成为正常之社会经济活动。债法是直接反映市场规律的法律制度，债权交易是市场活动的重要内容之一，债的移转制度当然势在必行。《合同法》在总则部分专以第五章 12 个条文（第 79 条至第 90 条），构建了相对完整的合同之债的移转制度。《侵权责任法》对侵权之债中债的移转问题没有规定，从法理和立法例的角度讲，侵权之债中，非人身性质的或者非专属性的债权、债务，都能够移转。如甲

---

〔1〕　参见张俊浩主编：《民法学原理》（下册），中国政法大学出版社 2000 年版，第 695～696 页。
〔2〕　参见张俊浩主编：《民法学原理》（下册），中国政法大学出版社 2000 年版，第 695～696 页。

损坏乙的财产无力赔偿，丙自愿承担该债务并经债权人乙同意，当然能够发生债务承担的效果。

《民法典》第三编第六章吸收了《合同法》中合同债权移转的规范，并增添了一些新的规定。另外，根据《民法典》第 468 条之规定，非合同产生的债权债务关系，能够适用第三编第六章关于合同变更和转让的规定。

第二节　债权转让

一、债权转让的意义和特点

（一）意义

债权转让，是债权人将其可转让债权转让于受让人的法律行为。又称"债权让与"。

债权人叫"让与人"，依债权转让取得债权的人是受让人。

债权转让的效果，是转让的债权转移至受让人，受让人取得债权取代让与人而成为债权人。

转让之债权须有可转让性。依法受有转让限制的债权，不得转让。

《民法典》第 545 条至第 550 条规定了合同债权转让制度。

（二）特点

1. 是债权处分行为。债权转让的目的是将债权直接移转给受让人，法律效果是让与人不再享有转让的债权，受让人继受取得债权成为债权人，双方的法律地位发生替换。

2. 以可转让债权为标的。首先，债权转让以债权为标的。此时，债权如同"物"，成为"行为标的"。

同时，债权转让的标的，是"具有可转让性的债权"。如果转让的是"不可转让的债权"，因标的不可转让而转让行为无效。

3. 以通知债务人为对债务人生效的条件。债权转让是债权处分行为，故无须债务人同意；但因发生债权人的变换，须通知债务人方对债务人发生债权移转于受让人的约束力；不通知债务人的，债务人对受让人有抗辩权，仍得向原债权人给付而原债权人不得拒绝受领。

4. 债权人变换，债的内容和客体不变。此一点，本章第一节已有说明，不赘述。

二、债权转让合同与债权转让

债权转让合同与债权转让是密切关联的两种法律行为。

债权转让合同是让与人同受让人订立的以转让特定债权为目的的合同。该合同是债务负担行为，让与人依合同负担了将特定债权转让受让人的债务。

债权转让是债权处分行为，让与人依合同为转让行为，该债权即移转于受让人。

转让合同是原因行为，以债权转让为目标，债权转让是结果行为，是转让合同履行的效果。

债权转让合同是诺成合同，合同成立时，让与人负担为转让行为的义务。而债权转让的生效，依所转让的债权的特点，有的在转让合同成立时生效、受让人同步取得债权，有的则以履行特别手续为生效要件，受让人在相关手续完成时才取得债权。

债权转让合同是不要式合同。法律仅对应当办理登记手续者有要式的具体要求，如房屋买卖合同债权的转让须订立书面合同，对其他则无合同形式方面的强行规定。

三、债权转让合同的生效条件

债权转让合同，除须具备合同的一般生效要件之外，还必须具备下列条件：

（一）须转让的债权有效

债权无效的，不能转让，否则不生转让效力。

转让的债权，原则上应当效力齐全。例外的是，受让人同意的，债权欠缺某一效力的，也可以转让。如下述四种债权，得为转让。但是，发生不能使受让人有效得到债权的情况时，受让人得对让与人主张转让无效，请求返还所支付的对价利益或者赔偿损失。

1. 效力待定的债权。效力待定的债权，适用效力待定法律行为的规则，如果权利人拒绝的，债权无效，转让行为也无效。

2. 可撤销的债的债权。该债权被撤销时，适用可撤销法律行为的制度，债权无效，转让行为也无效。

3. 诉讼时效届满的债权。诉讼时效期间届满，债权不消灭，故可转让。但是债务人行使时效已过的抗辩权拒绝履行的，受让人得向让与人主张转让无效。

4. 附条件的债权。条件成就或不成就而债权不能生效或失效的，受让人得主张转让无效。

（二）须转让的债权有可转让性

一般情况下，以财产给付为内容的债权都可以转让，但是也有例外，《民法典》第 545 条有具体的除外规定。转让的债权不具备可转让性的，转让无效。

（三）须当事人就债权转让达成有效之合意

债权转让合意是合同，适用合同生效的规则。没有转让合意或合意无效的，不能发生债权转让的效果。

（四）须让与人对转让的债权有处分权

债权转让是处分行为，故让与人对转让的债权一般应有处分权。在特殊情形，对他人的债权，让与人得以取得处分权或债权为条件，为债权转让。

四、债权转让的限制

债权转让，以具有可转让性的债权为限。为使债权人得在法律不禁止的范围内，自由转让其债权，法律没有从正面规定哪些债权具有可转让性，而是反方向地规定哪些债权不得转让。

禁止转让的债权，是依法不可转让的债权。转让该类债权的，转让合同和转让行为都无效。这类债权，法律采用了"不得转让"的强制性规定。

根据《民法典》第 545 条，有三类"禁止转让的债权"。

（一）根据债权性质不得转让的债权

主要包括：

1. 注重当事人间特殊信任关系的债权。如雇佣、委托、承揽加工、租赁、借用等合同债权。这些合同的债权，具有特定的人身信任的成分，债权人将债权转让他人，会导致债务人对债权人的人身信任落空、利益受损。如承揽合同关系中，定作人将其合同债权转让给第三人，由于承揽人对第三人的资信没有了解和信任，就使得承揽人对定作人的资信信任落空。

2. 专属特定债权人的债权。如人身损害赔偿债权、抚恤金债权等。

3. 不具有独立性的从债权。如保证债权、定金债权等。但是，能够与主债权分离的从债权，可以单独转让。如利息债权。

4. 债权人变换导致给付内容随之改变的债权。如医疗合同，原约定乙为甲实施医疗，甲不得将其债权转让他人。又如技术咨询、技术服务等合同债权。

5. 不作为的债权，非一并转让发生不作为债务的原因事项的，不得转让。如营业竞争禁止的合同债权，未转让营业者，不得单独转让此债权。

（二）按照当事人约定不得转让的债权

当事人约定不得转让第三人的债权，不得转让。债权人违反约定而转让的，转让对债务人无效。典型如票据债权，票据权利人转让记载有"不得转让"文字的票据的，对记载者不发生票据债权转让效果。[1]

债权人和债务人可以约定债权不得转让第三人，但得转让债务人。在此情形，相对的债权、债务同归一人，发生债权、债务因"混同"而消灭的效果。

（三）法律规定不得转让的债权

如法律允许在我国民事主体之间流转但是禁止转让给外国人的文物，买受人即不得将收取标的物的债权转让给外国人。又如，某些药物只能在特定的民事主体之间流转，有合法购买资格的一方当事人就不得将收取该种药物的合同债权转让给没有合法资格的人。否则，不但转让无效，行为人还要承受其他法律上的不利后果。

五、债权转让的效力

债权转让，发生对内效力和对外效力。对内效力是发生于让与人和受让人之间的效力。对外效力是发生于转让当事人与债务人之间及第三人之间的效力。

（一）对内效力

债权转让的对内效力可概括为，所转让债权的全部内容与瑕疵一并移转于受让人。具体讲，对内效力包括：

1. 转让的债权移转至受让人。受让人成为债务人的债权人，让与人不再是债权人。

2. 除法律另有规定或当事人另有约定者外，转让的债权的从权利，一并移转于受让人。债权的从权利如抵押权、质权、保证债权、定金债权、未来利息的债权、违约金债权、损害赔偿债权等，在无相反规定和约定的情形，均随主债权一并移转。

质权随其担保的债权转让时，让与人应当向受让人交付质押财产；以登记为生效要件的抵押权随债权移转的，应当依法完成抵押权移转登记。

专属让与人的从权利、让与人与债务人有相反约定的从权利，不发生与

---

[1]《票据法》第34条规定，背书人在汇票上记载"不得转让"字样，其后手再背书转让的，原背书人对后手的被背书人不承担保证责任。

债权一并移转的效果。[1]前者如留置权，留置权人将其债权转让他人，留置权不发生转让。后者如债权人与抵押之第三人约定不得转让抵押权。

3. 让与人须向受让人提供实现债权的一切必要条件。为使受让人及时、方便地保全债权、实现债权，让与人负担下列义务：

（1）须将所转让债权的证明文件全部交付受让人。让与人应当交付的债权证明文件，包括债权证书、合同书、账簿、证明债权的往来信函电报以及其他一切足以证明债权的文件。债权证明为网络数据信息的，应当提供足以复制数据信息的相关条件。

（2）须将有关债权实现的一切必要情况及时告知受让人。包括债务履行期、履行地、履行方式、债权的担保，以及债务人可能主张的抗辩等。

让与人不履行这些义务的，构成"不完全给付"，受让人有权请求法院强制执行，并得请求损害赔偿。

4. 债权瑕疵移转于受让人。所谓债权瑕疵，是指债权效力上的缺陷。其犹如器物的品质缺陷，必有效能的不达。举凡要因债权的原因不存在或者不合法、债权存在可撤销事由，诉讼时效期间届满等，都属此弊。换言之，债权存在的、债务人得以其对抗债权主张的事由，都构成债权瑕疵。

转让债权的瑕疵，由受让人全盘继受，债务人在收到"债权转让通知"时得对抗让与人的事由，皆得用于对抗受让人。[2]转让当事人之间订有债权瑕疵不移转约定的，对债务人没有约束力。如，转让的债权有诉讼时效期间届满的瑕疵，债务人以此抗辩的，受让人应受不利后果。

5. 让与人对所转让债权的瑕疵，一般负担保责任。债权在转让时存在瑕疵的，让与人负担权利瑕疵担保责任。该项责任，可以是除去瑕疵，圆满债权的效力，使受让人得实现债权。也可以是赔偿损失，使受让人避免因债权瑕疵而受损害。还可以双方返还，回复转让前的财产原状。

例外的是，受让人在受让时知道债权瑕疵的，让与人免除责任。

转让后新生的债权瑕疵，让与人不负担保责任，受让人自负其责。

6. 让与人对债务人的偿债资力，有条件地负担保责任。让与人对债务人的支付能力，一般不负担保责任。

但是，有偿转让且转让当事人另有约定的，债务人没有支付能力时，让

---

[1] 《民法典》第547条第1款规定，债权人转让权利的，受让人取得与债权有关的从权利，但是该从权利专属于债权人自身的除外。

[2] 依《民法典》第548条，债务人接到债权转让通知后，债务人对让与人的抗辩，可以向受让人主张。

与人对债权移转当时债务人的支付能力负有担保责任，若债务人于此时已无支付能力的，受让人得向让与人主张返还财产。

（二）对外效力

债权转让的对外效力，包括两个方面的效力：

1. 在转让当事人与债务人之间的效力。《民法典》采用折中主义模式，对一般债权的转让，适用"转让通知原则"。对某些特殊债权的转让，采用自由转让、债务人同意等特别规则。[1]

《民法典》第 546 条第 1 款明定："债权人转让债权，未通知债务人的，该转让对债务人不发生效力。"此所谓"该转让对债务人不发生效力"，即是债务人仍得以让与人为债权人而为给付，让与人不得拒绝受领的意思。

（1）债权转让对债务人，一般以通知为生效要件。

第一，让与人须向债务人为债权转让通知。通知的方式，法律并无特别要求，让与人口头、书面通知，或者受让人向债务人提示转让合同等，一切可达通知效果者均可。不过，为稳妥起见，慎用口头方式。重大的债权转让，使用专门的"债权转让通知书"效果可靠。

第二，债务人接到债权转让通知时，转让行为对债务人生效。此效力主要有：①债务人须以受让人为债权人，不得再向让与人履行；②债务人对原债权人得主张的抗辩权，对新债权人也得主张；③债务人已向让与人所为给付、让与人已对债务人进行的债务免除、抵销等有效；④债务人对让与人享有债权，并且其债权先于或同时于让与的债权到期的，债务人得向受让人主张抵销；⑤债权转让通知到达债务人，而债权人未让与或让与行为无效的，发生"表见让与"的效力。即债务人基于对债权转让通知的信赖，向表见受让人给付的，债权人只能对表见受让人主张给付利益返还，不得要求债务人向自己再为给付。

第三，债权转让通知须在履行期届至前到达债务人。受让人在履行期届

---

[1] 立法例上，关于债权让与如何对债务人生效的规定并不一致。有所谓"自由让与原则""债务人允诺原则""让与通知原则"。自由让与原则，是指债权让与由债权人自由决定，有让与当事人的债权让与合同的，就对债务人发生让与的效力的法律规则。《德国民法典》第 398 条规定："债权人可以通过与他人订立的合同而将债权转让他人。合同订立时，新债权人代替原债权人。"这一立法的主要原因，在于立法理论认债权让与为债权处分行为，债权的变动，以权利人处分权利的意思表示为依据。"债务人允诺原则"，即债权让与须经债务人同意才能对债务人生效的法律规则。《日本民法典》第 467 条为其表现形式。让与通知原则，是指债权让与须让与人或者受让人通知债务人才对债务人生效的法律规则。《法国民法典》第 1690 条第 1 款规定："受让人，仅依其向债务人送达转让通知，始对第三人发生占有权利的效力。"

至时提示让与合同的，也属有效通知。履行期后通知到达的，受让人可以抗辩。

债权转让通知的重要作用，由其合理性所决定。债权转让当事人之间，依债权转让合同发生债权移转的效力。但是，债权转让合同受限于合同效力的相对性，不能当然地对债务人发生约束力。债务人不知债权转让时，仍得以让与人为债权人而为给付，让与人不得拒绝受领。如此，受让人得不到给付利益，债权让与劳而无功。所以，欲使债权让与奏效，必使债务人知晓让与之情事。

（2）法律特别规定或者根据交易习惯可以自由转让的债权，采自由转让原则。典型如无记名证券债权等债权的让与。

（3）法律规定或当事人约定须经债务人同意的债权转让，采债务人同意原则。在此情形，债权人不但要将债权转让事项通知债务人，而且须经债务人同意，转让行为才能对债务人有效。《民法典》第 555 条规定，当事人一方经对方同意，可以将自己在合同中的权利和义务一并转让给第三人。

（4）债权转让生效后让与人不再有债权人地位。债权转让对债务人生效后，让与人是否退出债权、债务关系，有不同情况。在单务之债，让与人享有债权而无债务，债权让与生效，他即刻退出债权关系；在双务之债，让与人的债权以负担对待债务为条件，债权转让生效时，他失去债权人地位，但是，他所负债务，不必然随债权移转于受让人，他可能仍然在债中担当债务人。如，买卖合同的出卖人将其价款债权转让给甲而保留自己交付标的物的债务。

（5）债权转让通知非经受让人同意，不得撤销。债权转让通知是"观念通知"，其效果是向债务人通知债权转让的事实。因此，一旦通知到达债务人，就发生债权业已让与的通知效果，不得随意撤销。但是，经过受让人同意的，让与人可以通知债务人，撤销让与通知。

2. 在转让当事人与第三人之间的效力。债权转让，通常发生于让与人、受让人、债务人之间，与债务人之外的第三人不发生利害关系，因此也不存在债权转让对第三人的效力问题。但是，遇有特殊情形，第三人因债权转让受有利害的，也会在让与当事人与第三人之间发生一定效力。该特殊情形，主要有"债权多次转让""第三人清偿债务"。

（1）债权多次转让。债权人将已转让的债权再度转让第三人，且债务人向该第三人为给付的，发生多次转让。在多次转让，势必有一受让人不能获得清偿。

如，甲就其对乙之债权，先后分别与丙、丁订立债权转让合同。丙、丁都是受让人，但二人受让的是同一债权，债务人乙不可能向二人俱为清偿。

由于《民法典》对一般债权采"转让通知原则"，转让通知对于债务人而言，既是其受债权转让约束的界限，也是其向受让人给付的有效依据，故有通知者，新债权人当获清偿，应无异议。有疑问者：①多个受让人都有让与通知到达债务人，债务人当如何处之；②受让在后但让与通知在先，债务人已向其为给付的，效力如何。对前述疑问情事，《民法典》没有规定，最高人民法院也未及解释。从债权让与原理方面分析，下陈见解可资参酌。

对第一种情事，根据债权转让对债务人"通知生效原则"，应当以转让通知到达债务人的时间先后为根据，确定新债权人。最不宜以债权转让合同上记载之日期判断转让先后的时间。[1]为保护债务人利益，应由债务人选定一受让人为债权人，其他人应认可债务人的选择，转向让与人请求给付不能的损害赔偿。

对第二种情事，后受让人非为恶意者，已获给付，不应承受不利。[2]债务人依转让通知为给付，亦属正当，不负担恶意给付责任。先受让人虽受让在先而转让通知在债务人给付之后，不可归咎于债务人，应当承认债务人给付之效力。让与人多次让与，重复取得让与对价利益，过失在所难免，构成不当得利，理应对先受让人负担返还义务。[3]

（2）第三人清偿债务。第三人清偿债务，特指在债务人接到转让通知之前，第三人向让与人清偿债务。分为有利害关系第三人的清偿、无利害关系第三人的清偿。前者如债务人的保证人清偿，后者像无因管理人清偿。债务人接到转让通知后第三人清偿的，让与人因已无债权，无权受领给付，否则构成不当得利；第三人向新债权人清偿的，不发生债权让与对第三人效力问题。

有利害关系的第三人于债务人收到转让通知前向债权人清偿的，债权人

---

[1] 史尚宽先生曾告诫："盖第一受让之通知到达在后，其是否有串通债权人而倒填月日之情形，债务人无从辨认。所谓第一受让人非必为真正债权人也。"参见史尚宽：《债法总论》，中国政法大学出版社2000年版，第733页。

[2] 后受让人恶意者，或者无偿受让者，不在此列。

[3] 对此，《德国民法典》第408条第1款、第407条第1款可为参考。第408条第1款关于"多次让与"规定："所让与的债权被原债权人再度让与给第三人，且债务人向该第三人履行给付。或在债务人和该第三人之间，已实施某一法律行为，或诉讼处于未决状态的，为债务人的利益，第407条的规定准用于前取得人。"第407条第1款规定："对于债务人在债权让与后向原债权人履行的给付，以及债权让与后在债务人和原债权人之间就债权所实施的一切法律行为，新债权人必须承认其效力，但债务人在给付时或法律行为实施时知道债权让与的除外。"参见陈卫佐译注：《德国民法典》，法律出版社2006年版，第142、143页。

受领给付须将其债权让与该第三人，发生债权转让效果。该第三人取得债权人地位，其与债务人的关系，适用债权转让规则。如保证人为被保证的债务人清偿债务后，以自己名义代位行使债权人的权利，债务人按照债权转让，对保证人负担债务，并得向保证人主张对原债权人的抗辩事由和抵销权。

无利害关系的第三人，得到债务人同意或者追认，或者符合无因管理之条件，于债务人受转让通知前向债权人清偿的，适用债权转让规则，债务人对该第三人负担债务。

第三节　债务承担

一、债务承担的意义、种类、性质和特点

（一）意义

债务承担，是第三人或取代债务人地位而成为新债务人，或加入债务关系与债务人共同负担债务的法律行为。

《民法典》第551条至第554条规定了合同债务承担制度。在法定之债也能发生债务承担。

简要的解说：

1. 债务承担涉及三方当事人。债务承担的当事人有三方，包括债权人、债务人、第三人。其中，债务人通称"原债务人"；第三人叫"新债务人"，又称为"承担人"。

2. 债务承担，是新债务人承受已有债务的负担行为。债务承担是负担行为，发生债务归属新债务人的法律效果。债务承担是既有债务的特定承受，新债务人承受原债务人所负债务。

3. 债务承担须债权人同意。债务承担，由承担人向债权人为债务承担的意思表示，债权人同意的，始为生效。[1]

4. 债务承担的法律效果，是承担人具有新债务人的法律地位。债务承担成立的，新债务人依据其与债权人之间的债务承担合意，或取代原债务人独立负担全部债务，或与原债务人共同负担债务。

---

[1] 《民法典》第551条规定："债务人将债务的全部或者部分转移给第三人的，应当经债权人同意。债务人或者第三人可以催告债权人在合理期限内予以同意，债权人未作表示的，视为不同意。"

（二）种类

债务承担分为两种：

1. 免责的债务承担。新债务人取代原债务人而使原债务人免除债务，完全脱离债务关系的，是免责的债务承担。也叫"单纯的债务承担"。

2. 并存的债务承担。新债务人加入债务关系与原债务人共同负担债务的，是并存的债务承担。也叫"债务加入"。

免责的债务承担和并存的债务承担，属于广义的债务承担。狭义的债务承担，是指免责的债务承担。通常所说的债务承担也多为狭义。

（三）性质

1. 债务承担是新债务人承受原债务人的债务的行为。债务承担，新债务人进入债权债务关系，债的主体变动，债权、债务没有变化，新债务人承受的是原债务人负担的同一债务，包括无争议债务、生效裁判确定给原债务人的债务等，不发生新债务的负担，也不是《民法典》第523条规定的第三人履行。

2. 债务承担是以债权人同意为生效要件的行为。根据《民法典》第551条的规定，债务承担，须经债权人同意，才发生债务承担的效果。债务人与第三人约定债务承担，或第三人向债权人表示自愿承担债务，未经债权人同意的，不发生债务承担的效果。

3. 债务承担是不要因行为。债务承担，经债权人同意即告生效，不要求有承担原因。至于承担人与原债务人之间，有无承担原因，是何原因，不能作为承担人对抗债权人的抗辩事由，对债务承担的效力无影响。

（四）特点

1. 免责的债务承担的特点。①新债务人取代原债务人的地位，独立负担全部债务。②第三人承担债务以债权人同意为生效要件。③原债务人免除债务、退出债务关系，债权人不得再对其主张债权。

2. 并存的债务承担的特点。①新债务人加入债务关系，原债务人的地位无变化。②第三人加入债务关系通知债权人，债权人未在合理期限内明确拒绝的，加入生效。③新债务人和原债务人共同负担原有债务，第三人加入后，在其向债权人表示的愿意承担的债务范围内和债务人承担连带债务。[1]

---

〔1〕《民法典》第522条规定："第三人与债务人约定加入债务并通知债权人，或者第三人向债权人表示愿意加入债务，债权人未在合理期限内明确拒绝的，债权人可以请求第三人在其愿意承担的债务范围内和债务人承担连带债务。"对此规定，应有两点注意事项：①如何理解"合理期限内"。本书认为，应以债务履行届至为准，但是，第三人对债权人有明确的期限表示的，应以该明示的期限为准。②如何理解和解释第三人"愿意承担的债务范围"。本书认为，应以第三人对债权人明确表示的债务范围为根据。

二、债务承担的构成要件

（一）须有可移转的债务

可移转的债务，是债务承担的标的要件。这一要件包括三层意思：

1. 须有债务。债务是债务承担的标的，以不存在的债务进行承担的，不发生债务承担的效力。以将来可发生的债务为债务承担者，在债务发生时债务承担始得生效。对诉争中的债务为承担者，生效判决确定该债务的，承担生效。

2. 须债务不违反强制性法律规范，不存在其他无效因素。不法债务不能发生债务承担。有其他导致无效的因素的债务，不能成为债务承担的对象。但是，效力不完全的债务，经承担人同意者得发生承担效力。

3. 须债务具有可移转性。债务具有可移转性的，方得施行承担。从反面讲，凡性质上、法律上、约定上受有移转限制的债务，均不得发生承担。对此点，可参考前节第四目"债权转让的限制"的内容，认知债务的可移转性。

（二）承担人和债权人之间须有债务承担合同

债务承担合同，是当事人之间的以"使承担人成为债务人"为内容的合同。

债务承担合同界定债务承担的类型、债务范围等，是债务承担的形式要件。

承担人与债权人之间无债务承担合同的，无法确定债务承担的内容，不生债务承担的效力。承担人经债权人同意承担债务的，与债务人有无债务承担合同，不影响债务承担的效力。

《民法典》对债务承担合同未做具体规定，从债法原理上讲，此类合同应当适用本法第三编"合同"编第一分编的相关规定。

债务承担三方当事人之间，可以有三个债务承担合同。各合同的当事人、内容、效力等都有差别。

1. 债务人与新债务人之间的债务承担合同。

（1）合同内容。必须明确"债务承担"或者债务移转于新债务人的事项，以区别于债务人同第三人订立的"履行承担"合同。[1] 否则，易节外

---

[1] 履行承担，是第三人与债务人约定，不变换债务人地由第三人代债务人向其债权人清偿。其特点主要有：①不变换债务人，债务人仍对其债权人负担债务，第三人不成为债务人而在债务关系之外为债务人履行；②效力是由第三人向债务人的债权人清偿债务，如果未为清偿而由债务人清偿的，债务人有权请求第三人向自己给付。③效力仅发生于第三人与债务人之间。债权人对第三人无任何权利，只能对债务人主张债权。参见陈卫佐译注：《德国民法典》，法律出版社2006年版，第122、145页；史尚宽：《债法总论》，中国政法大学出版社2000年版，第741页；张广兴：《债法总论》，法律出版社1997年版，第246页。

生枝。

（2）合同形式。该合同为不要式合同，除法律有特别要求者外，口头、书面均可。重要的债务承担，以书面为妥。

（3）合同效力。该债务承担合同经债权人同意时，债务移转于新债务人。未经债权人同意的，不生债务承担的效力，债务人仍应一如既往地向债权人清偿。

（4）合同为不要因合同。债务承担合同经债权人同意发生效力，债务移转于新债务人，此后，债务承担合同无效或者被撤销的，无碍债务承担的有效性。债务人、作出债务承担意思表示的第三人主张债务承担合同无效、撤销的，须于债权人同意前提出，否则，应承受债务移转于新债务人之后果。

（5）合同的生效要件。根据《民法典》第551条的规定，债权人同意是债务移转的生效要件。

债务人与承担人所定债务承担合同，是其双方的合意，并无债权人意思在内，不能以他们的行为对债权人产生约束力。而且，承担人成为债务人，其履行能力和诚信程度必当使债权人相信，才符合债的信用性质。为防止债务人和承担人损害债权人权益，大陆法系国家的债法和债法理论，基本都确认该种合同须经债权人同意，才能对其发生效力，产生债务移转于承担人的效果。

对债务人与承担人之间的债务承担合同的性质，有四种学说，包括："要约说""债权处分说""代理说""为第三人的合同说"。其中，"债权处分说"和"要约说"在立法例上占主要地位。[1]

2. 承担人与债权人之间的债务承担合同。

（1）效力。债务承担合同成立时，原债务人的债务移转于新债务人；新债务人清偿债务的，有权请求原债务人补偿。[2]

---

[1]　"要约说"认为，债务人与承担人之间的合同，系对债权人的要约。经债权人承诺后，债务始发生移转效力。"债权处分说"认为，债务人与承担人订立使债务移转的合同，包含了对债权人债权的处分，因此须经债权人同意才能生效。此说为德国多数学者赞同。"代理说"认为，债务人移转债务是债权人未授权的代理，故须经债权人的追认才对债权人生效。"为第三人的合同说"认为，债务人与承担人的合同，是为债权人订立的合同，债权人依此合同成为新债务人的债权人。参见张俊浩主编：《民法学原理》（下册），中国政法大学出版社2000年版，第701页；史尚宽：《债法总论》，中国政法大学出版社2000年版，第745～747页；黄立：《民法债编总论》，中国政法大学出版社2002年版，第629～630页。

[2]　有观点认为，承担人履行债务后，除法律有特别规定或者当事人有特别约定者外，承担人不享有代位求偿权，但可以无因管理之请求权，请求原债务人（被管理人）返还其给付利益。参见张俊浩主编：《民法学原理》（下册），中国政法大学出版社2000年版，第702页。

（2）无须原债务人同意。该合同，从债权人方面讲有债权处分性质，故不以原债务人同意为必要条件，原债务人不介入甚至不知情的，不影响合同的效力。

（3）应通知原债务人。债务承担合同成立之前、之后通知均可。原债务人反对的，因新债务人自愿承担、债权人同意其承担，该反对不能使债务承担无效。但是，债务承担使原债务人蒙受损失或遭受不利的，原债务人对新债务人的给付利益补偿请求，有抗辩权。[1]

（4）不得恢复原债务人债务。免责的债务承担合同生效后，原债务人的债务免除，退出债务关系。债权人和新债务人不得协商解除债务承担合同，恢复原债务人的债务。

（5）合同无效的后果。债务承担合同无效或被撤销的，发生恢复原状的法律效果，由原债务人继续负担原债务。

《民法典》对这种债务承担合同无明确规定。由于新债务人依承担合同履行，原债务人不必再向债权人给付，客观上对债务人有利，法律也未限制。

3. 承担人、债务人、债权人共同订立的债务承担合同。债务承担合同，由全体当事人合意，已经包含承担人自愿、债权人同意、通知债务人等，债务自合同成立时移转于新债务人。

三、债务承担的效力

（一）免责的债务承担的效力

债务承担自债权人同意时起，发生以下效力：

1. 承担人取代原债务人成为新债务人。原债务人的债务免除、退出债务关系，债权人不得再对其主张债权。承担人取代原债务人成为新债务人，负担原债务人的债务。新债务人不履行债务的，原债务人无担保义务。

2. 原债务人的从债务移转于新债务人。新债务人负担的债务，包括原债务人的主债务、从债务，附随义务等一切义务。但是，专属于债务人的债务、债务承担合同约定除外的债务，不移转于新债务人。[2]前者如应当由原债务人本人提供技术服务的债务，后者如原债务人以自己财产提供抵押物，当事人约定继续有效的抵押担保义务。

3. 第三人提供的担保，除第三人同意外，因债务承担而消灭。根据《民

---

[1] 如承担人的清偿使原债务人货物积压、承担人对有异议债务的清偿，使债务人处于不利等。

[2] 《民法典》第554条规定，债务人转移债务的，新债务人应当承担与主债务有关的从债务，但是该从债务专属于原债务人自身的除外。

法典》第 391 条的规定，在物保的情形，第三人提供担保，未经其书面同意，债权人允许债务人转移全部或者部分债务的，担保人不再承担相应的担保责任。又根据《民法典》第 697 条的规定，保证期间，债权人许可债务人转让债务的，应当取得保证人书面同意，保证人对未经其同意转让的债务，不再承担保证责任。

4. 新债务人得主张原债务人对债权人的抗辩权。原债务人对债权人得主张的抗辩权，新债务人均得对债权人主张。[1]如先履行抗辩、同时履行抗辩、时效抗辩等。

5. 新债务人不得主张原债务人的抵销权。原债务人在债务关系中对债权人有抵销权的，新债务人不得主张。理由是，新债务人承担的原债务人的债务，原债务人的抵销权不在债务范围。

6. 新债务人对原债务人的抗辩权，对债权人无效。新债务人原有的对原债务人的抗辩事由，仅存在于其双方之间，不进入债务承担范围，对债权人无效，自然不得行使。如甲欠乙 5 万元运费，乙欠丙 5 万元汽油款，甲、乙商定并经丙同意，乙将 5 万元债务移转于甲，但乙在为甲运货时造成 2 千元货损，甲只能请求乙减扣，不得对丙主张。

（二）并存的债务承担的效力

1. 承担人加入债务关系，原债务人不免除债务，仍处于债务关系之中。

2. 债务不因承担人的加入而有变化。

3. 承担人与债务人成立连带债务关系。

4. 承担人加入债务关系，得主张原债务人对债权人的抗辩权。

5. 承担人不得以对原债务人的抗辩事由，对抗债权人。

第四节 债权、债务的概括承受

一、债权、债务的概括承受的意义

债权、债务的概括承受，是指第三人因约定或者法律规定，一并承受他人的债权、债务。

一并承受债权、债务者，叫"承受人"；一并让与债权、债务者，叫"让

---

[1] 根据《民法典》第 553 条的规定，债务人转移债务的，新债务人可以主张原债务人对债权人的抗辩。

与人"。

《民法典》第 555 条、第 556 条作了相关的规定。

二、债权、债务的概括承受的特点

债权、债务的概括承受，是对一主体的债权、债务的一并承受。

它与债权让与不同。前者是对一个主体的既有债权、债务的一并承受，后者是只受让债权，不承担债务。它与债务承担也不同。后者只有债务移转而无债权移转。

典型的债权、债务的概括承受，如买卖合同中，买方未付款、收货之前，将自己的货物收取债权和货款支付债务一并转让他人，承受人同时承受该合同的全部债权、债务。

三、债权、债务的概括承受的原因

法律上的原因，主要有法律行为和法律规定。因法律行为者，如以合同进行的债权、债务的概括承受。因法律规定者，如继承人根据法律规定，概括继承被继承人的遗产。

经济上的原因，因法律行为进行的债权、债务的概括承受，实质是债权、债务的总括交易。如企业合并，被合并者的债权、债务总括地移转于兼并者，其中的原因，是被合并企业的股东要获得交易上的利益。再如合同债权、债务的概括承受，更是典型的债权、债务的总括交易。

在债法上有意义的，是法律上的原因。经济原因不是债法的对象。但是，经济上的原因，对认识债的移转的本质，衡平债权、债务交易者的合法利益，有基础性作用。

四、债权、债务的概括承受的类型

债权、债务的概括承受，主要有三种类型。

（一）合同承受

合同承受，是指承受人承受让与人的合同当事人地位，一并承受让与人的合同债权、债务。

依《民法典》第 555 条，合同承受的要件主要有：

1. 须让与人同其对方所订合同为有效合同。无效合同不能成立债权、债务，自无债权、债务可以让与。

2. 须为双务合同中的债权、债务。让与人在双务合同中同时负担债务、享有债权，承受人才能一并承受其债权、债务。单务合同的当事人，或有债权而无债务，或有债务而无债权，无一并承受债权、债务的客观条件。

3. 须让与人与承受人达成合同承受的合同。让与人和承受人以合同形式确定合同承受，一般是不要式合同，重要的合同承受，以书面形式为妥当。法律对合同承受的合同形式有要求的，当依法律。

4. 须经对方当事人同意。合同承受包括债权让与和债务承担，债务承担以债权人同意为生效要件，所以，合同承受须经对方同意。《民法典》第555条明确规定了这一点。

（二）企业合并

企业合并，是两个以上的企业合并为一个企业。合并的方式有创设式合并与吸收式合并。因合并而消灭的企业，其债权、债务由合并后新设立的或存续的企业概括承受。

企业合并的，不以企业已有合同的相对人同意为要件。履行通知或者公告程序，企业的债权、债务即一并归合并后的企业承受。

有关企业合并的其他内容，在民法总论中的"法人的合并"部分已有解说，此不重复。

（三）财产或者营业的概括承受

因一定目的，概括承受他人的某些财产或者营业，包括其中的债权、债务，由此发生债权、债务的概括承受。

此外，在法定之债中也能发生概括承受，如侵权行为之债中，当事人双方因混合过错而互负债务、互享债权的，他人可从一方一并承受其债权、债务。

五、债权、债务的概括承受的效力

根据《民法典》第556条，债权、债务的概括承受，适用关于债权转让、债务承担的有关规定。概言之，承受人取得债的当事人的地位，让与人脱离于债的关系，其债权、债务全部移转于承受人。

第十章

债的消灭

【**本章提要**】债的消灭，是指债权、债务因一定法律事实而终止，债归于消亡的现象。《民法典》第三编第七章"合同的权利义务终止"是合同之债消灭的制度，法定之债也有消灭的问题。债是法律关系，因法律事实发生，因法律事实消灭。导致债消灭的法律事实，包括清偿、更改、抵销、免除、混同、提存等。其中，清偿是债务人依债履行的行为；免除是债权的放弃；更改、抵销是当事人采取的变通方式；混同是债权人与债务人合而为一、无须给付的特殊原因；提存则是债务人因债权人原因而无法直接给付时，依法将标的物提交法定机构为债权人保存、能够发生清偿效果的特殊方式。

本章的重点是，引起债消灭的各种法律事实的要件和效力。

第一节 概述

一、债的消灭的意义

债的消灭，是指债权、债务因一定法律事实而终止。又称"债的终止"。

对债的消灭，应从以下几个方面理解：

（一）债的消灭，是债的效力的终结

债消灭，当事人之间原有的债权、债务不复存在。即如债务清偿的情形，债权圆满实现，当事人之间成立债的目的完全达成，债权、债务便失去效力，"法锁"解除。另如债权人放弃债权、当事人双方协商终止履行、当事人双方相互负有债务而协商抵销等，成立债的目的也正常实现，债已无继续存在之必要，因而其效力归于终结。

（二）债的消灭是债的效力的整体的、完全的消亡

债消灭的，原有之债权、债务完全消亡。因此，不同于债的效力的停止。

债的效力的停止，是指债的效力因法定事由而处于停止、不能实现的状态。债的效力停止，债权并不消灭，导致停止的事由消除后，债的效力继续发挥，债务人必须履行。如附延缓期限的债，因期限未到而不得行使债权，而一旦期限届至，债权人即得请求履行。又如债务人行使同时履行抗辩权的

债，请求方未按约定同时履行而请求对方履行，其给付请求权的效力即因对方的有效抗辩而暂时停止；但请求方给付的，抗辩方即须为对待给付，不能再行抗辩。

债的消灭与"债的效力不完全"也不相同。债可因一定法律事实而丧失特定效力，形成不完全的债权。如罹于时效的债权，丧失了执行请求力，但是债并不消灭，债务人愿意履行的，债权人仍然有受领权，受领后有保有权。而债消灭后债务人给付的，成立给付错误，受领者构成不当得利，有返还义务。

（三）债的消灭，有狭义和广义

从狭义讲，是指某一个债的消亡。如甲、乙之间的动产买卖关系，因如约交付标的物和价款，双方的交易目的实现而归于消灭。从广义讲，是指债这种法律关系的消灭。如"债因清偿而消灭"。即是指各种债都因债务清偿而消灭。

本章是从广义讲解债的消灭，目的是揭示债消灭的共同性规则，包括消灭的原因、要件、效力等。至于个别的债的消灭的问题，分散于合同之债、侵权赔偿之债、无因管理之债、不当得利之债部分。

（四）债的消灭，有绝对消灭和相对消灭

债的绝对消灭，是指当事人之间的债权、债务彻底消灭。如出卖人按约定交付标的物并移转标的物的所有权。清偿是债绝对消灭的典型。其他如抵销、免除、混同等，也能发生债的绝对消灭。

债的相对消灭，是指当事人之间原定的债归于消灭，但是，基于原债发生新债的情形。债的更改是债相对消灭的典型。如甲欠乙货款，后双方商定不再付款，更改为甲向乙提供其专利技术，由乙在一定范围内使用，原欠款关系消灭。

（五）债因能够引起债消灭的法律事实而消灭

债是一种法律关系，因一定法律事实而发生、变更，也因一定法律事实而消灭。能够使债消灭的法律事实，叫作"债的消灭原因"，包括约定原因和法定原因。没有债的消灭原因的，不能发生债消灭的效果。

二、债的消灭的原因

在债法的立法例和原理中，债的消灭原因包括：

1. 清偿。即债务人依债履行。

2. 抵销。即当事人互负债务的，依约定或法定在等额范围内相互折抵，不再履行。

3. 提存。即债务人因债权人的原因不能清偿的，依法将标的物提交法定提存部门，为债权人保存，债权人得于法定期限内领取。

4. 免除。即债权人以明确之意思表示放弃债权，免除债务人的给付义务。

5. 混同。即债权、债务同归于一人，失去履行的意义。

6. 解除。即当事人双方以协议或依法律规定解除既存的债。

7. 更改。即当事人协商以一个新的债，取代原有的债，原债消灭。

8. 债的基础行为被撤销。如合同之债因欺诈、显失公平而被撤销。

9. 债的终期届至。附终期的债，终期届至，债即消灭。如保险合同期限届满，保险关系消灭。

10. 不可归责于债务人的且当事人没有特别约定情形下的给付不能。如发生不可抗力而给付不能，在当事人没有相反约定时，债务人免除原定给付义务，债即消灭。

11. 作为当事人的自然人死亡或者法人终止，且没有履行债务或者受领给付的条件。如债务人死亡且其没有积极遗产可以偿还债务，法人终止而其财产为负数等。

《民法典》第三编的第七章规定了合同之债的七种消灭原因：①债务已经履行；②债务相互抵销；③债务人依法将标的物提存；④债权人免除债务；⑤债权债务同归于一人；⑥法律规定或者当事人约定终止的其他情形；⑦合同解除。按照"意思自治"或者"合同自由"的契约理念，债的更改、不可归责于债务人的且当事人没有特别约定情形下的给付不能等，也是合同之债消灭的原因。除此之外，法定之债也存在消灭的问题，从债法原理的层面分析意定之债和法定之债消灭的原因，具有理论和实务方面的意义。

三、债的消灭的效力

债消灭，除当事人之间的债权、债务消灭外，还有其他一些效力。

（一）除当事人另有约定或法律另有规定者外，从权利和从义务同时消灭

根据《民法典》第559条，有从权利、从义务的债消灭时，发生从权利、从义务同时消灭的效果。如主债因清偿而消灭的，其担保权利、义务随之消灭。又如，本金之债消灭的，其所附属的利息之债也消灭。

（二）债权人应当向债务人返还债的凭据或提供债已消灭的证明

债务人曾经向债权人提供负债凭据的，债权人应当原物返还，如返还借据。不能返还的，应出具受领清偿的收据。原先没有债务凭据的，债消灭后，债权人应向债务人出具债已消灭的书据。

（三）债虽消灭但当事人依约定或法定负有赔偿责任的，发生损害赔偿之债

因可归责于债务人的事由使债消灭的，债权人有损害赔偿请求权，当事人之间的原债消灭而新生损害赔偿之债。如，依《民法典》第562条、第563条的规定解除合同而消灭债的，债权人根据约定或者法律规定对债务人有违约金支付请求权、赔偿金请求权等，产生违约金之债、赔偿金之债。

（四）在合同之债，当事人间发生后合同义务

对此义务，《民法典》第558条规定，债权债务终止后，当事人应当遵循诚信等原则，根据交易习惯履行通知、协助、保密、旧物回收等义务。第567条规定，合同的权利义务关系终止，不影响合同中结算和清理条款的效力。

第二节　清偿

一、清偿的意义和性质

（一）意义

清偿，是指按照债的内容所为的发生债消灭效果的给付。如按照合同交货。

《民法典》第557条第1项使用了债务已经"履行"一词，但是，第560条、第561条等条文中沿用了"清偿"债务的术语，就债的消灭而言，"清偿"的表述较"履行"更为妥帖。

清偿的形式，可以是事实行为，如依债完成加工行为、运输行为；也可为法律行为，如依债办理不动产物权转让登记。可以是作为或不作为。作为者，如前述加工、登记等，不作为者，如依约定新建筑物不遮挡邻居的远眺。

不需债权人受领的给付，如"不作为"的给付，债务人依债不作为的，即为清偿。需要债权人受领的给付，只有债务人的给付而无债权人的受领的，债的目的没有实现，不构成清偿。

清偿是债消灭的最佳原因、也是债绝对消灭的原因。

（二）性质

主要有三种学说：①法律行为说。认为清偿须有债务人的清偿意思，即债务消灭的意思，故属法律行为。②事实行为说。认为清偿无须清偿意思，因此是事实行为。③折中说。认为清偿既有法律行为，也有事实行为，给付

是法律行为的，清偿即为法律行为，给付是事实行为的，清偿也是事实行为。[1]

二、清偿的要件

《民法典》第 509 条规定，当事人应当按照约定全面履行自己的义务。由此确定了合同之债清偿的要件。据此规定，清偿人、受领清偿人、清偿标的、清偿地、清偿期、清偿费用等都须符合债的要求，构成清偿的要件。要件齐备的，才能发生清偿的效力。

（一）须清偿人符合债的要求

清偿人，是指依债务的内容向受领清偿人为清偿的人。可以是三种人：

1. 债务人。对债权人负有债务的人，包括债务人本人、连带债务人、不可分债务人、保证人，都属于债务人而有清偿人地位。其依债清偿的，债权人不得拒绝。

（1）债务人本人。债务人本人负担清偿义务，其清偿人的地位自无疑义。

（2）债务人的代理人。代理人以被代理人名义，在代理权限范围内为债务人清偿的，效果归被代理人承受。因此，除法律规定、当事人约定或性质上须由债务人本人清偿的债务外，债务得由代理人清偿。

（3）不可分债务人。数债务人共同负担不可分债务的，任何一人清偿，都是清偿己方的债务，发生债务消灭的效果。所以，其清偿人地位无疑义。

（4）连带债务人。连带债务人，在外部关系上，对债权人负担连带清偿义务，因此，作为债务人，有清偿人资格。如合伙人清偿合伙的债务。

（5）保证人。保证人与被保证人虽有内部关系，但他们对债权人来说，是属于债务人一方，再者，保证人负有从债务，是债务人，具有清偿人地位。

2. 第三人。第三人是指债务人之外的、以自己名义为债务人清偿的人。

第三人对债务人的债务本无清偿义务，但是，其愿意为债务人清偿的，在债务人不反对、债权人不拒绝的情形，能够达致债权实现、债务人给付压力舒缓的效果，对债权人、债务人都有利无害。在此情形，第三人得有清偿人地位。

（1）第三人清偿的一般成立要件。

第一，须债的性质决定可由第三人清偿。依债的性质须由债务人亲自清偿或者第三人清偿有害债权人的，不得代为清偿。如因承揽人专门技术而订

---

[1] 参见史尚宽：《债法总论》，中国政法大学出版社 2000 年版，第 766~768 页。

立的承揽加工合同，就不得由第三人代承揽人清偿。

第二，须当事人之间没有不许第三人清偿的约定。债权人和债务人约定不得由第三人清偿的，第三人不得为清偿人。

第三，须第三人表示为债务人清偿。第三人虽有给付但没有为债务人清偿的意思的，不构成第三人清偿，成立"非债清偿"，受领给付者对第三人负有不当得利返还义务。比如，误认他人债务为自己债务而清偿者，不能成立第三人清偿。

（2）第三人清偿的类型。第三人清偿分为有利害关系第三人清偿和无利害关系第三人清偿。

有利害关系第三人，指与债务清偿有法律上的利害关系的人。如共有人、保证人、合伙人、共同侵权人等连带债务人，[1]以及保险人等。这些人之所以是有利害关系第三人，根据是他们与债务人之间存在内部关系或者法律上的利害关系。所谓法律上的利害关系，是指债务清偿的，他们不受损害；债务违反的，就要牵连地受到不利。《民法典》第524条规定的"对履行该债务具有合法利益"的第三人就是此种第三人。

无利害关系第三人，是指与债务清偿无法律上的利害关系的人。如为债务人免受债务不履行的不利后果而替债务人清偿债务的无因管理人。

有利害关系第三人清偿，也叫"代位清偿"。无利害关系第三人的清偿又称"一般第三人清偿"。二者在成立要件方面有所差异。

（3）代位清偿的特殊要件及效力。代位清偿的成立，除须具备第三人清偿的一般要件外，尚有无须债务人同意这一条件。

清偿人，因债务清偿对其有法律上的利害关系，因此，无论债务人是否反对，债权人都无权拒绝，否则发生受领迟延的效果。如投保人甲交通肇事，保险公司依据保险合同向受害人赔偿，受害人对赔偿额无异议但是坚持要求甲赔偿而拒绝保险公司，即为法律所不支持。

代位清偿有以下五个方面的效力：

第一，债权人与债务人之间的债权、债务，包括主债权、主债务，从权

---

[1]　连带债务人之间有外部关系和内部关系，在不同关系中，法律地位不同。在外部关系，各连带债务人对债权人负有连带债务，是债务人一方的组成人员，都是债务人。但是，在连带债务人内部关系，各债务人有独立的权利、义务，各债务人对其他债务人、债权人而言，是第三人，而且因为债务清偿对各连带债务人有法律上的利害关系，他们还是有利害关系第三人。不可分债务人、保证人等，也有相同的外部、内部关系，在不同关系中分别担当债务人、第三人的地位，与连带债务人相同。史尚宽先生曾经分别从当事人外部关系、内部关系两个方面说明债务人、第三人的范围。参见史尚宽：《债法总论》，中国政法大学出版社2000年版，第776页。

利，都归于消灭。

第二，在债权人和清偿人之间发生债权让与效果。债权由债权人移转于清偿人，清偿人对债务人有求偿权。[1]

第三，清偿人对债权人有受领证书和债权证书取得权。

第四，债权人有担保物权的，应当一并移交清偿人。但是，第三人部分清偿而取得部分担保物权的，其受偿的次序在债权人剩余的担保物权之后。

第五，准用债权转让规范。首先，债权人和清偿人负有通知债务人的义务，否则，代位清偿对债务人不生效力。同时，债权的保全权、抗辩事由和抗辩权、抵销权等，都准用债权转让的规范。

（4）一般第三人清偿的特殊要件及效力。一般第三人清偿的成立，除须具备第三人清偿的一般要件外，尚须债务人不反对、债权人不拒绝这一条件。

债务人反对，债权人因此拒绝的，不能成立第三人清偿。如，甲在饭店用餐，乙要为其付餐费，甲反对、饭店因此拒绝的情形。

债务人反对但债权人不拒绝的，第三人得为给付，但是，不发生第三人清偿的法律效果，具备债权让与条件的，发生债权让与之效力。

一般第三人清偿的，有以下三个方面的效力：

第一，无利害关系第三人与债权人有债权让与约定的，该第三人取得代位权。

第二，无利害关系第三人与债务人没有代为清偿的约定，符合无因管理或不当得利要件的，该第三人与债务人之间发生无因管理之债或不当得利之债；不符合的，该第三人对债务人无求偿权。

第三，无利害关系第三人向债务人行使求偿权，以及时通知已代为清偿为必要。未及时通知而债务人向债权人为清偿的，该第三人丧失对债务人的求偿权，有权向重复受领的债权人主张返还不当得利。

（二）须受领清偿人有受领权

受领清偿人是指有权受领清偿者。含债权人和债权人之外的有受领权者。

给付属法律行为并需要债权人协助的，受领清偿人应当有完全行为能力。如不动产物权的转让，出卖人办理登记时，即是如此。

1. 债权人。债权人享有债权，当然有清偿受领权。

2. 债权人之外的有受领权的人。包括：①债权人的代理人。②真实、有

---

[1] 代位清偿虽然导致债权人、债务人之间的债权、债务消灭，但是，由于代位人为债务人清偿而债务人本人事实上并未履行，债权、债务只能发生相对消灭，债权由原债权人移转于代位人。因此，代位清偿的效力，包括债权移转，代位人取代债权人而享有债权。

效的受领证书的持有人。债务人明知或因过失不知持有人无权受领而为清偿的，不发生清偿的效果。③破产财产管理人。④依法行使债权人代位权的债权人。⑤债权人与债务人约定受领的第三人。⑥经债权人事先同意而受领，或受领后自债权人取得债权的人。

（三）须清偿的标的符合债所确定的标的

清偿的标的，即债务人的给付所包容的对象。

各种债所确定的给付标的并不相同，可以是物、金钱、劳务、权利的移转、不作为等，通常，数量、时间等俱为其要素。清偿的原则，是要求清偿的标的全部符合债所确定的给付标的。债务人按照债所确定的给付标的清偿的，才能发生清偿的效力。清偿的标的与债所确定的给付标的不一致，未经债权人同意，也没有法律依据的，即构成债务违反。

对不符合债的原定标的的给付，债权人一般有权选择拒绝受领或者受领。但是，为讲求效率和节约交易成本，在不损害债权人利益限度内，法律规定，即使未能全部清偿或者以其他给付标的替代原定给付标的，债权人也应当受领。

这样，在清偿标的方面，就有三种情形：

1. 全部清偿。全部清偿，即按原定给付标的清偿。又叫"全部履行"，也就是给付标的的种类、数量、时间、地点、方式等，全部符合债的要求。

2. 部分履行。部分履行，即债务人给付的标的，仅有部分符合债的要求。也叫"一部清偿"。

从一般意义讲，部分履行不能使债权人按照债的内容实现利益，有害于债权的实现，所以，债权人有拒绝权。但是，在下列特殊情形，债权人不得拒绝：①当事人双方事先约定可以部分履行的。②依债的性质可以部分履行的。如可分债务，某一债务人向债权人给付自己应清偿部分。③部分履行不损害债权人利益的。《民法典》第531条第1款明确规定，债权人可以拒绝债务人部分履行债务，但是部分履行不损害债权人利益的除外。④债务人依生效判决或仲裁裁决，得部分履行的。比如，债务人陷入困境而暂时无力偿还，经人民法院裁决，可以由债务人分期偿还。⑤债务人全部清偿确实困难，债权人拒绝一部清偿违反诚信原则的。如借款人虽有一次还清欠款之资力，但突发重病，急需支付医药费，只能暂时部分偿还的情形。

部分履行的，发生所履行部分的债务消灭的效果，未履行部分依然有效。部分履行给债权人增加的费用，依《民法典》第531条第2款，由债务人负担。

3. 代物清偿。

（1）意义。代物清偿，是指债务人以他种给付替代原定给付、债权人受领而使债消灭。

如借款人无钱不能偿还欠款，经贷款人同意，以交付某物并转让其所有权代替金钱支付而为清偿。

债务人原则上应以原定给付为清偿，不得以他种给付代替，但以他种给付代替原定给付为清偿，经债权人同意的，也发生清偿的效力。

（2）要件。代物清偿须具备下列要件：

第一，须有债权、债务存在。

第二，须以他种给付代替原定给付，该他种给付与原定给付须属不同种类。债务人给付的标的，通常是物、智力成果、劳务、财产权利等，这些不同的标的，可以替代，而且，不同的物、智力成果等，也可以替代。

第三，须经当事人合意。当事人之间形成代物清偿合意的，才有代物清偿的可能。债权人不同意的，不发生代物清偿。

第四，须现实完成替代物的给付。只有合意而没有替代物的现实给付的，不发生代物清偿的效果。替代物为不动产的，以登记的完成为现时给付的完成。

（3）效力。代物清偿与清偿效力相同，债权人受领代物清偿，债即消灭。

（4）代物清偿与债的更改的区别。债的更改，简称更改，是指当事人设定新债务并以其消灭旧债务的法律行为。又叫债务的更替。通俗地说，就是当事人经过协商，以一个新的债替代原有的债。如，买卖关系的买受人与出卖人协商后形成合意，以租赁替代买卖，原定支付价金的债务改变为支付租金的债务。

《法国民法典》将其作为"债的更新"的一种，[1]《俄罗斯联邦民法典》称之为"债的更改"。[2]这些立法，把更改规定为一种独立的债的消灭的原因。《德国民法典》无更改的规定。《民法典》虽然没有明文规定，但是，依"意思自治"和方便交易的原则，对当事人之间进行的债的更改，应当维护其效力。

更改的要件有五：

第一，须有有效债务。更改是要因行为，替代旧债，是新债的原因，因此，只有被取代的债务有效，才能发生更改的效力。如果旧债无效，新债即

---

〔1〕《法国民法典》第 1271 条第 1 项规定："债务人对债权人缔结用以取代原债务的新债务，旧债务因之消灭。"参见罗结珍译：《法国民法典》（下册），法律出版社 2005 年版。

〔2〕《俄罗斯联邦民法典》第 414 条规定"债因更改而终止"。参见黄道秀、李永军、鄢一美译：《俄罗斯联邦民法典》，中国大百科全书出版社 1999 年版，第 179 ~ 180 页。

没有原因而不能有效。依"意思自治"，自然之债、可撤销但未撤销的债、附解除权但未解除的债，也可以更改。

第二，须新债有效。新债是替代旧债之债，如果新债不发生、无效或被撤销，更改之目的不能实现，更改即无效，旧债自动恢复其全部效力。

第三，须新债与旧债是不同种类。如前述租赁替代买卖。

第四，须债权人和债务人不发生变更。债权人变更的，发生债权让与而不是更改；债务人变更的，发生债务的承担，也不是更改。

第五，须有当事人的更改合意。更改是双方法律行为，适用法律行为的一般规定。无更改合意的，不发生更改的效力。[1]

更改的效力有二：其一，旧债消灭，同时其从权利也消灭；其二，新债发生。

更改与代物清偿有以下区别：

第一，行为的性质不同。更改是诺成性法律行为，当事人达成更改合意即生效力。代物清偿是实践性法律行为，以替代物的现实交付为生效要件。

第二，效果不同。更改发生新债，债务人负担新的债务替代旧债务。代物清偿不发生新债，债务人以替代物的现实交付替代原定给付。

第三，当事人法律地位有无交替变换不同。更改可能发生债权人、债务人法律地位的互换。如借贷更改为赠与，借款人即由原来的债务人成为受赠人而有债权。代物清偿的债权人恒为债权人。

（四）须清偿地符合债的要求

1. 清偿地的意义。清偿地，是指债务人为给付的具体地点，又称履行地。如约定的或者法定的交货地、付款地，或者生效判决确定的债务履行地。

2. 效力。

（1）债务人应在清偿地给付或提出给付，受领清偿人应于清偿地受领清偿。

（2）债务人提存的，须在清偿地的提存部门进行。

（3）清偿地是债消灭的空间标准，债务人未在清偿地给付的，不但不能发生清偿效力，反而构成债务违反。

（4）清偿地是确定当事人负担清偿费用的空间根据，背离清偿地给付造成的费用，由背离一方负担。

---

[1] 更改合意的形式，原则上应为书面。关于此点，《法国民法典》第1273条的规定可资借鉴。该条规定："债的更新不得推定；进行债的更新的意思应清楚明白地产生于文书。"参见罗结珍译：《法国民法典》（下册），法律出版社2005年版，第973页。

（5）价格约定不明而参照市场价格确定时，清偿地是该市场所在的依据。

3. 清偿地的确定方法。

（1）依约定。当事人对清偿地有约定的，依其约定确定。当事人在债成立时没有约定或约定不明确，后来达成补充协议的，依补充协议。[1]

（2）当事人没有约定或约定不明确，不能达成补充协议的，按照合同有关条款或者交易习惯确定。[2]

（3）当事人没有约定或约定不明确，不能达成补充协议，但法律有具体规定的，从法定。[3]

（五）须在债所确定的清偿期内清偿

1. 清偿期的意义。清偿期是指债务人应为清偿而债权人应予受领的时间范围。也叫履行期。清偿期决定债务清偿、债权实现的时间范围，同时，与标的物权利移转的时间、给付迟延、受领迟延、标的物意外灭失责任的负担、因市场价格涨跌带来的不利的归属、[4] 期限利益等，有直接关系。

2. 清偿期的类型。从时间方面看，清偿期可以是期日和期间。

从成立根据看，清偿期有约定、法定、裁判确定三种。当事人以法律行为确定的是约定清偿期。法律直接规定的为法定清偿期。生效判决书、仲裁裁决书确定的属裁判确定的清偿期。

3. 清偿期的确定。

（1）当事人有约定的，依其约定。当事人在债成立时没有约定或约定不明确，后来达成补充协议的，依补充协议。

（2）当事人没有约定或约定不明确，不能达成补充协议的，从法定。《民法典》第 511 条第 4 项规定，履行期限不明确的，债务人可以随时履行，债权人也可以随时请求履行，但是应当给对方必要的准备时间。依此可以推定，债务人或者债权人提出履行要求时，给对方的必要的准备时间届至的时间，即为清偿期。如债权人甲提出履行要求，给对方五个营业日的准备时间，五个营业日届满，第六天就是履行期。

4. 期限利益。

（1）意义。期限利益，是指当事人因期限而享受的利益。换言之，即债

---

〔1〕 参见《民法典》第 510 条。

〔2〕 参见《民法典》第 510 条。

〔3〕 根据《民法典》第 511 条第 3 项的规定，当事人就履行地点的约定不明确又不能达成补充协议的，给付货币的，在接受货币一方所在地履行；交付不动产的，在不动产所在地履行；其他标的，在履行义务一方所在地履行。其中的这些"所在地"就是法定的清偿地。

〔4〕 参见《民法典》第 513 条。

务人提前清偿或者债权人请求提前清偿，一方得到而对方失去的利益。

反过来说，就是在清偿期届至前，债务人或者债权人因不提前清偿而能够享有的利益。例如期限为 6 个月的有息借款，贷款人可得 6 个月的利息，此即贷款人的期限利益，如果借款人提前 3 个月还贷，贷款人将会减少 3 个月的利息。再如赊购，当事人约定买受人先取得货物，3 个月后付清货款，买受人在 3 个月内无须付款，即有 3 个月的期限利益，如果出卖人要求提前付款，就会减少买受人的这个利益。

（2）期限利益的归属。期限利益可以归债权人，也可归债务人，还可以双方都有期限利益。期限利益归债权人者，如标的物所有权移转于买受人后，当事人双方约定，标的物仍然存放于出卖人处，由出卖人为买受人无偿保管 1 个月。期限利益归债务人者，如定有清偿期的无息借款，债务人得随时偿还而债权人不得提前请求清偿。当事人双方都有期限利益者，如定有期限的买卖合同，出卖人不得请求买受人提前支付价款，买受人不得请求提前交付标的物，否则会损害对方当事人的期限利益。

（3）期限利益的确定。当事人有约定的，依其约定。当事人没有约定或者约定不明确的，期限利益归债务人。[1]

（4）期限利益的抛弃与提前清偿。享有期限利益者得抛弃期限利益。债权人无期限利益的，债务人得抛弃其期限利益而提前清偿，债权人不得拒绝受领。

如前述无息借款。期限利益归债权人的，债权人得抛弃其期限利益，受领债务人得提前清偿。当事人双方都有期限利益的，任何一方都有权拒绝对方的提前清偿，都有对提前清偿请求的抗辩权。当事人约定以补偿期限利益为条件而提前清偿的，可以提前清偿。未经对方同意而提前清偿损害对方期限利益的，侵害人负担损害赔偿责任。

5. 清偿期的效力。

（1）清偿期为期日的，债务人应于当日清偿，滞后者即构成给付迟延；债务人如期清偿的，债权人应于当日受领，否则构成受领迟延。清偿期为期间的，在该期间范围内，债务人须为清偿，债权人应予受领。[2]

（2）债务人提前清偿，债权人拒绝受领的，不发生清偿的效力，但提前

---

[1] 《民法典》第 677 条规定：“借款人提前返还借款的，除当事人另有约定外，应当按照实际借款的期间计算利息。”如此，借款人少支付利息而贷款人少得利息。又，参见史尚宽：《债法总论》，中国政法大学出版社 2000 年版，第 789 页。

[2] 《民法典》第 601 条规定，约定交付期限的，出卖人可以在该交付期限内的任何时间交付。

清偿不损害债权人利益的，债权人不得拒绝。

（3）债权人在清偿期之前无权请求提前清偿。但是，未届清偿期的破产债权在破产宣告时视为已到期。

（4）诉讼时效从清偿期届至之日开始计算。

（六）须清偿方式符合债的要求

清偿方式，是指债务人给付的方法和形式。如付款方式、标的物的包装方法、定作物交付方法等。

债的内容定有清偿方式的，应当遵行该方式。违反确定的清偿方式的，构成不完全给付，债务人负有损害赔偿责任。

清偿方式与债权能否圆满实现有直接关系。如，水泥买卖合同，约定为袋装水泥，出卖人却送来散装水泥，买受人没有保管条件，无法受领，债权不能实现。再如，交易双方约定以见票即付的银行汇票付款，买受人却提供未获承兑、资金安全性很低的商业承兑汇票。

债的内容未确定清偿方式的，当事人可以协议补充，不能达成补充协议的，按照合同有关条款或者交易习惯确定。仍然不能确定的，按照有利于实现合同目的的方式履行。[1]

（七）须依债负担清偿费用

1. 清偿费用的意义。清偿费用，是指清偿债务所需的必要费用。通常包括：运送费、包装费、汇费登记费、通知费等。

2. 负担规则。

（1）一般由债务人负担。但是法律另有规定或者当事人另有约定的除外。

（2）因债权人原因导致增加的，增加部分由债权人负担。

（3）因债务人原因导致增加的，增加部分由债务人负担。

三、清偿充抵

（一）意义

清偿充抵，是指债务人对同一债权人负有数项同种类债务，其给付不足以清偿全部债务时，除当事人另有约定外，由债务人确定其给付清偿何宗债务的规则。

如甲欠乙货款两笔，一笔欠款时间长，利息多，另一笔双方约定无利息。后甲向乙给付部分货款，不足以清偿两笔债务，由于清偿哪一笔事关当事人

---

[1]《民法典》第511条第5项。

的不同利害，就需要一个合理的确定规则，清偿充抵正是这种规则。

通常，根据债务人的指定确定给付清偿哪一债务。故该规则也叫指定清偿。

《民法典》第560条规定了清偿充抵，外国立法例中也有此种规定。[1]

（二）要件

1. 须债务人对同一债权人负有数项债务。仅有一项债务的，清偿对象单一，无从争议，自不需指明。

2. 须数项债务种类相同。如都是金钱给付债务，或俱为同种类物品的交付义务。数项债务种类不相同的，能够根据给付确定清偿的债务，无须指定。

3. 须给付不足清偿全部债务。给付足以清偿全部债务者，无指定之必要。

（三）适用方法

1. 债务人在给付时指明清偿的债务的，清偿其指明的债务。

2. 债务人未指定的，应当采用下面的方法：先清偿已到期的债务；数项债务均已到期的，优先履行对债权人缺乏担保或者担保最少的债务；均无担保或者担保相等的，优先履行债务人负担较重的债务；债务人的负担相同的，按照债务到期的先后顺序履行，先到期的先履行；到期时间相同的，按照债务比例履行。

例外的是，债务人应当支付到期主债务、利息和实现债权的有关费用，其给付不足以清偿全部债务的，除当事人另有约定外，按照先费用、次利息、再主债务的次序充抵，[2]不是按照债务人的指定履行。

第三节　合同解除

一、合同解除的意义和种类

（一）意义

合同的解除，是指当事人双方协议或者一方根据法定事由进行意思表示，

---

〔1〕《民法典》第560条第1款规定："债务人对同一债权人负担的数项债务种类相同，债务人的给付不足以清偿全部债务的，除当事人另有约定外，由债务人在清偿时指定其履行的债务。"对外国立法例，可参见陈卫佐译注：《德国民法典》，法律出版社2006年版，第133页；费安玲等译：《意大利民法典》，中国政法大学出版社2004年版，第295页。

〔2〕《民法典》第561条。

消灭合同债权债务关系的行为。

简要解释如下：①合同解除是合同当事人的行为。非合同当事人者没有解除合同的合法资格。②合同解除以合同有效为前提。无效合同自始无效，不存在解除之必要。③当事人解除合同的原因，是合同目的不能实现。④当事人解除合同须有合法根据。合法根据或者是双方的协议，或者是合同履行过程中发生的法定解除事由。⑤合同解除的效果，是合同债权债务关系消灭。

《民法典》第562条至第567条规定了合同解除制度，第558条、第559条的规定也适用于合同解除。

（二）种类

合同的解除分为按照协议解除和按照法律规定解除。

1. 按照协议解除。即当事人双方协商一致而进行的合同解除。分两种情况：①合同中预先约定了解除合同的事由和解除合同的权利，解除合同的事由发生时，解除权人即可行使解除权解除合同；②合同成立后经双方当事人协商一致而共同解除合同。

2. 按照法律规定解除。即出现法律规定的解除合同的事由，依法享有解除权的一方当事人通知对方而解除合同。

二、合同解除的要件

不同种类的合同解除，要件不同。

（一）按照协议解除合同的要件

《民法典》第562条规定了按照协议解除合同的要件：其一，须有双方当事人解除合同的一致意思表示。无论当事人是双方协商解除合同还是事先约定解除合同的事由，都必须是双方协商一致的意思表示，否则不能发生按照协议解除合同的效果。其二，须不违反法律、行政法规的强制性规定，不违背公序良俗。当事人解除合同的协议属于消灭合同之债的民事法律行为，故须具备这一个要件。

（二）按照法律规定解除合同的要件

包括实质要件和程序要件。《民法典》第563条规定了按照法律规定解除合同的实质要件，第565条规定了程序要件。

1. 实质要件。不同的情形，解除的要件不同。分别为：

（1）因不可抗力致使不能实现合同目的的，当事人双方均可解除合同。

（2）当事人预期违约，即在合同履行期限届满前，当事人一方明确表示或者以自己的行为表明不履行主要债务的，对方当事人有解除权，可以解除合同。

（3）当事人一方迟延履行主要债务，经催告后在合理期限内仍未履行的，对方当事人有解除权，可以解除合同。

（4）当事人一方迟延履行债务或者有其他违约行为致使不能实现合同目的的，对方行使解除权时可不经催告而解除合同。

（5）法律规定的其他情形。如因为情事变更经过诉讼或者仲裁而解除合同。又如作为债务人的自然人死亡或者丧失履行能力，或者没有履行合同资力的法人解散。再如附解除条件合同的解除条件发生等。

2. 程序要件。解除权人解除合同应当通知对方当事人，或者直接提起民事诉讼或者根据合同中的仲裁条款申请仲裁。

三、合同解除权及其行使

（一）合同解除权

合同解除权是当事人一方根据合同或者法律规定享有的以其单方意思表示即得解除合同的权利。

合同解除权的权源，或为双方当事人在合同中预先设定的解除合同的事由，或为合同成立后发生的法律规定的解除合同的事由。前者由《民法典》第562条第2款予以规定。依该款，预先约定的合同解除权一般称为"约定解除权"。后者见之于第563条和其他相关规范条文。根据该条成立的合同解除权，是"法定解除权"。

第562条第1款规定的合同解除，是双方协商一致共同解除合同，不发生解除权。解除合同的合同生效时，被解除的合同债权债务关系即归于消灭。

（二）合同解除权的行使

约定的或者法定的解除合同的事由发生后，并不当然产生合同解除的效力。只有当事人行使解除权后，合同才能解除。这区别于附解除条件的合同，附解除条件的合同解除条件一旦成就，合同即自动解除、债权债务归于消灭。

解除权的行使，属于有相对人的单方法律行为，应由解除权人向对方为解除的意思表示，明确通知对方。合同自通知到达对方时解除。通知载明债务人在一定期限内不履行债务则合同自动解除，债务人在该期限内未履行债务的，合同自通知载明的期限届满时解除。对方有异议的，可以请求人民法院或者仲裁机构确认解除合同的效力。[1]以持续履行的债务为内容的不定期合同，当事人可以随时解除合同，但是应当在合理期限之前通知对方。如消

---

[1]《合同法》第565条第1款。

费者解除供电合同。

解除权人未通知对方，直接以提起诉讼或者申请仲裁的方式依法主张解除合同，人民法院或者仲裁机构确认该主张的，合同自起诉书副本或者仲裁申请书副本送达对方时解除。[1]

解除权是一种形成权，受到除斥期间的限制。法律规定或者当事人约定解除权行使期限，期限届满而当事人未行使的，解除权消灭。法律没有规定或者当事人没有约定解除权行使期限，自解除权人知道或者应当知道解除事由之日起 1 年内不行使，或者经对方催告后在合理期限内不行使的，解除权消灭。[2]

四、合同解除的效力

合同一经解除，其效力溯及地消灭，当事人回到未订立合同时的状态。合同尚未履行的，终止履行；已经履行的，根据履行情况和合同性质，当事人可以请求恢复原状或者采取其他补救措施，并有权请求赔偿损失。因违约而解除合同的，除当事人另有约定外，解除权人可以请求违约方承担违约责任。主合同解除后，除担保合同另有约定外，担保人对债务人的民事责任仍应当承担担保责任。[3]

第四节　抵销

一、抵销的意义和种类

（一）意义

抵销，是指二人互负到期债务，该债务的标的物种类、品质相同的，除债务性质限制、约定或者法律的限制不得抵销者外，任何一方均得以其债务与对方的债务，按对等数额抵顶注销而使其相互消灭的意思表示。

说明如下：①抵销是意思表示。抵销是当事人以消灭债权、债务为目的的表意行为，有的依行为人单方意思表示发生法律效力，有的依当事人的合意方能有效。②抵销的表意人是互负到期债务的当事人。互负债务者，反面观之即为互享债权者。③抵销的目的，是按照对等原则，互不履行等额债务，

---

〔1〕《合同法》第565条第2款。
〔2〕《民法典》第564条。
〔3〕《民法典》第566条第3款。

以己之债务不清偿，替代自己等额债权的受领，从而简化双方之间重叠的清偿、受领手续。④抵销的效力，是按照当事人的抵销意思表示发生等额债权、债务的消灭。

例如，甲欠乙 10 万元借款，乙欠甲 8 万元货款，甲提议乙不必清偿，自己向乙偿还 2 万元，乙同意，双方之间即发生 8 万元债权、债务的抵销。

抵销直接实现了对等数额的债权，避免了不必要的重复清偿，是债消灭的简便、经济的方法，还有担保的功能，是债消灭的正常原因。大陆法系国家的民法大都认可抵销制度。我国《民法典》第 568 条是抵销的一般性规定。

进行抵销的，多系标的物为金钱和种类物的债务。不过，依《民法典》第 569 条的规定，标的物种类、品质不相同的，经协商一致，也可以抵销。

（二）种类

抵销，按其发生根据的不同，分为法定抵销和合意抵销；按其规范依据的不同，分为民事基本法上的抵销和破产法上的抵销。一般所说抵销，除特别指明者外，是民事基本法上的抵销。

1. 法定抵销。法定抵销是按照法律规定的条件发生的抵销。在具备法定条件时，当事人一方为抵销的意思表示，就能发生抵销的效力。也叫法律上的抵销。

《民法典》第 568 条规定，"当事人互负债务，该债务的标的物种类、品质相同的，任何一方可以将自己的债务与对方的到期债务抵销；但是，根据债务性质、按照当事人约定或者依照法律规定不得抵销的除外。当事人主张抵销的，应当通知对方。通知自到达对方时生效。抵销不得附条件或者附期限"。该条规定的即为法定抵销。

2. 合意抵销。合意抵销是按照当事人的抵销合意发生的抵销。此种抵销的构成要件与法定抵销有所不同，当事人达成抵销合意即可发生抵销的效力。

《民法典》第 569 条规定，当事人互负债务，标的物种类、品质不相同的，经双方协商一致，也可以抵销。该条规定的，是合意抵销。

二、抵销权

（一）抵销权的意义

抵销权是债的当事人根据法律规定或事先约定所享有的，能够依其单方意思表示使互负的等额债务抵顶消灭的权利。

如上举甲、乙互负金钱债务例中，甲、乙都能够根据《民法典》第 568 条，享有以其单方意思表示进行抵销的权利。

（二）抵销权的性质

抵销权依抵销权人的单方的抵销意思表示发生效力，属于形成权。[1]

抵销权依当事人互享债权而存在，因互享债权、互负债务的等额消灭而消灭，属于债权的从权利。

（三）抵销权的发生

抵销权为形成权，在符合抵销的构成要件时，在法律上当然发生。然而，其何时发生，应予注意。

从学理上讲，抵销权发生于双方当事人的债权、债务得抵销之时，即抵销权的构成要件齐备之时。

从法律规定方面看，依《民法典》第 568 条第 1 款的规定，抵销权发生的时间，应当理解为当事人互负标的物种类、品质相同的债务"均已到期之时"。

如果有一方当事人的债务未到清偿期，就表明对方的债权未到清偿期，因而不符合上述法律规定。

（四）抵销权的归属

在法定抵销，任何一方都有抵销权。在合意抵销，按事先约定确定抵销权人。

所谓事先约定，是指清偿前已经成立的关于抵销权的约定。

事先无抵销权约定，经双方协商达成合意才能抵销的，是双方抵销，不是单方的抵销意思表示，不发生抵销权。

（五）抵销权的行使

抵销权以抵销人向对方当事人为抵销的意思表示为行使要件。

抵销权发生后抵销权人不向对方当事人为抵销的意思表示的，不能自动发生抵销的效果。《民法典》第 568 条第 2 款规定，当事人主张抵销的，应当通知对方，通知自到达对方时生效，即为此义。

抵销权的行使，不得附条件或期限，否则不发生权利行使效果。其理由

---

[1] 大陆地区不少学者认为抵销权是形成权。参见王家福主编：《民法债权》，法律出版社 1991 年版，第 201、205 页；魏振瀛主编：《民法》，北京大学出版社、高等教育出版社 2007 年版，第 384 页；张俊浩主编：《民法学原理》（下册），中国政法大学出版社 2000 年版，第 716 页。我国台湾地区学者有不同认识。史尚宽先生认为："抵销为独立的债权消灭之原因，得依自己一方之意思表示，处分他人之债权，而满足自己债权，可认为债权人依自助以满足自己（德 Selbstbefriedigung）之方法，从而抵销权亦可称为强制的利用权，即强制的以他人之财产供自己利用之权利。"参见史尚宽：《债法总论》，中国政法大学出版社 2000 年版，第 847 页。黄立先生认为抵销权："类似抵押权，系一种优先受偿之权利，优先于抵销相对人之其他债权人而受清偿，因此抵销权实不仅仅是一种形成权。"参见黄立：《民法债编总论》，中国政法大学出版社 2002 年版，第 717~718 页。

在于附条件或期限的，其效力不确定，违反抵销权的本质，有害于对方当事人的利益。

抵销权一旦行使即发生抵销的效力，不可撤回。

当事人互负的债务的清偿期有先后差别的，抵销权发生后，先为抵销意思表示一方当事人的行为，是抵销权的行使，对方不得再主张抵销权，因为其抵销权已被在先者的抵销的意思表示所消灭。[1]

三、主动债权与被动债权

主动债权，是抵销权人用以进行抵销的债权。被动债权，是指被抵销的债权。如，A、B 两公司互负债务，符合《民法典》第 568 条的规定，A 公司通知 B 公司，将债务抵销，A 公司的债权是主动债权，B 公司的债权是被动债权。相反，如果 B 公司先行使抵销权，其债权即为主动债权。

四、抵销的构成要件

（一）法定抵销的构成要件

1. 须有可供抵销的双方的债权、债务。

（1）须当事人之间互负债务、互享债权。抵销是使双方当事人之间等额债务、债权消灭的行为，故以双方互享债权、互负债务为前提。当事人一方只有债务而无债权或只有债权而无债务的，不发生抵销。

用来抵销的债权，均须为当事人自己的债权，不得以第三人的债权抵销对方的债权。例外情形有：其一，连带债务人得以其他连带债务人对债权人的债权，在该连带债务人应分担的债务份额内主张抵销；其二，保证人得以主债务人对债权人的债权，主张抵销；其三，债权让与的，债务人可以自己对原债权人的债权，向新债权人为抵销。但其在取得该债权时已知债权让与，或该债权在其知道债权让与后，并且在让与的债权到期之后才到期的，除外。

（2）须双方当事人的债权、债务均可供抵销。所谓可供抵销，是指主动债权和被动债权均有完全效力。

无效之债权，没有法律效力，自然不能抵销。

效力不完全的债权，如已罹于时效的债权，不得作为主动债权而为抵销，否则，即属强使对方履行自然债务。但是，其可作为被动债权被抵销，在此情形，是主动债权人放弃了时效利益。

---

[1]　参见史尚宽：《债法总论》，中国政法大学出版社 2000 年版，第 866 页。

未生效的债权，如附延缓条件的债权，因未生效，将来是否生效不能确定，也不可抵销。

可撤销行为发生的债权，因担当主动债权或被动债权的不同，是否可供抵销有所差异：担当主动债权的，因该行为在被撤销之前有效，债权也有效，可进行抵销，抵销后该行为被撤销的，债权自始无效，抵销也自始无效，但是被抵销的债权不受影响，仍然有效存在，债权人得请求对方清偿。担当被动债权而被抵销的，主动债权人也就是可撤销行为的撤销权人，知道行为可撤销仍然抵销的，推定其抛弃撤销权，抵销有效；主动债权人不知行为可撤销而行使抵销权，后来在除斥期间内行使撤销权撤销该行为的，该债权自始无效，抵销也自始无效。

效力受有限制不得行使的债权，不得作为主动债权进行抵销。如，存在同时履行抗辩权的债权，不得作为主动债权进行抵销，否则，无疑剥夺了抗辩权人的抗辩权。但是，其作为被动债权并无不当，在此情形，主动债权人也就是抗辩权人，放弃了抗辩权。

2. 须双方债务均届清偿期。债务已届清偿期，抵销方可进行。未届清偿期的债务，债权人尚不能请求履行，故不能主张抵销。否则，无异于强迫债务人抛弃期限利益为期前清偿。但已届清偿期的主动债权人抛弃期限利益与未届清偿期的被动债权抵销的，为有效。

3. 须双方所负债务为相同种类。抵销的目的在于使当事人互负的债务按照等额相互消灭，简化和方便债务清偿和债权实现，给付为同种类的，便于计算和衡量当事人双方互负债务的价值，使当事人双方达到目的。如果双方互负的债务种类不同，进行抵销，不但计算不便，而且容易使一方或双方当事人的利益受损，失去公平。因此，法定抵销的，用于抵销的债务须属同一种类。

适于抵销的，以金钱债务和种类物债务居多。非金钱的债务，转化为金钱债务后，得予抵销。

不同清偿地的同种类给付，也可以抵销。但是，抵销权人应当向对方赔偿因抵销而不能在原清偿地清偿或者受领所受损害。

4. 须债务依其性质、当事人约定和法律规定不限制抵销。上述三个要件，是抵销的积极要件，而这一要件，属于抵销的消极要件。

并非所有的债务皆可抵销。依债的性质、约定和法律规定有抵销限制的，不得抵销。不得抵销的债务主要有：

（1）性质决定不得抵销的。所谓性质决定不许抵销，是指某些债务所具备的如果抵销即违反其成立目的的特性。例如，当事人互负不作为义务，一旦抵销，则双方的债权全都落空，违反了成立不作为之债的目的。再如，提供劳务的债务、与人身不可分离的债务等。所以，依债的性质，非清偿不能达债之目的者，即使为相同种类，也不得抵销。

（2）按照法律规定不得抵销的。包括：①法律明文规定不得抵销的债务。如《破产法》第40条规定的禁止抵销的债务。[1]②禁止强制执行的债务。如依生效判决强制执行债务人财产，不得以被执行人的生活必需品抵销债务。③故意侵权的赔偿债务。如果允许赔偿债务人以自己对受害人的债权抵销其赔偿债务，对受害人既不公平又重大不利，还会发生支持债权人对未履行债务的债务人故意侵权的客观效果。[2]④当事人擅自扣押对方应得财物的。如不得以扣留对方应得的货物或者货款抵销对方的违约金债务。⑤财产被司法机关查封、冻结、扣押，于其后在该财产上发生的债务。在此情形，财产受查封、冻结、扣押的一方，不得主张抵销权。⑥约定向第三人给付的债务。第三人请求债务人清偿的，债务人不得以自己对对方当事人的债权主张抵销；对方当事人请求债务人向第三人清偿的，债务人也不得以自己对第三人有债权而主张抵销。

（3）当事人特别约定不得抵销的债权、债务。

（二）合意抵销的要件

当事人之间互负的债务，可依订立抵销合同而消灭。抵销合同的要件及效力，由当事人自由商定，不受法定抵销之构成要件的约束。如法定抵销要件中的须双方债务均届清偿期及双方互负债务须为同种类给付等，当事人得商定予以排除。

五、抵销的效力

（一）所抵销的债务等额消灭

全部债务抵销的，双方当事人之间的债全部消灭。

双方的债务数额不等时，等额部分消灭，剩余部分仍然有效，债务人仍有清偿的义务，债权人仍有受领的权利。

---

[1]　《企业破产法》第40条规定，债权人在破产申请受理前对债务人负有债务的，可以向管理人主张抵销。但是，有下列情形之一的，不得抵销：①债务人的债务人在破产申请受理后取得他人对债务人的债权的；②债权人已知债务人有不能清偿到期债务或者破产申请的事实，对债务人负担债务的；但是，债权人因为法律规定或者有破产申请1年前所发生的原因而负担债务的除外；③债务人的债务人已知债务人有不能清偿到期债务或者破产申请的事实，对债务人取得债权的；但是，债务人的债务人因为法律规定或者有破产申请1年前所发生的原因而取得债权的除外。

[2]　如债务人甲未能还债，债权人乙故意砸坏甲的物品，然后以此赔偿债务主张抵销。

（二）抵销属权利行使，发生时效中断效果

剩余债务的诉讼时效重新计算。

（三）抵销具有溯及力

抵销生效时，等额债务消灭的效力溯及抵销权发生之时。当事人双方的债务清偿期有先后差别的，以后到期者为准。

自抵销权发生之时起，已抵销的债务不再发生利息；不再发生迟延责任；一方当事人已发生的损害赔偿责任及违约金责任因抵销的溯及力而消灭。[1]

第五节　提存

一、提存的意义

提存，是债务人因债权人的原因而难以清偿债务时，将标的物为债权人提交有关部门保存以消灭债的行为。

说明如下：

1. 提存是债务人的行为。债务人为提存的，称为"提存人"，其提存的标的物叫作"提存物"，受理提存业务的部门是"提存部门"。

2. 提存是债务人依债给付，但因债权人原因难以清偿时的行为。例如债务人按期交货，但债权人下落不明。相反，如果债务人给付迟延、不完全给付等，法律不允许其提存。

3. 提存是债务人为债权人将标的物交提存部门保存的行为。首先，债务人须将提存物提交提存部门。依据司法部《提存公证规则》，目前我国的法定提存部门是公证处。同时，债务人须以债权人为提存物的领取权人。所谓为债权人利益，即是此意。如果债务人未以债权人为领取权人，就不能构成提存。

4. 提存是以消灭债务为目的，并能够发生债务消灭效果的行为。没有此种目的者，不是提存。符合法定条件的提存行为，能够发生债务消灭的效果。

债务的履行一般需要债权人的协助，尤其是需受领之给付。当债务人依债清偿但是因债权人的原因不能清偿，债权人虽然应负担受领迟延的责任，但并不必然发生债权消灭的效果，债务未清偿属于事实，债务人也就仍受债务的约束。长期维持这种状态，对债务人显然不公平。特别是双务之债，当事人双方互负对待债务，互为债权人和债务人，一方在债权人地位拒绝受领

---

〔1〕　参见史尚宽：《债法总论》，中国政法大学出版社 2000 年版，第 867 页。

的，不但会使对方的债务不能及时消灭，拖累对方，而且往往牵连影响对方的债权。如买受人无理拒绝受领标的物，往往一并拒绝支付货款。

为防止因债权人原因使债务人不能清偿债务而受损害，人们在经济生活中创造了提存的方法。民法认可这一方法，不仅是为了满足当事人的合法利益，还是为了维护交易秩序，实现公平、正义。

提存是大陆法系国家普遍认可的消灭债的方法。我国《民法典》第570条至第574条，规定了提存制度。

二、提存的性质

提存是提存人和提存部门之间的双方法律行为，是为第三人（即债权人）利益的要式、要物的保管合同，是具有债务清偿效果的法律行为。

1. 提存由债务人向提存部门要约，提存部门认为符合法定提存条件的，承诺予以提存，双方签订提存合同书，成立提存合意。

2. 提存合同须为书面形式。提存合同对债务、提存物、债权人、提存期间、提存费用等，都要清晰记载，非书面形式不能达此效果。

3. 提存人和提存部门须办理提存物及其权利凭证、债务凭证的移交手续，提存才能生效，发生债务消灭的效果。提存合同的签订，仅有提存合意的成立效果，提存人不移交提存物及其权利凭证、债务凭证的，不能实现提存目的，不能发生提存的效力。

4. 提存是为债权人保管提存物，债权人是提存物的领取权人。债权人领取提存物的，其债权实现。

三、提存的要件

提存的要件，是指债务人得为提存的必要条件。提存是在债权人未受领的情况下，发生于债务人与提存部门之间的、能够消灭债的合同行为，对债权人事关重大，为防止债务人滥行提存，法律定有提存要件，符合法定要件的，才能发生提存的法律效果。

（一）须有合法的提存原因

提存原因，是指提存的客观条件。《民法典》第570条规定了四种原因。[1]

1. 债权人无正当理由而拒绝受领。债务人依债履行，债权人无正当理由

---

[1] 《民法典》第570条规定的提存原因，前三种属于列举规定，而"法律规定的其他情形"，属于列举未尽的兜底规定，可以包容多种原因，除本法规定的相关情形外，在解释上，以扩大解释为合理，如债权人因可归责于自己的原因不是拒绝受领而是不能受领的情形等，也应包括在内。

拒绝受领的,债务人得为提存。所谓债权人无正当理由,是指债权人应当受领且无拒绝受领的理由。无须债权人受领的给付、虽需债权人受领但其有法定或约定的拒绝理由的,不得为提存。

拒绝受领包括明示的拒绝和默示的拒绝。陷入受领迟延而不表示受领的,应当推定为默示的拒绝。

2. 债权人下落不明。债权人为自然人,债务清偿期届至而其下落不明,致使债务人难为清偿的,债务人得为提存。

债权人下落不明,不以失踪宣告或死亡宣告程序为必要,有债权人离开住所地不知音讯,债务人难以清偿债务的客观事实即可。

从广义理解,债权人为法人的,也能够发生下落不明、债务人"难以履行债务"的情形。如履行期届至而公司法人经营场所迁移,既未通知债务人,又未及时在工商行政管理机关办理场所变更登记,使债务人无从知晓的情形。

《民法典》第 570 条规定的这一提存原因,以本条中的"难以履行债务"为要素,债权人虽然下落不明,但其有代理人或财产管理人可受领给付的,不存在"难以履行债务"的情节,债务人不得提存。债权人的代理人或财产管理人无正当理由拒绝受领的,债务人得为提存。

3. 债权人死亡未确定继承人、遗产管理人,或者丧失民事行为能力未确定监护人。债权人为自然人的,发生此等情形时,债务人无从清偿,拖延时间难免遭受不利,采取提存方式,将标的物交提存部门保管,消灭到期债务,债权人继承人、监护人确定后,由其领取提存物。

4. 法律规定的其他情形。如《民法典》第 390 条规定的担保期间,担保财产毁损、灭失或者被征收而获得的保险金、赔偿金、补偿金可以提存的情形,第 406 条第 2 款规定的抵押人转让抵押物所得价款可以提存的情形,第 432 条、第 433 条规定的在动产质押和权利质押关系中可以提存的情形,以及第 529 条规定的关于法人分立、合并或者变更住所没有通知债务人,致使履行债务发生困难的情形。此外,还应当包括债务清偿期届至而有数人为债权发生争执,不经诉讼程序不能确定孰为债权人,债务人无法向任何争执者给付,唯提存不能达债务消灭效果的情形等。

(二)须由得为提存之人提存

得为提存之人,是指清偿人。即依债而有清偿义务的人,包括债务人,以及债的当事人约定的应当向债权人履行债务的第三人。[1]

---

[1] 依《民法典》第 523 条,第三人得因合同当事人的约定成为履行债务的清偿人,当然也得为提存。

（三）须在清偿地的提存部门为提存

首先，提存人须向提存部门为提存。提存部门，是指同意接收提存物而为保管，并应债权人的请求将提存物发还债权人的部门。当事人对提存部门有约定的，从其约定。违反关于提存部门的约定的，无效。无提存约定的，一般由债务清偿地的法院或仲裁机关指定提存部门。如商业银行、仓库。无约定也不必要经过裁判程序的，债务人得向清偿地的公证处为提存。

同时，债务人须在债务清偿地的提存部门为提存。提存具有债务消灭的法律效果，应当符合全面履行规则的要求，债所确定的履行地，是全面履行的要件之一，未在债所确定的清偿地为提存的，不发生提存的效果。

（四）须以适合提存的标的物或标的物的价金提存

1. 须以债的标的物为提存物。非以债的标的物提存的，不生提存的效力。

2. 提存的标的物，以适于提存者为限。提存物一般为有体物，如货币、有价证券、票据、提单、权利证书；贵重物品；担保物（金）或其替代物等。[1]

鲜活物品如鲜鱼活虾、易腐物品等不适于提存或提存费用过高的，债务人得依法拍卖或者变卖，提存所得价款。

不动产也应当可以作为提存物。[2]

四、提存的方法

债务人向提存部门提交提存申请书，此文书应记载提存的原因、标的物、债权人的姓名、住址等。提存部门决定受理提存的，由提存人向提存部门交付提存物，提存部门收到提存物后，向提存人授予提存证书，提存证书与清偿受领证书有同等的法律效力。[3]

提存后，除债权人下落不明的以外，债务人应当及时通知债权人或者债权人的继承人、遗产管理人、监护人、财产代管人。

五、提存的效力

提存涉及三方当事人，发生三方面的效力。

---

〔1〕　司法部《提存公证规则》第 7 条。

〔2〕　《提存公证规则》第 15 条明文规定不动产可以提存。该规则第 22 条第 4 款有相同规定。《民法典》无禁止性规定。曾经有学者认为不动产可作为提存物。参见韩世远：《合同法总论》，法律出版社 2004 年版，第 656～657 页。我国台湾地区实行的提存法规定，提存物限为动产。参见黄立：《民法债编总论》，中国政法大学出版社 2002 年版，第 698 页。

〔3〕　《民法典》第 571 条第 2 款规定："提存成立的，视为债务人在其提存范围内已经交付标的物。"

（一）在债务人与债权人之间

1. 债权、债务消灭。提存与清偿具有同等的效力，主债权，从债权等权利，皆因提存而消灭。

提存物的所有权因提存而移转于债权人，债权人只能请求提存部门返还提存物，对债务人再无债权。

2. 提存物意外毁损、灭失的风险由债权人负担。提存期间，提存物意外毁损、灭失的，由债权人承担损失，债务人概无责任。

3. 提存物的孳息归债权人所有。提存物有孳息的，债权人享有取得权，其应当自行收取该孳息，债务人没有为债权人收取孳息的义务。

4. 提存费用由债权人负担。提存费用是指因提存所发生的各种费用。包括提存公证费、公告费、邮电费、保管费、评估鉴定费、代管费、拍卖变卖费、保险费，以及为保管、处理、运输提存物所支出的其他费用等。

债权人领取提存物时，应当向提存部门支付提存费用，否则，提存部门有权留置价值相当的提存物。

5. 债务人负有及时通知债权人的义务。提存后，除债权人下落不明外，债务人应及时通知债权人或债权人的继承人、遗产管理人、监护人、财产代管人，详细告知提存事项。如提存时间、提存部门等。公证处办理提存公证，应以通知书或公告方式通知债权人在确定的期限内领取提存标的物。

债务人怠于履行此通知义务，使债权人未能领取或未能及时领取提存物，受到损失的，应当赔偿损失。

（二）在债权人与提存部门之间

1. 债权人有提存物领取权。提存以债权人为提存物领取权人，债权人得请求提存部门交付提存物。

债权人在领取提存物时，应提供身份证明、提存通知书或公告，以及有关债权的证明；委托他人代领的，还应提供有效的授权委托书。其继承人领取的，应当提交继承公证书或其他足以证明继承遗产的证据。

因债权转让、抵销等原因需要由第三人领取提存物的，该第三人应当提供已取得债权的有效法律文书。

2. 债权人对债务人有到期对待债务未清偿的，其领取权受有限制。依《民法典》第 574 条第 1 款，债权人对债务人负有到期债务的，在其未履行债务或者提供担保之前，提存部门根据债务人的要求应当拒绝其领取提存物。

3. 债权人须在法定期限内领取提存物，否则其领取权消灭。依《民法典》第 574 条第 2 款，债权人领取提存物的权利，自提存之日起 5 年内不行使而消灭。该 5 年期间，应认为提存物领取权的除斥期间。

在上述法定期限内债权人未领取提存物的，提存物视为无主财产，由提存部门扣除提存费用后归国家所有。

（三）在提存人与提存部门之间

1. 提存人与提存部门之间的关系准用保管合同的规定。提存人将标的物提交于提存部门，提存部门依照法律的规定，负有保管提存物的义务，应采取适当的方法妥善保管提存物，以防毁损、变质或灭失。对不宜提存的，提存部门可以拍卖，保存其价款。

2. 提存人有取回权。有下列情形之一的，提存人有权取回提存物：

（1）债务人以其他给付清偿了债务。提存后，债务人对债权人另为其他给付或替代给付，清偿了债务的，如另行交付物品、抵销等，可以凭人民法院的裁决书、债已清偿的其他证明，取回提存物。

（2）债权人在领取权有效期限内，以书面形式向提存部门表示放弃领取提存物的权利。提存成立后、领取权除斥期间届满前，债权人不领取提存物反而以书面明确表示放弃领取权的，提存人得取回提存物。

（3）债权人未履行对债务人的到期债务。双务合同中，债权债务对应存在，债务人提存而债权人不履行其对应的债务，提存人也无需对待履行，提存失去应有的功能和价值，提存人有权取回提存物。

提存人取回提存物的，提存费用由提存人承担。提存人未支付提存费用前，提存部门有权留置价值相当的提存物。

第六节　免除

一、免除的意义和性质

（一）意义

免除，是债权人以免除债务人之债务、消灭自己的债权为目的而向债务人所为的单方法律行为。

解释如下：

1. 免除是债权人的行为。在事实上和法律上都不发生债务人免除的行为。

2. 免除是债权人免去债务人债务的行为。法律上的免除，是指义务和责任的免除。在债法而言，是债务的免除，即债务人得不清偿而其债务消灭。由于债务的相对性，债务免除就必然导致相对的债权消灭。

3. 免除是债权人的单方法律行为。首先，免除是债权人的意思表示，债权人为该意思表示，是为了发生一定的法律效果，即消灭自己的债权，免去债务人的债务。同时，免除是单方法律行为。债权人为免除的意思表示，无须债务人同意即得发生债权消灭、债务免除的法律效果，因此属于单方法律行为。

4. 免除是债权人对债务人实施的单方法律行为。免除以债权人对债务人为免除意思表示为要件，债权人未对债务人为免除意思表示的，不构成免除。

5. 免除是从债务方面所作表述，从债权方面看，则是债权的放弃。因此，换一个角度看，免除就是债权放弃行为。

《民法典》第575条是关于免除的规定。

（二）性质

1. 免除是债权处分行为。免除决定债权、债务的命运，其法律效果，是被免除的债务无须清偿而消灭，该债务所相对的债权消灭。因此，免除属于决定债权消灭的处分行为。

2. 免除是债权人的单方法律行为。《民法典》第575条规定，债权人免除债务人部分或者全部债务的，债权债务部分或者全部终止，但是债务人在合理期限内拒绝的除外。该条一方面确定了免除的单方法律行为的性质，另一方面，仅规定了合同债务的免除。其实，在法定之债，债权人也得以其单方意思表示，免除债务人的债务。比如，侵权之债的受害人宽恕侵害人而放弃赔偿请求权，无因管理之债的管理人念及本人经济困难而放弃部分管理费用等。

3. 免除为不要因行为。免除，不以其原因而仅以免除的意思表示为生效要件。免除的原因可以多种多样，但无论如何，都不是免除的要件。债务人主张其债务已被免除的，证明债权人免除行为的存在已为足够，无须证明免除的原因。债权人否认免除的，应当证明免除行为未发生、未生效、可撤销等，不能以免除原因不存在、无效等，否定其免除行为的效力。

4. 免除属于无偿行为。免除，以使债务人无须清偿而债权消灭为其效果意思，亦按照此效果意思发生法律效果。因此，债务人不需给付原定利益，而债权人无偿地丧失原定的给付利益。如果当事人以其他给付替代原定给付，就不构成免除。

5. 免除是不要式行为。免除的意思表示，法律不要求有特定形式，以能为债务人知晓为妥当。《民法典》中未具体要求为要式，因此，理解免除为不要式法律行为，符合立法意图。凡书面、口头，明示、默示等，均无不可。但是，当事人因口头免除发生争议的，债务人负担免除存在的证明责任。

二、免除的要件

（一）须债权人为免除的意思表示

1. 债权人须有处分能力。免除是债权人放弃债权的行为，属于处分行为，因此，需要债权人具有处分该项债权的能力。

2. 须债权人以意思表示为之。债权是存在于特定当事人之间的请求权而非支配权，所以，放弃债权不得以事实行为为之，而须有放弃的意思表示。

（二）须债权人向债务人为免除的意思表示

债权人将免除之意思表示于债务人，方可发生免除的效果。[1]债权人向债务人的代理人、继承人为免除意思表示的，效力相同。

免除是使债务人纯获益的行为，即便其民事行为能力有欠缺，也不影响免除的效力。

免除的行为方式，可以是同债务人订立债务免除合同、向债务人交付免除证书或交还债权证书等。

债权人的代理人依代理权向债务人所为的免除的意思表示，为有效之免除。

债权人向不特定人或第三人发布免除意思的，不能发生免除的效果。

（三）免除不得损害第三人利益

免除损害第三人利益的，无效。如债权人甲以其债权为丙设定权利质权，后向债务人乙表示免除其债务，其结果，势必损害丙的权利质权。

（四）可以附条件或者附期限

免除作为法律行为，适用法律行为的规定，既可以附条件，也可以附期限。

（五）须债务人在合理期限内未拒绝免除

《民法典》第 575 条的"但书"规定了债务人拒绝免除的问题。债权人向债务人实施的免除意思表示被债务人在合理期限内拒绝的，不能发生免除的效果。至于该条中的"合理期限"的具体时间范围，《民法典》未予规定，对此，一方面，有待于有权解释尽快给出明确规定，另一方面，从妥当性角度考虑，债务人在债务履行期限届满前拒绝的，可以认为是在合理期限内。

---

[1] 《日本民法典》第 519 条规定可资参考，该条规定："债权人对债务人表示免除债务的意思时，其债权消灭。"参见曹为、王书江译：《日本民法》，法律出版社 1986 年版，第 104 页。

三、免除的效力

（一）债绝对消灭

免除使所免除的债务绝对消灭。债务全部免除的，全部消灭；债务一部免除的，该部分消灭。

有从债务如利息债务、担保义务等的，主债务免除，从债务随之而消灭。但是，从债务被免除的，主债务并不必然免除。如债权人免除保证人的保证债务，被保证人的主债务不能因此当然消灭。

（二）不可分债务的免除

债务为不可分给付的，免除须为全部，部分免除的意思表示，不发生免除的效力。如一辆轿车的给付，不能部分免除。

（三）连带债务的免除

债权人得免除连带债务人中部分人的债务。在此情形，其他未获免除者在减除该债务人应分担债务额后，就其余的债务负担连带责任。[1]

（四）不可放弃的债权的免除限制

依债权的性质或法律的规定不得放弃的债权，债权人不得为债务免除。例如，自然人因他人的侵害而有损害赔偿债权，如果其放弃该债权就会陷入生活困难而须享受国家最低生活保障待遇的，就不能容许免除侵害人债务而转求低保待遇。

第七节　混同

一、混同的意义和性质

（一）意义

混同，是指因一定原因而某项债权及其对应存在的债务归于同一人的法律事实。

解释如下：

1. 混同是债权、债务因一定原因而同归于一人。如债权人甲公司和债务人乙公司经协商一致，乙公司归并于甲公司，原来二公司的债权、债务俱归

---

[1] 《民法典》第520条第2款规定："部分连带债务人的债务被债权人免除的，在该连带债务人应当承担的份额范围内，其他债务人对债权人的债务消灭。"

于甲公司。又如，债权人王某将其对李某的债权让与赵某，后赵某又将该债权让与李某，债权、债务即同归于李某。再如，弟弟丁二欠哥哥丁大 2 万元钱，丁二死亡，除丁大外无其他继承人，丁大概括继承了丁二的遗产。

2. 混同发生主体的归一，债权债务因而失去实现的必要。此种情形，当事人不能向自己请求清偿或为清偿，债务履行、债权实现都失去意义，均告消灭。

3. 混同是一种法律事实。发生混同的原因可以是法律行为或事件，混同本身则是事件而非法律行为。如甲、乙二公司之间的混同，法人合并是混同的原因而非混同。如概括继承，也不是法律行为。

《民法典》第 576 条规定了混同制度。

（二）性质

对混同的性质，民法上有"履行不能说""清偿说""目的达到说""债权消灭说"，等。其中债权消灭说为通说，该说主张，债权人、债务人是债的主体要素，债权人和债务人为同一人时，要素欠缺，不符合债的原理，故债消灭。[1]

我国债法的混同理论应属"债权消灭说"。

二、混同的原因

债权、债务的承受，是混同的原因。包括概括承受和特定承受。

（一）债权、债务的概括承受

债权、债务的概括承受，是指债权人或者债务人对相互间的债权和债务的全部承受。法人合并、概括继承等，是概括承受的典型。如上举甲公司与乙公司合并的情形、丁大继承丁二遗产的情形。

（二）债权、债务的特定承受

债权、债务的特定承受，是指债权人承担债务人之债务，或者债务人受让债权人之债权。债权人将债权让与债务人、债权人承担债务人之债务，是其典型。

三、混同的效力

债的关系因混同而绝对消灭，消灭的效力及于主债、从债。

---

[1] "履行不能说"主张，债权、债务归于同一人时，任何人不能向自己履行，因此发生履行不能。"清偿说"主张在继承关系中，债务人继承债权人遗产时，发生以取得的遗产清偿其债务的效果；如果是债权人继承债务人的遗产，取得该遗产则发生以遗产清偿债务的效果。"目的达到说"认为，债权、债务因混同而达到成立债的目的，债因而消灭。参见史尚宽：《债法总论》，中国政法大学出版社 2000 年版，第 879～880 页。

例外情形有三：

（一）债权为第三人的权利标的时，虽有混同但债不消灭

债权成为他人权利的标的时，为保护第三人的利益，即使发生混同的事实，债也不消灭。例如债权人以其债权为第三人设定权利质权，该债权成为他人质权标的，即使债权、债务发生混同，为保护质权人的利益，债权不因混同而消灭。

（二）法律另有规定的，有混同但债权、债务仍有效存在

法律为促进流通，特别准许债权、债务同归一人而不消灭的，不发生债消灭的效果。例如，《票据法》第 69 条第 2 句规定，持票人为背书人的，对其"后手"无追索权。分析此规定，此种持票人，依其持票享有票据债权，但是，因其先前的背书，成为其背书"后手"的债务人，他对自己背书的"前手"有追索权，其背书"前手"仍然是其票据债务人，票据债权、债务不消灭。

（三）限定继承的，不得因混同而消灭继承人对被继承人的权利、义务

所谓限定继承，是指继承人以被继承人的积极遗产为限而清偿被继承人生前所负债务的继承形式。继承发生时继承人不放弃继承的，被继承人生前的债权债务及其他民事权利、义务统归于继承人，会出现混同。对此种情形，《民法典》第 1161 条第 1 款中规定，继承人以所得遗产实际价值为限清偿被继承人依法应当缴纳的税款和债务。继承人放弃继承的，对被继承人依法应当缴纳的税款和债务可以不负清偿责任。

但是，当继承人是被继承人的债务保证人时，被继承人的主债务和继承人的保证债务同属于继承人，此时，继承人无异于保证自己的债务，显然违反了保证由第三人担保的原理，因此，保证债务应当消灭，由继承人清偿继承的主债务。然而，如果作为保证人的继承人为限定继承，被继承人的遗产不足以清偿主债务，而保证债务因混同而消灭，债权人的利益就会受到损失。为保护债权人的利益，在保证人为限定继承时，不准保证债务消灭。《民法典》虽无具体的规定，但是，从法理上讲，应当如此。在立法例上，也不乏借鉴。[1]

---

[1] 《意大利民法典》第 1255 条规定，如果保证人与主债务人合并为一人，只要有利于债权人，保证依然存在。参见费安玲等译：《意大利民法典》，中国政法大学出版社 2004 年版，第 306～307 页。《德国民法典》第 1976 条规定，已命令遗产管理，或已开始遗产支付不能程序的，因继承的开始，以权利与债务或权利与负担相混同的方式消灭的法律关系，视为不消灭。参见陈卫佐译注：《德国民法典》，法律出版社 2006 年版，第 592 页。我国民国时期的民法典第 1154 条第 3 款规定，为限定之继承者，其对于被继承人之权利、义务，不因继承而消灭。

第十一章
债务不履行的共同性规则及违约责任

第一节　债务不履行的意义、原因与归责原则

一、债务不履行的意义

债务不履行，是债务人未按照债的内容为给付，除有约定的或者法定的免责事由外，应当承担民事责任的行为。又叫"债务违反"。就合同债务不履行而言，称作"违约""违反合同"。

简要说明如下：

（一）债务不履行以债务有效为必要条件

债不成立或无效的，当事人一方没有债权，无权要求对方履行，对方无给付义务。因此，在认识债务不履行问题时，首先要判断的是债务是否有效。

（二）债务不履行是债务人不给付或给付不符合债的内容

债务不履行分为全部不履行和部分不履行。全部不履行是根本没有履行债务，部分不履行是指虽有履行，但给付的种类、数量、质量、时间、地点、方式等有不符合债的内容的情形。比如以少充多、给付迟延、瑕疵给付、加害给付等。

（三）债务不履行包括了意定之债和法定之债的债务不履行

债是合同之债、无因管理之债、不当得利之债、缔约过失赔偿之债、侵权行为之债等各种债的上位概念，债务不履行包含各种债所发生的不履行。

《民法典》没有设置债法总则，在坚持成文法体系的同时，借鉴了英美法系中的一些概念，构建了"民事责任"制度体系，用"违约"替代债务不履行，用"违约责任"取代了合同债务不履行责任的表述。对法定之债的债务不履行，则规定为"侵权的民事责任""返还财产"的民事责任等。

在民法典起草过程中，曾有知名学者呼吁设置债权总则。[1]然而，立法最终沿用了《民法通则》中相关的概念体系，将不履行合同之债定为"违约责任"，将侵权行为的后果定为侵权责任，而不履行侵权责任的也不定为债务不履行。不过，既然《民法典》确认债权是因合同、侵权行为、无因管理、不当得利以及法律的其他规定，权利人请求特定义务人为或者不为一定行为的权利，[2]以合同之债为核心确认了债权、债务关系的体系，并广泛使用这些概念，[3]即表明除合同之债外，侵权行为等形成的法律关系，也是债权债务关系，表明我国的债权法是包括了合同之债和法定之债的相对完整的债权法制度体系。尽管《民法典》仍旧把侵权行为的后果规定为侵权责任，但是该法第468条规定："非因合同产生的债权债务关系，适用有关该债权债务关系的法律规定；没有规定的，适用本编通则的有关规定，但是根据其性质不能适用的除外。"根据这一规范条文，非合同的侵权行为产生的法律关系，也是债权债务关系。因此，在债权法理论中，应当本着体系化的要求，研究债务不履行，理解和解释相关的法律规范和理论。

（四）债务不履行不同于债不履行

债务不履行是债务人未依债的内容为给付。而债不履行，是债权未实现、债务未履行的各种现象。它是个大概念，包括债务不履行、债权人受领迟延或无正当理由拒绝受领、第三人导致债务不履行、因不可抗力或情事变更而不履行等。

（五）债务不履行的，除有约定的或者法定的免责事由外，债务人承担债务不履行的民事责任

债务不履行导致债权人受到不利。在合同之债，债权人的合同债权不能实现，受到损失。在法定之债，债权人因债务人侵权、不当得利或者其他违法行为受到的损失不能得到及时赔偿。为对债权人进行有效的权利救济，民法规定，不履行合同债务的，应当按照约定或者法律规定向合同债权人承担"违约责任"；不履行法定之债的债务的，须依照侵权责任法律、不当得利制度等相关规定，向债权人赔偿损失、返还不当得利或者承担其他相应的民事责任。

---

[1] 参见王利明主编：《中国民法典草案建议稿及说明》，中国法制出版社2004年版；梁慧星为负责人的《中国民法典草案建议稿》，法律出版社2003年版；徐国栋主编：《绿色民法典草案》，社会科学文献出版社2004年版。

[2] 《民法典》第118条。

[3] 《民法典》第221条第2款、第307条、第386条、第387条、第468条等诸多条款中均使用了债权、债务、债权债务关系等术语。

债务不履行的发生，或可归责于债务人或不可归责于债务人，法律规定或者当事人约定免责事由的，依照免责事由确定债务不履行的后果。

（六）债务不履行呈现类型化形态

无论意定之债还是法定之债，债务不履行的形态都会有四种：①给付不能；②给付拒绝；③不完全给付；④给付迟延。不同的形态，法律效力有所差异。

在意定之债，债务不履行的，债务人不能证明其有约定的或者法定的免责事由的，承担债务不履行的责任，即"违约责任"。

在法定之债，债务人按照法律规定承担债务不履行的民事责任，包括侵权责任、无因管理费用偿还责任、不当得利返还责任、缔约过失赔偿责任等。

二、债务不履行的原因

（一）债务人原因

债务人因主客观原因不履行债务，是债务不履行的常见原因。如债务人故意或者过失地不履行、债务人因严重疾病不能履行等。在此情形，债务人不能证明自己有约定或者法定的免责事由的，应当承担债务不履行的责任。

（二）债权人原因

债权人不履行必要的告知、协助、配合等义务，也会导致债的不履行。如债权人错误告知其银行开户账号，使债务人未能按时付款。又如债权人自提货物而未及时提取，形成受领迟延。再如债权人突然丧失行为能力，未及确定代理人，导致债务人无法履行，或者受害人自己造成损害等。债权人原因发生的债务不履行，可归责于债权人的，债务人不承担责任，债权人承受由此造成的损失，但是，除有约定或法定的依据外，不能因此消灭债权、债务。

（三）第三人原因

第三人故意或者过失的行为，会导致债务不履行。如第三人导致标的物毁损灭失，陷债务人于给付不能。又如第三人致债务人人身损害，使其给付不能等。第三人原因造成债务不履行的，由债务人承担债务违反的责任。[1]

试分析下列问题：

问题1：出卖人诚得利公司按合同向买受人信利来公司送货，途中，第三人王某酒后驾车，撞毁货物，诚得利公司违约。二公司之间的债务问题当如

---

[1]　《民法典》第593条。

何解决?

问题 2：A 拾得 B 之失物，欲昧，C 愤而毁之；后 B 索之于 A，A 推托于 C 之行为。债务人、第三人各是谁? 若 B 主张侵权之债，A、C 的法律地位如何?

问题 3：甲、乙订立合同后，出卖人甲履行之前，丙诱以高价，要甲不向乙给付。甲难禁诱惑，丙遂愿而乙落空。这是否第三人原因致债务不履行? 为什么?

（四）不可抗力

不可抗力致使债不履行时，当事人没有特别约定法律也没有另外规定的，不能履行的一方及时通知了对方，并在合理期限内提供了证明的，根据不可抗力的影响，部分或者全部免除责任。[1]

（五）情事变更

《民法典》第 533 条规定："合同成立后，合同的基础条件发生了当事人在订立合同时无法预见的、不属于商业风险的重大变化，继续履行合同对于当事人一方明显不公平的，受不利影响的当事人可以与对方重新协商；在合理期限内协商不成的，当事人可以请求人民法院或者仲裁机构变更或者解除合同。人民法院或者仲裁机构应当结合案件的实际情况，根据公平原则变更或者解除合同。"

该条规定了情事变更的意义、构成要件和法律效果。

1. 情事变更的意义。情事变更，是依法成立的合同的基础条件发生了当事人订立合同时无法预见的、不属于商业风险的重大变化，继续履行合同对于当事人一方明显不公平的法律事实。[2]

对此定义简要解释如下：①情事变更是合同成立之后、履行之前发生的客观情况，性质上属于法律事实；②该客观情况的发生，使合同的基础条件发生重大变化，也就是基础条件丧失或者严重恶化；③该客观情况的发生，当事人在订立合同时无法预见，且不属于商业风险，即不可归责于当事人；④该客观情况发生后，如果继续履行合同，会对一方当事人明显不公平。所谓"明显不公平"，应当理解和解释为重大的不公平。

例如，买受人订立房屋买卖合同后突然身染重病，花光积蓄仍然不足以

---

[1] 《民法典》第 180 条、第 590 条第 1 款。

[2] 在理论角度，请参阅史尚宽：《债法总论》，中国政法大学出版社 2000 年版，第 444~462 页。近世学者对情事变更原则多有讨论，但是，史尚宽先生之著述不但早于这些讨论，后来者多有参考，且后来的见解，在理论层面少有出其右者。

医疗痊愈，如果继续履行合同，就会造成重大困难，按照诚信原则，应准其不履行。又如，双方当事人签订书面赠与合同后，尚未交付赠与物时，赠与人遭受灾祸，陷入生活困苦，即可不履行交付赠与物的债务。

本书认为，民法上的情事变更，本义是指一种特定的法律事实，即"依法成立的合同的基础条件发生了当事人在订立合同时无法预见的、不属于商业风险的重大变化，继续履行合同对于当事人一方明显不公平"这一法律事实。而"受不利影响的当事人可以与对方重新协商；在合理期限内协商不成的，当事人可以请求人民法院或者仲裁机构变更或者解除合同"是这一法律事实的法律效果。如果从不履行合同的原因或者障碍的角度讲情势变更，就应当将其定性为法律事实，不应当将其法律效果夹入定义之中；如果从"制度"层面讲情势变更，则应当完整表述为"情势变更制度"，可以加上法律效果作为概念的成分。这不仅是语义学的要求，更是法律思维严谨、概念精准的需要。

2. 情事变更的构成要件。

（1）须是合同成立之后发生的合同基础条件的重大变化。合同基础是当事人双方订立合同的立足点和目的，也是当事人双方合同利益的平衡点。比如，因筹办饲养厂而订立饲料预订合同，签订商铺租赁合同是为了经营小超市等，而对方的出卖、出租，则是为了取得金钱利益。如果这个基础改变或者丧失，仍然绝对地要求当事人履行合同，表面看是维持合同的效力，实质却是失去了当事人之间的合同利益的应有平衡，失去了公平正义。比如饲料购买方因开办饲养厂未被有关行政机关批准，就不应该强使其购买饲料。

（2）须该客观情况的重大变化是当事人在订立合同时无法预见，且不属于商业风险。影响合同履行的情事，包括政治、经济、法律及商业上的种种客观情况。如国家政策、行政措施、法律规定、物价、币值，国内和国际市场运行状况等，都会对合同的履行有所影响。其中，有的是当事人在订立合同时能够预见并应当预见的，如市场经济条件下的各种商业风险、一定时期内天气的资讯、交通运输状况、国家倡导或者限制的活动等；有的则是当事人无法预见的，如突发的自然灾害以及其他不可抗力等。

当事人在订立合同时无法预见的、不属于商业风险的客观情况的重大变化，才能构成情事变更这种法律事实。当事人无法预见即"不可归责于当事人"。不可抗力是法定免责事由，自不能构成情事变更；商业风险属于当事人应当预见到的客观情况，因商业风险而受有不利，不能成立情事变更。判断是否"无法预见"，采用"一般人"标准，即与当事人相同类型的一般人都无法预见的，即构成当事人"无法预见"。否则，就是能够预见而未尽应有的注意义务，不能成立情事变更。

（3）须合同基础条件发生重大变化，导致继续合同履行对一方当事人明显不公平。当事人订立合同时虽然无法预见，但是不发生继承履行对一方当事人明显不公平这个结果的，不构成情事变更。此所谓"重大"，应该理解为足以发生这个结果。

（4）须客观情况发生于合同成立之后、终止之前。合同成立之前，不发生合同权利义务，自无情事变更的基本前提；合同履行后才发生客观情况重大变化的，当事人双方的合同权利义务已经消灭，不存在因此使一方当事人明显不公平的结果。只有在合同成立之后、终止之前发生使合同基础条件重大变化的，才可能构成情事变更这种法律事实。

3. 情事变更的效力。依《民法典》第 533 条的规定，构成情事变更的，当事人得请求人民法院或者仲裁机构变更或者解除合同；人民法院应当根据公平原则，并结合案件的实际情况变更或者解除。据此，情事变更的效力是：

（1）当事人可以请求人民法院变更或者解除合同。发生情事变更的，当事人可以首先采用协商的方法，变更或者解除合同。协商不成的，可以请求人民法院或者仲裁机构变更或者解除合同。因情事变更而请求变更或者解除合同的诉讼，一般由因情事变更受有不利影响的一方当事人提起，以期获得司法救济。受有不利影响的一方当事人在主张变更或者解除合同时，负担证明责任，既要证明情事变更本身的发生，亦应证明履行合同对己方明显不公平。有一方面不能证明的，不发生变更或者解除合同的效果。

（2）变更或解除合同，由人民法院或者仲裁机构决定。受有不利影响的一方当事人提出变更或者解除合同的请求，即使具备了适用情事变更制度的条件，人民法院或者仲裁机构也不是照准其请求，而是根据公平原则，并结合案件的实际情况确定是变更还是解除。其中的道理，在于情事变更是不可归责于双方当事人，受有不利影响的一方经过法律救济，减轻或者避免了损失，而对方当事人也不应因情事变更遭受无端的损失。

（3）因情事变更而变更或者解除合同，受有不利影响的一方当事人就此得到救济而对方受到损失的，应当给对方适当补偿。情事变更原则的适用，以不可归责于双方当事人为必要条件，因情事变更而变更或者解除合同后，受有不利的一方得到救济避免了损失，但是，对方当事人同样无过错，可能因此而受到损失，一般的损失不必补偿，在较大甚至重大损失情形，理应由获得救济的一方给受损一方适当补偿。《民法典》虽然没有规定这一点，但是，从体系解释层面讲，因情事变更发生的合同变更和解除，属于合同变更和解除的范畴，适用合同变更和解除的法律规范，理所当然。

4. 情事变更和不可抗力的关系。对情事变更是否包括不可抗力，理论界有不同的观点。《民法典》颁布以后，仍然没有形成统一的认识。一种观点认为，《民法典》第533条"本条并未将不可抗力排除在外，发生不可抗力，也存在适用情事变更制度的情形"。[1] "正因为不可抗力的构成要件严于情事变更的构成要件，所以，两者存在交叉，不可抗力可以作为情事变更事由，但情事变更不能或不会直接导致不可抗力。不可抗力为因，情事变更为果，这并不意味着否定情事变更制度的独立性，不能认为情事变更只是作为不可抗力规则的一部分而存在。因为，发生适用情事变更的客观事由，可能是不可抗力，也可能是非不可抗力，情事变更的事由范围广于不可抗力。此外，在法律后果方面两者虽有交叉但存在不同。"[2] 另一种观点主张，不可抗力制度和情事变更制度具有相同之处，但二者毕竟是两种不同的制度具有很多不同之处。一是制度价值不同。不可抗力主要是一种免责事由，情事变更的法律效果是合同变更或者解除。二是适用范围不同。不可抗力作为民事责任的一般免责事由，除法律作出的特殊规定外，适用于所有民事责任领域，情事变更制度则仅为合同领域的一项特殊制度，不适用于其他民事领域。三是对合同的影响方式和程度不同。不可抗力制度的适用前提是不可抗力造成当事人不能履行合同的后果，情事变更制度是合同基础条件出现了当事人订立合同时无法预见且不可归责于当事人的重大变化，但是一般来说合同仍有继续履行的可能。四是法律效果不同。适用不可抗力制度体现为免责，包括部分免责和全部免责，但是其不直接导致变更合同内容，不可抗力的影响消除后，能够履行的部分仍然要履行。适用情事变更制度则体现为合同的解除或者变更，而且，是解除合同还是变更合同，需要法院或者仲裁机构在个案中根据具体情况判断。五是当事人权利行使方式和程序不同。不可抗力导致合同不能履行时，受影响的一方应当及时通知对方，并在合理期限内提供证明，因情事变更受不利影响的一方首先可以和对方协商调整失衡的利益，在合理期限内协商不成的，当事人可以请求法院或者仲裁机构变更或者解除合同。[3]

本书认为，上述两种观点各有其合理之处，相对而言，后者的合理性更大。理由是：

---

[1] 最高人民法院民法典贯彻实施工作领导小组主编：《中华人民共和国民法典合同编理解与适用》[一]，人民法院出版社2020年版，第480页。

[2] 最高人民法院民法典贯彻实施工作领导小组主编：《中华人民共和国民法典合同编理解与适用》[一]，人民法院出版社2020年版，第481页至第482页。

[3] 参见黄薇主编：《中华人民共和国民法典合同编解读》（上册），中国法制出版社2020年版，第244~246页。

（1）从我国关于不可抗力和情事变更法律制度的演进情况看，最初的法律规范中情事变更不包括不可抗力。《民法通则》和《合同法》规定了不可抗力，没有情事变更的规范。《合同法解释（二）》第26条是情事变更制度的开端。该条的内容是"合同成立以后客观情况发生了当事人在订立合同时无法预见的、非不可抗力造成的不属于商业风险的重大变化，继续履行合同对于一方当事人明显不公平或者不能实现合同目的，当事人请求人民法院变更或者解除合同的，人民法院应当根据公平原则，并结合案件的实际情况确定是否变更或者解除"。其中的"非不可抗力"即"不是不可抗力"，显而易见，最高人民法院是把合同成立以后客观情况发生了当事人在订立合同时无法预见的、"不是不可抗力"造成的、不属于商业风险的重大变化认定为情事变更，不可抗力不属于情事变更的具体情况。

（2）从《民法典》的规范体系来看，情事变更不包括不可抗力。不可抗力规范处于《民法典》第一编"总则"编第8章"民事责任"，排列为第180条，按照该条的规定，不可抗力是除法律另有规定外"不承担民事责任"的事由。"总则"是适用于全部民事法律关系的"总规则"，该条关于不可抗力的规定，自然也是适用于全部民事责任范围的"免责事由"的法律规范。"总则"编并没有规定情事变更制度，在第三编"合同"编中有了该规范。与第一编相比，"合同"编是民法分则，所以情事变更制度只能适用于合同关系。易言之，在法定之债中可能发生适用不可抗力的情况，不存在适用情事变更制度的可能性。

此外，不可抗力和情事变更两种制度的立法目的也显著有别，前者是立法为了确保在不可归责于当事人的条件下，使无辜者"不承担民事责任"，后者是立法为了衡平合同当事人之间因合同基础条件变化后的利益关系，实现公平和"契约正义"。

三、债务不履行的归责原则

（一）归责原则的含义

归责原则，是指违反义务时，据以确定责任归属的原则。通俗地讲，就是在义务不履行发生时，确定当事人是否承担民事责任的基本标准。

（二）规则原则的适用对象

合同债务不履行和违反法定义务，都有适用归责原则的必要。有差别的是，在合同债务不履行时，适用归责原则为了判断当事人是否应当承担违反合同的责任。在违反法定义务时适用归责原则，则是为了判断一方当事人的损害可否归责于对方，从而判断当事人之间是否发生法定之债权债务，可归责于行为人的，该行为人即依法负担债务，不可归责于对方的，对方就没有赔偿债务。

（三）债务不履行的归责原则

债务不履行的归责原则，是发生债务不履行时，债务人不能证明自己有法定或者约定的免责事由的，就要承担债务不履行的责任的法律原则。这一原则，既适用于法定之债，也适用于意定之债。

这一原则，既有法律依据又有理论依据。法律依据是：《民法典》第 176 条、第 577 条、第 1165 条这些关于债务不履行的基本规定，以及在这些条文基础上展开的规范体系。理论依据即正当性依据是：完全行为能力人是理性人，应当能够理解义务必须履行的法律约束力，理解和预见不履行约定义务或者法定义务带来的不利法律效果，因此，应当对自己不履行债务的行为承担责任。

第二节　债务不履行的类型及其效力

一、给付不能及其效力

（一）意义

给付不能，是指由一定原因所导致的债务人不能为给付。也叫"履行不能"。

如房屋买卖关系中的房屋因自然灾害而灭失，出卖人因标的物灭失而给付不能。又如侵权行为之债中侵权人破产而无力向被侵权人给付赔偿金。

履行不能与不履行相区别。履行不能出于一定原因而不能给付。不履行是债务人能给付而主观上故意或者过失地不给付。

（二）类型

从不同的角度观察，给付不能有多种类型。

1. 事实不能和法律不能。事实不能是因自然规律导致的给付不能。也叫自然不能。例如上述房屋灭失的给付不能，又如，债务人严重疾病而不能履行。法律不能是因法律规定所发生的给付不能。如买卖合同的标的物被人民法院查封，在债务履行期届满时未解封而不能如期交付买受人。又如无处分权人出卖他人的物品，物品所有人不同意而发生的无处分权人的给付不能。

2. 自始不能与嗣后不能。自始不能是在债成立时就存在的给付不能。也叫"原始不能"。如无合格工程建筑资质的建筑工程队,[1]承诺为对方建造20层的高楼,因不具备相应资质而自始不能。嗣后不能是在债成立后因一定原因发生的给付不能。如上述房屋灭失的买卖,合同成立后房屋灭失,是嗣后不能。如果订立合同前房屋灭失,则是自始不能。

自始不能和嗣后不能的区分界限,是给付不能发生于合同成立之前还是之后。二者的效力各不相同。自始不能的效力是债不成立或者无效,有过错者负担"缔约过失"的赔偿责任;嗣后不能的效力是债务不履行,可归责于债务人的,债务人负有债务违反责任。通常所讲的给付不能,指嗣后不能。自始不能,则归入缔约过失范围。

3. 客观不能与主观不能。[2]客观不能是在现有条件下任何人都不能完成给付的给付不能。如上述房屋灭失。主观不能是因债务人个人不具备条件发生的给付不能。如上述建造20层高楼,无合格工程建筑资质的建筑工程队即为主观不能,若是一级建筑资质的建筑公司,就能够进行施工建设完成给付。

4. 全部不能与部分不能。全部不能是债所确定的给付全部不能履行。部分不能是债所确定的给付一部分不能履行。也叫一部不能。如,买卖合同约定交付硅酸盐水泥200吨,因暴雨全部淋毁,不能交货,属于全部不能,相反,被淋毁一半,另外100吨能够如期交付,即是部分不能。

5. 永久不能与一时不能。在债务履行期限内存在履行障碍,确定地不能履行的,是永久不能。也叫确定的继续不能。如上述房屋灭失的情形。在履行期限内的某个时点或者时段存在履行障碍,暂时不能履行的,是一时不能。如居民小区供水系统突然损坏,因抢修而4个小时之内停水。

6. 可归责于债务人的不能和不可归责于债务人的不能。债务人没有约定或法定的免责事由的履行不能,是可归责于债务人的给付不能。债务人有约定或法定的免责事由的履行不能,是不可归责于债务人的给付不能。如上述房屋灭失的给付不能,若出于出卖人故意、过失、第三人原因等,属于前一种给付不能,相反,如果因为雷击、地震或山体滑坡、山洪暴发、战争等灭失,就属于不可归责于债务人的给付不能。

---

[1] 建筑企业资质是国家建设主管机关根据建筑企业的资产、专业技术能力、设备条件等所核准的可从事工程建筑业务的资格。不同资质的建筑企业,可建造的单体建筑物的高度、规模、质量等,有不同的准许标准,如一级资质、二级资质等。

[2] 对于客观不能和主观不能的区分标准,民法学上有多种观点。有兴趣者请参阅前引史尚宽:《债法总论》,中国政法大学出版社2000年版,第380~381页。

（三）各种给付不能的关系

以上各种给付不能，是从不同侧面对给付不能进行观察和说明的结果，分别是一面而非全面的说明。实际上，各种给付不能多为重合的现象。

例如，上面反复使用的房屋灭失一例，是事实不能，在合同成立后灭失则又是嗣后不能，因任何人在此条件都不能履行而属于客观不能、因标的物灭失而永久不能、全部不能。如果是出卖人过失导致灭失，还是可归责于债务人的不能。如果是不可抗力造成灭失，则是不可归责于债务人的不能，概言之，是嗣后、事实、客观、全部、不可归责于债务人的给付不能。

上述各种给付不能，可归责的不能和不可归责的不能的划分最为重要。在发生给付不能的场合，首先需要判断的是债务人应否承担债务违反的责任，而判断的标准就是债务不履行是否可归责于债务人。如，面对事实不能和法律不能，已知其法律效果是免除债务人的原给付义务，[1]以下就须判断可否归责于债务人，可归责于债务人的，根据《民法典》第580条第2款的规定，判定债务人承担违约责任。如果不可归责于债务人，不但要免除债务人的原给付义务，还应依法免除或减轻债务人的赔偿责任。

（四）给付不能的法律效力

依《民法典》第一编"总则"编第八章关于民事责任的一般性规定、第三编"合同"编第八章关于违约责任的规定，给付不能的，是否可归责于债务人，法律效果截然不同。[2]同时，除自始不能外，其他的不能，都能够归结到全部不能和部分不能，因此，给付不能的效力，集中表现于这两种不能。

1. 可归责于债务人的给付不能的效力。因给付不能，债务人原给付义务免除，发生损害赔偿责任。但是，全部不能与部分不能的具体效力有所差异。

可归责于债务人的全部不能，债务人原给付义务免除，负有损害赔偿的责任。

可归责于债务人的部分不能，其一，债务人得免除不能履行部分的原给

---

〔1〕 依《民法典》第580条，当事人一方不履行非金钱债务或履行非金钱债务不符合约定的，对方可以请求履行，但是法律上或事实上不能履行的除外，也就是债务人因事实不能或法律不能而免除原定债务。

〔2〕《民法典》第176条第1款、第577条、第582条、第1165条、第1166条等，确立了我国债法中债务违反的责任，以可归责于债务人为一般规则，以法律规定由债务人承担民事责任为特别规则。不履行债务者不能证明自己有约定或法定的免责事由的，是可归责于债务人的给付不能，债务人负有债务违反的责任。不履行债务者能够证明自己有约定或法定的免责事由的，是不可归责于债务人的给付不能，除法律另有规定外，债务人履行了及时通知义务和证明责任的，依《民法典》第590条"部分或全部免除责任"。

付义务，但就该部分负有损害赔偿责任。其二，对能够履行的部分，除另有约定或法律规定外，债权人有选择权：可选择请求继续履行原定给付中能履行部分，就不能履行部分请求损害赔偿；也可选择拒绝部分履行，请求债务人负担全部不履行的损害赔偿。其三，双务合同之债，给付可分的，债权人有权请求能履行部分，对不能履行部分则解除合同，或相对应地减少自己应给付的部分。

可归责于债务人的一时不能，不能的原因消除后债务人履行的，构成"给付迟延"，债权人有权选择拒绝或者请求给付。无论何种选择，债务人均负有给付迟延的损害赔偿责任。

2. 不可归责于债务人的给付不能的效力。①除法律另有规定或者当事人另约定者外，债务人的给付义务免除。全部不能的，给付义务全部免除；部分不能的，不能部分的给付义务免除；一时不能的，债务人在不能的原因消除前不负担给付迟延的责任。对此，《民法典》第180条、第590条有明确规定。②债务人不负担债务不履行的赔偿责任，在双务合同之债，债权人也因此免除对待的给付义务。③因不可抗力给付不能的，债务人负有及时通知债权人的义务和合理期限内提供证明的责任。否则，对未及时通知而给债权人造成的损害，有赔偿责任。④双务合同之债的给付不能，债权人已为给付的，债务人负有返还义务，否则构成不当得利；债权人未为给付的，免除给付义务。⑤债务人因第三人的原因给付不能的，应当依法向对方承担违约责任，债务人与第三人之间的纠纷，依照法律规定或者约定处理。如甲恶意损毁乙应当向丙交付的货物导致乙给付不能，乙应当向丙承担违约责任，乙向甲索赔。

（五）代偿请求权

1. 意义。代偿请求权，是债权人享有的、当债务人因给付不能的事由对第三人有损害赔偿请求权时，得请求让与该请求权的权利。

"代偿"，是"代位求偿"之义。如第三人损毁作为买卖合同标的物的物品导致债务人给付不能，本应由债务人向第三人请求赔偿，但是，债权人得请求债务人转让其对该第三人的赔偿请求权而代为行使。

2. 性质。代偿请求权是债的效力在给付不能条件下的表现形式。是非专属性债权的效力的应有之义。

学者间有两种观点：其一，原债权说。认为代偿请求权是原债权的继续，不过给付标的有所变更。因此，其时效期间的起算点，按原来债权确定；原来债权的担保权利，依然继续存在。[1]其二，新债权说。认为代偿请求权属于给付不能激发的新的债权。所以，其时效期间应当另行计算。[2]

3. 特点。给付不能时，债权人不是必然行使代偿请求权，而是可以选择行使。

在可归责于债务人的给付不能，给付不能的事由与他人无关的，只有债务人负担债务违反的损害赔偿责任，不发生代偿请求权；若给付不能由第三人造成，债务人对该第三人有赔偿请求权，债权人对债务人就有了代偿请求权。此时发生赔偿请求权和代偿请求权的竞合，债权人可以选择，或请求债务人履行赔偿责任，或请求债务人让与其对第三人的赔偿请求权。债务人已从第三人取得赔偿物的，债权人也可请求让与该物。

在不可归责于债务人的给付不能，债务人免除了原给付义务，债权人对债务人亦无赔偿请求权。若是单务之债如借用等关系，债务人因给付不能的事由对第三人有赔偿请求权，或对保险公司有保险金请求权等，债权人得主张代偿请求权。如果是双务合同之债，债权人可以选择，或请求债务人返还给付利益，或为对待给付而主张代偿请求权。

4. 要件。①须有给付不能。债务人依债给付的，不发生代偿请求权。②须债务人因给付不能的事由，对第三人有赔偿请求权或获得赔偿物。对债务人就其他原因取得的财产权利，或从其他人得到的权益，债权人不得主张代偿请求权。③须债务人取得的赔偿请求权或赔偿物具有可转让性。对专属性权利，如人身伤害赔偿金请求权等，债权人不得主张代偿请求权。④须代偿请求权包容的利益，限定于债权人原有债权的范围。超出原债权价额范围的，请求无效。

5. 适用对象。债务人因给付不能对第三人的赔偿请求权或获得的赔偿物，均可适用代偿请求权。

二、给付拒绝及其效力

（一）意义

给付拒绝，是指债务人对能为之给付明确表示或以自己的行为表明不给付。在合同之债，就是拒绝履行合同债务，故意"违约"。在法定之债则是侵权人对被侵权人拒绝赔偿、不当得利人拒绝向受损失的人返还不当得利等。

---

[1]　参见史尚宽：《债法总论》，中国政法大学出版社 2000 年版，第 390～391 页。
[2]　参见王家福主编：《民法债权》，法律出版社 1991 年版，第 157 页。

解释如下：

1. 给付拒绝是应给付而不给付。当事人之间没有债务而拒绝的，债务人确实不知道也无义务知道有债务而拒绝的（如某个合伙人不知道其他合伙人瞒着自己为合伙设定了债务），或者虽有债务但债务人行使抗辩权等情形，不构成给付拒绝。

2. 给付拒绝是债务人能给付而表示不给付。如债务人有资金而故意不付款、明知有债务而故意否认等。给付拒绝区别于给付不能，拒绝属于能为而故意或者过失地不为给付，不能则是由一定原因而无法给付。

3. 给付拒绝包括明示和默示两种形式。债务人足以产生拒绝效果的语言、文字、其他行为等，都属于给付拒绝。明示者，如口头或书面告知不履行；默示者，如销毁特定标的物而导致不能交付。又如把约定出卖的房屋卖给第三人且已办理了所有权移转登记。

4. 给付拒绝可以发生于履行期届满前、届满时或给付迟延时。合同债务人在履行期届满前拒绝的，构成"预期违约"；履行期届满时未履行的，发生"即期违约"，也叫"现实违约"。应当区分"给付迟延"和"拒绝履行"，二者的区别在于债务人有无拒绝的表示。迟延发生后，不同情况的效力有区别：债务人不拒绝继续履行的，负给付迟延的责任；拒绝的，债务人负给付拒绝的责任。

5. 给付拒绝属于债务违反。其法律效果是债务人负担债务不履行的民事责任，在合同之债就是违约责任。

6. 在可分之债，给付拒绝有全部拒绝和部分拒绝的不同情况。全部拒绝的，债务人应当承担债务全部不履行的民事责任。部分拒绝的，由于尚有部分不拒绝履行的情形，可以有不同的结果：其一，部分拒绝不影响债务其他部分的效用的，债权人有权选择是否受领其他部分的给付。债权人同意受领其他部分的给付的，可以请求债务人对拒绝的部分承担民事责任；债权人不同意部分拒绝而部分给付的，债务人应当承担债务全部不履行的民事责任。其二，部分拒绝影响债务其他部分的效用且债权人拒绝受领部分履行的，债权人有权请求债务人承担债务全部不履行的责任。

（二）要件

1. 须有应履行的债务。债务不成立或债务人正当行使抗辩权而拒绝的，不构成给付拒绝。

2. 须给付可能。已陷入给付不能的，即使债务人拒绝也不构成给付拒绝。

3. 须有债务人明示或默示的不履行的表示。债务人无拒绝表示的，不应认为给付拒绝。

4. 须债务人故意或过失地拒绝。[1]债务人对应当履行且能够履行的债务，明知而拒绝的，是故意拒绝，属于给付拒绝的典型；虽然不知道但是有义务知道而拒绝的，是过失地拒绝；不知且无义务知道而拒绝的，属于错误地否认债务，不构成给付拒绝。如无财产的被监护人致人损害而监护人在不知情的情况下拒绝赔偿。

（三）效力

给付拒绝构成债务违反的责任。债权人得根据具体情况，选择请求债务人继续履行、赔偿损失、支付违约金等。同时，在抗辩权、诉讼时效等方面也生效力。

1. 定有期限的债务。债务人拒绝履行的，债权人有权请求其承担债务违反的责任。依拒绝时间的不同，债权人行使这一权利的情况也有区别。

债务人在履行期届满时拒绝的，债权人有权依《民法典》第577条的规定，请求其承担继续履行、赔偿损失等违约责任，并有权根据债务人违约的具体情况，依照《民法典》第563条第3项、第4项，解除合同。

债务人在履行期限届满前拒绝的，债权人得在履行期届满前，要求其承担继续履行、赔偿损失等民事责任。属于合同之债的，可以按照《民法典》第578条关于"预期违约"之规定请求债务人承担违约责任，并得依据第563条第2项请求解除合同。债务人在履行期届满前表示给付拒绝，履行期届满前又表示履行的，为防止债权人因债务人的出尔反尔受到损害，债权人有权选择拒绝或者受领给付。拒绝的，有权请求债务人承担债务违反的责任；受领的，发生同意债务人撤回给付拒绝的效果。

合同债权人因债务人给付拒绝而解除合同的，应通知债务人，合同自通知到达债务人时解除；债务人对解除合同有异议的，可提起诉讼程序解决争议。

2. 未定期限的债务。因债权人得随时请求给付，债务人在债权人请求之

---

[1]　债务人过失拒绝履行，是否构成给付拒绝，有不同观点。史尚宽先生持肯定观点，参见史尚宽：《债法总论》，中国政法大学出版社2000年版，第411页。张广兴先生认为须债务人出于故意，参见张广兴：《债法总论》，法律出版社1997年版，第178页。陈小君也主张故意而排除了过失，参见陈小君主编：《合同法学》，高等教育出版社2003年版，第250页。本书认为，故意是拒绝履行的常见形态，但是，不能排除过失拒绝履行的情形。如，委托代理人订立合同后未及时告知被代理人，相对人主张债权时被代理人拒绝。又如，法定继承人继承遗产后，被继承人生前的债权人向继承人主张债权，继承人以不知有此债权为由断然拒绝。虽然债务人事实上确实不知债务的存在，但其未核实之前的贸然拒绝，属于过失拒绝。区分故意拒绝和过失拒绝有说明意义。

前或者请求时拒绝的，债权人有权请求其承担债务违反的责任。

3. 有担保的债务。债务人拒绝履行的，债权人得行使担保权利。

4. 双务之债。债务人给付拒绝的，属于同时履行之债的，债务人不得主张同时履行抗辩权；有先后履行顺序、债权人原应先给付的，债务人不得主张先履行抗辩权。

5. 防止损失扩大。债务人给付拒绝的，债权人有义务采取措施防止损失扩大，否则，根据《民法典》第 591 条的规定，无权就扩大的损失请求赔偿。

6. 债权的诉讼时效期间开始计算。《民法典》第 188 条第 2 款规定，诉讼时效期间自权利人知道或者应当知道权利受到损害以及义务人之日起计算。法律另有规定的，依照其规定。给付拒绝使债权受到损害，且债权人均为知道或者应当知道，故诉讼时效期间开始计算。

三、不完全给付及其效力

（一）意义

不完全给付，是指债务人虽有给付但没有完全按照债的内容为给付。[1]

《民法典》第 577 条中所定的"履行合同义务不符合约定"，即为合同之债中的不完全给付。不仅合同之债中有不完全给付，其他各种法定之债的履行中也会出现这种现象。《民法典》第 176 条关于"民事主体依照法律规定"履行民事义务，承担民事责任的规定，以及第 7 条关于诚信原则的规定、第 10 条关于公序良俗的规定，足可作为债的不完全给付的一般性规定，认识和裁判相关问题。

不完全给付不是给付拒绝。其特点可以归结为：债务人有给付，但是给

---

〔1〕 不完全给付是德国民法学家赫曼·施托布在其论文《论积极侵害合同》中首先提出的理论观点，后为德国判例和学理采用，但是，在《德国民法典》中长期没有这个制度。德国从 1978 年开始研究修订债法，并将修订成果体现于 2002 年 1 月 2 日公布的《德国民法典》，以"义务违反"为核心概念，构建了债务违反制度，不完全给付是"义务违反的形式之一"，成为德国债法中一种独立的债务违反的类型。参见朱岩编译：《德国新债法》，法律出版社 2003 年版；陈卫佐译注：《德国民法典》，法律出版社 2006 年版，第 8、9 页；张广兴：《债法总论》，法律出版社 1997 年版，第 183 页；史尚宽：《债法总论》，中国政法大学出版社 2000 年版，第 413、414 页；王卫国主编：《民法》，中国政法大学出版社 2007 年版，第 369、370 页。其实，早在该次德国修订债法之前，我国民国时期的民法典的第 227 条，已经确定不完全给付是债务违反的一种类型。《民法典》虽然没有直接使用这个语词，但第 577 条中的"履行合同不符合约定"属于合同之债的不完全给付，应当没有歧义。对各种法定之债履行中的不完全给付，即不符合该法定之债的规定的给付，完全可以适用《民法典》第一编"总则"编关于依照法律规定和诚信原则承担民事责任的一般性规定，处理相关问题。当然，如果将来的立法解释或者司法解释能够明确完善该项制度更佳。

付不符合债的内容。[1]不完全给付，可以是给付的品种、质量、数量、时间、地点、方式等个别的或结合的不符合债的内容。

（二）要件

1. 须有债务人为履行债务而给付，但是该给付不符合债的内容的事实。其一，须有债务人的给付，无给付的，属给付不能或给付拒绝，无从涉及给付是否符合债的内容。其二，须债务人的给付目的是履行既有债务，债务人非以履行既有债务为目的的，不构成不完全给付。如，商场为顾客提供免费存车场地、免费存包等，造成损害时固然应负赔偿之责，但不构成买卖债务的不完全给付。其三，须给付不符合债的内容。债的内容是给付的依据和标准，给付不符合债的内容的，就构成不完全给付。如出卖人交付以次充好、假冒伪劣标的物的行为。

2. 须可归责于债务人。即造成不完全给付的债务人，没有约定或法定的免责事由。有免责事由的，即使给付不符合债的内容，也不发生不完全给付的效果。债务人主张不可归责于自己的，负担举证责任。债权人只需证明债务人的给付不符合债的内容，对债务人主观故意或过失，没有证明义务。

（三）类型

不完全给付有两种类型：

1. 瑕疵给付。存在不符合债的内容的缺陷，因而减损或丧失其应有价值或效用的不完全给付，是瑕疵给付。也叫不适当履行。

如，交付的标的物质量不合格而不能使用、数量不足，履行期后交货，或者地点、方式错误等给付。

瑕疵给付损害了债权人依债所合理期待的"履行利益"。所谓履行利益，是指债务人依债履行时，债权人得依债获得的利益。

2. 加害给付。存有致使人身或财产损害的瑕疵的不完全给付，是加害给付，也叫"加害履行""积极侵害债权"。如交付含有致害添加剂的食品的行

---

[1] 有学者主张，不完全给付是债务人虽以完全给付之意思为给付，而未符合债务本旨之给付。参见史尚宽：《债法总论》，中国政法大学出版社 2000 年版，第 413 页。还有学者主张，不完全给付，是指债务人按完全给付意思但没有完全按债务的内容所为的给付。参见张俊浩主编：《民法学原理》（下册），中国政法大学出版社 2000 年版，第 668 页。本书认为，这些观点，强调债务人有"完全给付的意思"的主观因素而轻视了不完全给付的客观结果。依《民法典》第 176 条、第 509 条的规定，以及第 577 条关于违约责任即"义务违反"的规定，债务人负有"使其给付符合债的内容的注意义务"，给付不符合债的内容，没有约定或法定的免责事由的，即构成"义务违反"，无须另外考量其主观如何。这一点，《民法典》第 577 条关于违约责任的规定足可印证。

为、交付假冒药品的行为、医疗事故致患者伤病加重甚至死亡等。

加害给付同时还侵害了债权人的固有利益。所谓固有利益，是指债权人的履行利益之外的利益。如依债取得的符合约定的标的物，是履行利益，而标的物之外的债权人原有的财产利益，是固有利益。

瑕疵给付与加害给付，主要的相同点是，二者都不符合债的内容，都损害债权人的利益，发生债务违反的效果。主要不同点是，瑕疵给付没有足以损害债权人财产或人身的危险，其损害的是债权人在债中的"履行利益"。而加害给付，存有致人财产或人身损害的危险，既损害了债权人依债应有的"履行利益"，也损害了债权人的"固有利益"。有的情形，还会侵害与债权人有特定关系者的人身或财产利益。

（四）效力

不完全给付，根据其可否补正，效力有所不同。

1. 可补正的不完全给付。对不完全给付，可补正且债权人同意补正的，由债务人予以补正。如修理、更换、补足数量等。补正给付已过清偿期的，发生迟延给付的效果。债权人受有损害的，债务人除补正外，还须赔偿损失。补正对债权人无益的，债权人有权拒绝，债务人有损害赔偿责任。

2. 不能补正的不完全给付。债务人对不能补正的不完全给付，负担损害赔偿责任。损害履行利益的，发生债务违反的损害赔偿责任；损害固有利益的，同时发生债务违反和侵权的损害赔偿责任。依《民法典》第 186 条的规定，因当事人一方的违约行为，损害对方人身权益、财产权益的，受损害方有权选择请求其承担违约责任或侵权责任。

四、给付迟延及其效力

（一）意义

给付迟延，是指已届履行期且能给付的债务，因可归责于债务人的事由，未能按时给付的情形。给付迟延也叫迟延履行、债务人迟延等。

给付迟延不是给付拒绝，而是能给付、债务人不拒绝给付，但没有按约定或法律规定的时间为给付。即在给付的时间上不符合债的内容。它使债权不能及时实现，因而属于时间上的债务违反，具有独特的构成要件和效力。

（二）要件

满足以下四个条件的，成立给付迟延，发生给付迟延的效力。

1. 须债务有效。这是给付迟延的首要条件。有效债务才有履行的法律约束力，债务无效或未生效、自然债务等，本无履行的强制力，自不发生给付迟延。

2. 须债务已届履行期而债务未按时履行。给付迟延是在时间上的瑕疵给付，因此，履行期限则是判断是否给付迟延的时间要件。债的内容有确定的履行期限的，债务人在履行期限届满时未给付的，给付迟延的时间要件成就。债的内容无确定履行期限的，债权人向债务人为给付催告、给予法定或约定的合理准备时间，在该时间届满时未给付的，给付迟延的时间要件成就。

给付催告是债权人向债务人请求给付的意思通知。催告到达债务人时生效。

3. 须给付可能。首先，在债务履行期届至时，给付可能。履行期届至时给付不能的，发生给付不能的效果，不构成给付迟延。同时，须客观上不存在债务人给付拒绝的表示。否则，成立给付拒绝。陷于迟延后演化为给付不能的，以给付不能论；出现债务人拒绝表示的，按照给付拒绝对待。

4. 须可归责于债务人。给付迟延的发生，出于债务人的过错，债务人没有约定或法定的免责事由的，才能具备给付迟延的主观条件。债务人证明其有免责事由的，不承担给付迟延的责任。债务人行使抗辩权而未为给付的，不成立给付迟延。

（三）效力

1. 对金钱债务的效力。金钱债务给付迟延的：其一，对债务人，除应当继续履行外，不得因资金困难而迟延，免除其给付迟延的责任。其二，迟延期间，发生货币升值或者贬值的，不改变原定债务金额。其三，依约定或法定有利息的，不免除迟延期间的利息。其四，原无利息的，债权人得按照中国人民银行同期同种贷款利率，请求迟延期间的利息。其五，利息债务给付迟延的，债权人不得请求迟延利息的利息，但是，能够证明因利息给付迟延受到损失的，有权请求赔偿损失。

2. 对非金钱债务的效力。其一，债权人得行使执行请求权，请求法院强制债务人继续履行。其二，债权人得行使损害赔偿请求权。债务人有赔偿给付迟延所致损失的责任。该种损失，包括如期给付可以获得但因迟延而丧失的利益，因给付迟延而增加的费用，行使给付请求权或者执行请求权的费用如差旅费、标的物价格低落造成的损失等，以不超过债务人在债成立时预见到或者应当预见到的因债务违反可能造成的损失为限。其三，债权人有拒绝权和解除权。债务人欲继续履行而债权人证明给付迟延已致合同目的不能实现的，得拒绝受领，并得解除债权、债务关系，[1]请求债务人承担债务违反

---

[1]《民法典》第563条第1款第4项。

的赔偿责任。其四，债务一部给付迟延的，债权人得就迟延部分行使上述执行请求权，赔偿请求权，或者拒绝权和解除权。其五，迟延期间标的物意外毁损、灭失的风险责任，除法律另有规定或者当事人另有约定者外，由债务人负担。[1]

（四）给付迟延状态的终止

给付迟延的状态，因下列情事而终止：①债务人就原债务和迟延的赔偿责任，给付或提出给付；②原债务消灭；③债权人准予给付延期，或免除债务人迟延责任；④迟延后发生给付不能。

（五）给付迟延效力的确定

给付提出和债务消灭的，迟延的效力不消灭；给付延期的，迟延的效力是否消灭，依债权人意思确定。迟延中发生给付不能的，由于债务人已经承担了可归责的给付不能的责任，迟延的效力被给付不能的效力吸收，不复存在。

第三节　违约责任

一、违约的意义和类型

（一）意义

违约是债务人不履行合同或者履行合同不符合约定，损害债权人权益而应当依照合同或者法律规定承担不利后果的行为。属于债务不履行的一种类型。

首先，违约是一种行为，即违反约定义务的行为。其次，违约是债务人的行为。虽然也会发生合同债权人违反诚信原则，不履行协助、通知等义务的行为，但是，法律上所称违约，特指债务人违反约定义务的行为。再次，违约是违反诚信原则和法律规定、损害债权人权益的行为。《民法典》第7条规定"民事主体从事民事活动，应当遵循诚信原则，秉持诚实，恪守承诺。"第465条规定，依法成立的合同，受法律保护，对第三人具有法律约束力。债务人违反约定义务，不但违背诚信、违反诺言，而且违反法律。最后，违

---

〔1〕　依《民法典》第604条，标的物毁损、灭失的风险，在标的物交付之前由出卖人承担，交付之后由买受人承担，但是法律另有规定或者当事人另有约定的除外。出卖人迟延交付的，属给付迟延，负担迟延期间的风险。

约是损害债权人合同权益的行为。违约导致债权人的合同目的不能实现，不但合同权益落空，甚至蒙受其他损失，因此，应当按照约定或者法律规定向债权人承担支付违约金、赔偿金等违约责任。

（二）形式

违约是债务不履行的一种具体形态，具有债务不履行的共同性形式，但是，由于其发生于意定之债，与法定之债相比较，存在独有的形式。根据《民法典》的规定，违约有以下几种类型：

1. 预期违约和现实违约。

（1）预期违约，是合同当事人一方在履行期限届满前，明确表示或者以自己的行为表明不履行主要债务。又称先期违约、期前违约、先期毁约等。

《民法典》第578条规定："当事人一方明确表示或者以自己的行为表明不履行合同义务的，对方可以在履行期限届满前请求其承担违约责任。"从该条规定看，预期违约表现为明示的预期违约和默示的预期违约两种样态。

明示的预期违约是合同当事人一方向对方当事人明确表示其将在履行期限届满时不履行合同。其构成要件为：①须有合同一方当事人向对方明确表示将不履行合同的事实。②须当事人明确表示不履行合同的主要义务（如不履行买卖合同中的付款或交货义务），从而使对方不能实现合同目的。③须当事人不履行合同无正当理由。当事人有正当理由，如因履行期限届满时发生不可抗力致使标的物灭失而表示不履行合同，则不构成明示的预期违约。

默示的预期违约是在合同履行期限届满前，一方当事人以自己的行为表明其将在履行期限届满时不履行合同。其构成要件是：①须有合同一方当事人以行为表明其将不会履行合同的事实。例如，特定物买卖的出卖人将该特定物转让给第三人，该出卖人的行为就表明其将不履行合同。②须合同当事人有证据证明"对方的行为表明其将不履行合同"。即对方当事人对违约方的默示预期违约承担举证责任。

（2）现实违约，是债务人在合同履行期届满时明确表示或者以自己的行为表明不履行合同。

预期违约的特点是债务人在履行期届满前表示不履行，现实违约的特点是履行期届满而债务人不履行。

2. 全部违约和部分违约。依据《民法典》第577条的规定，合同不履行分为不履行合同义务和履行合同义务不符合约定。前者是"全部违约"，又称"全部不履行"，后者是"部分违约"，也叫"不适当履行"。

（1）全部违约。全部违约是根本不履行合同债务的行为。依不履行的原因又分为拒绝履行、不能履行。①拒绝履行。即债务人在履行期限届满前，能够履行而无正当理由不履行其债务。②不能履行。即债务人由于某种原因不能履行其债务，又称履行不能。例如出租人因租赁物毁损而不能履行合同。

（2）不适当履行。即债务人虽然履行了债务，但履行的内容不符合当事人的约定。即不符合债务的本旨。不适当履行又可分为迟延履行、瑕疵履行、加害履行以及其他不适当履行。

3. 根本违约与非根本违约。

（1）根本违约是导致对方当事人的合同目的不能实现的违约。如出卖人随意改换标的物、出租人擅自改变租赁物的功能、债务人的给付质量不合约定（包括标的物质量不合格、行为不合约定等）、民航公司无正当理由取消航班等。

（2）非根本违约是虽使对方受到损失但是尚不损害其合同目的或尚不致对方重大损害的违约。如出卖人交付的标的物数量稍有欠缺、付款义务人短时间迟延付款等。

二者的法律效果有实质区别：①是否发生合同解除权效果不同。根本违约的，成立合同解除条件，守约方得主张合同解除权、违约赔偿请求权。非根本违约的，不构成合同解除条件，守约方得主张违约赔偿请求权，但没有合同解除权。②拒绝受领给付的范围不同。根本违约的，守约方有权拒绝受领任何给付，或者有权退回有质量瑕疵的标的物等。非根本违约的，守约方仅得就瑕疵给付部分主张违约赔偿请求权，在没有特别约定的条件下，无权拒绝受领无瑕疵的部分。

4. 单方违约和双方违约。单方违约是合同当事人一方违约而对方不存在违约行为。双方违约是双方当事人均未履行合同义务或履行合同义务不适当。

双方违约与单方违约相比较，在构成要件、责任承担等方面有区别。

双方违约的构成要件为：①须为双务合同；②须双方当事人都违约；③须双方当事人均无免责事由。

双方违约的，应当各自承担相应的责任；单方违约的由违约方承担违约责任。

二、违约责任

（一）意义

违约责任是当事人不履行合同义务或者履行合同义务不符合约定而应当承担的不利后果。

（二）性质

1. 违约责任是民事责任的一种类型。民事责任根据违反法定义务还是约定义务而分为法定责任和违约责任。违反法定义务者如侵权、缔约过失等，产生法定责任，违反约定义务的，产生违约责任，因此，违约责任是一种民事责任的具体类型。《民法典》把无因管理、不当得利规定为"准合同"，但是，因为当事人之间没有约定，相互之间的权利义务属于法定义务，所以，违反无因管理、不当得利法律规定的，产生法定责任，而不能认为产生违约责任。

2. 违约责任是财产责任。《民法典》规定的各种违约责任，如继续履行、采取补救措施、支付违约金、赔偿损失等，都是财产责任。

3. 违约责任主要为补偿性财产给付责任，个别的为惩罚性财产给付责任。《民法典》规定的违约责任，大部分是强制违约方"填补"守约方因违约所受财产损失，达到"填平"损失的效果。该制度的基本理念，是不容许违约方因违约而获利，也不许可守约方因违约方的违约责任获得超过其损失的财产利益，导致当事人之间"损益不相当"。对于这一理念，《民法典》第584条规定的当事人一方的违约"造成对方损失的，损失赔偿额应当相当于因违约所造成的损失，包括合同履行后可以获得的利益；但是，不得超过违约一方订立合同时预见到或者应当预见到的因违约可能造成的损失"，就是经典性标志。

例外的是，个别的违约责任，超越了"填补""填平"损失的界限，立法意趣明显是使违约方受到财产惩罚。《民法典》第179条第2款规定，法律规定惩罚性赔偿的，依照其规定。关于惩罚性赔偿的法律规定，如《中华人民共和国消费者权益保护法》第55条第1款中规定，经营者提供商品或者服务有欺诈行为的，应当按照消费者的要求增加赔偿其受到的损失，增加赔偿的金额为消费者购买商品的价款或者接受服务的费用的3倍。又如，《最高人民法院关于审理食品药品纠纷案件适用法律若干问题的规定》第15条规定，生产不符合安全标准的食品或者销售明知是不符合安全标准的食品，消费者除要求赔偿损失外，依据食品安全法等法律规定向生产者、销售者主张赔偿金的，人民法院应予支持。再如，《民法典》第587条规定，收受定金的一方当事人违约，致使不能实现合同目的的，应当向对方双倍返还定金。可见，"三倍赔偿金""双倍返还定金"等的金额大于违约造成的损失，这些法律规定包含了惩罚性违约责任的立法目的。

（三）一般构成要件

具备下列条件的，构成违约责任：

1. 须合同有效。不履行有效合同的才发生违约责任。无效合同自始、确定、绝对无效，不存在应当履行之法律属性，自然不发生违约责任。

2. 须有违约行为。没有违约行为就不发生违约责任。法律责任是行为违反义务的结果，行为和结果之间有因果关系。没有违约行为这个原因，就不能发生违约责任这种结果。

3. 须违约方没有法定或者约定的免责事由。免责事由是法律规定的或者当事人约定的不承担违约责任的事由，也叫"免责抗辩事由"。合同不履行而有免责事由的，不履行一方得据其不承担或者减轻违约责任。发生合同不履行而无免责事由的，不履行一方就应当承担违约责任。

免责事由的成立，或为法定，或为约定。法定免责事由，如《民法典》第180条规定的不可抗力。约定免责事由，除法律禁止者外，由当事人双方约定。

"不可抗力"并不是必然的免责事由，在法律不禁止的情形，当事人可以约定免责排除条款，即使发生不可抗力也不免责。

上述乃违约责任的一般要件即共同要件，各种具体的违约责任，除具备这些要件之外，各自还具备其个别要件。

（四）违约责任的形式

根据《民法典》第577条、第585条、第586条等条文的规定，违约责任主要有继续履行、采取补救措施、赔偿损失、支付违约金、无权请求返还定金或者双倍返还定金等形式。

1. 继续履行。继续履行是指债权人要求违约方继续履行原定的合同义务的责任形式。如出卖人拒绝交付标的物，买受人请求人民法院强制出卖人交付原定标的物。其特点是：①发生于违约之后。债务人违约后债权人仍然需要合同约定的给付，而债务人能够继续实施该给付的，发生继续履行的违约责任。②是债权人主张的违约责任。违约行为出现之后，债权人要求继续履行的，才发生继续履行，债权人不要求的，不发生继续履行。债权人要求债务人承担继续履行责任得采取两种方式：一种是直接请求债务人继续履行；另外一种是请求人民法院强制债务人继续履行，此种方式即所谓"强制实际履行"。③非金钱债务不存在不能继续履行的情形。金钱债务不履行的，除当事人另有约定外，普遍适用这一责任。非金钱债务不履行的，这一责任的适用受有法律限制，对非金钱债务，《民法典》第580条规定了三种不能继续履行的情形：一是法律上或者事实上不能履行；二是债务的标的不适于强制履行或者履行费用过高；三是债权人在合理期限内未要求履行。有其中情形之一的，不能构成继续履行。

继续履行的构成要件，除了须具备违约责任的一般构成要件外，尚须债权人请求且债务人能够继续履行、事实上和法律上无继续履行的限制等个别要件。

继续履行的效力。①按照原约定的义务继续履行的效力。债权人不得要求改变原定的给付义务，债务人也不得擅自改变给付。所谓"继续"履行，就是指继续按照原定义务履行的意思。②债权人得于请求继续履行的同时，请求债务人赔偿损失的效力。《民法典》第583条规定，当事人一方不履行合同义务或者履行合同义务不符合约定的，在履行义务或者采取补救措施后，对方还有其他损失的，应当赔偿损失。

2. 采取补救措施。

（1）意义。补救措施是指由债务人对可采用更换、修理、重作、退货、减少价款或者报酬等方式的瑕疵给付，实施相应补正措施，消除或者减轻债权人所受损害的责任形式。如房屋装修合同承揽人装修工作的一部分质量不合格，房主要求其拆除不合格部分重新装修。

（2）特点。①债务人的履行不合约定但是在事实上尚有补救的条件。债务人不符合约定的履行在事实上能够通过合理补救措施，消除或者减轻债权人的损害，才能适用这一责任。如果违约行为在性质上无可补救，就不适用这种责任形式。例如医生错误切除患者无疾病之器官。②债权人和债务人均得主张适用相应的责任形式。债权人有补救措施请求权自无疑义，而债务人亦得提出请求，不过其请求不构成权利罢了。在诉讼程序中，人民法院得依其职权，根据瑕疵给付可以补正、采取补救措施对债权人无实质损害等，判定适用合理的补救措施。如房屋承租人因卫生间水管有滴漏现象而请求退租，出租人反对而发生诉讼，即可通过出租人及时修理而维持租赁关系。

（3）效力。债务人采取补救措施的，不改变其违约行为的性质，债权人仍得就补救措施未能弥补的损失部分，主张赔偿请求权。

3. 赔偿损失。

（1）意义。赔偿损失是以违约方的财产赔偿对方因违约所受财产损失的责任方式。

在民法上，赔偿损失有广、狭二义。广义者，包括各种违法的和违约的行为导致的赔偿损失。狭义者，则根据具体语言环境，分别指向各种具体行为导致的赔偿损失。如缔约过失损害赔偿、侵权赔偿、违约赔偿等。赔偿损失的一般性规定，抽象地规定于《民法典》的总则（如第179条中的"赔偿损失"民事责任方式），各种具体的赔偿损失规范，分散规定于合同编（《民法典》第三编）、侵权责任编（《民法典》第七编）等制度体系中。本节所讲的是违约的赔偿损失。

赔偿损失通常采用金钱赔偿，在当事人有约定或者债务人确实无金钱可赔偿的情形，不排除以实物折价赔偿。

（2）适用条件。除须具备违约责任的一般构成要件外，还须完全具备下列条件：①债权人有财产损失；②债务人的违约行为与债权人的财产损失之间有因果关系。

（3）适用赔偿损失责任的规则。《民法典》第 577 条、第 582 条、第 584 条、第 591 条、第 592 条等，从多方面规定了赔偿损失责任的规则。这些条文从四个方面形成适用赔偿损失责任的规则：①债务人应当完全赔偿。所谓完全赔偿，是债务人对债权人所受损失负全部赔偿责任。如《民法典》第 584 条规定，当事人违约给对方造成损失的，损失赔偿额应当相当于因违约所造成的损失，包括合同履行后可以获得的利益。②赔偿不应超过债务人合理预见的损失。所谓合理预见的损失，是指按照一般人的标准判断，债务人在订立合同时预见到的或者应当预见到的因违反合同可能造成的损失。《民法典》第 584 条的"但书"部分有此规定。该规定在学理上被称为"合理预见原则"或"可预见性规定"。其含义主要是：其一，预见的主体为违约的债务人；其二，确定债务人预见或者应当预见的时间为合同订立之时；其三，债务人预见的内容为违约可能造成的财产损失的范围；其四，判断债务人能否预见，以同类型事务的一般人的预见能力为标准。③防止损失扩大。即债务人违约并造成损失时，债权人应当采取合理措施防止损失扩大。《民法典》第 591 条第 1 款规定，"当事人一方违约后，对方应当采取适当措施防止损失的扩大；没有采取适当措施致使损失扩大的，不得就扩大的损失请求赔偿。当事人因防止损失扩大支出的合理费用，由违约方承担。"该规定在学理上称为"减损规则"。债权人不遵守该规则致使已经发生的损失扩大的，对扩大的损失无赔偿请求权，从另一方面讲，债务人得请求扣减扩大损失部分的赔偿额。④双方违约的，责任分担。当事人双方都违约而造成损失的，按照双方各自应负的责任确定赔偿范围。对此，《民法典》第 592 条规定："当事人都违反合同的，应当各自承担相应的责任。当事人一方违约造成对方损失，对方对损失的发生有过错的，可以减少相应的损失赔偿额。"

从思维方式角度讲，在适用赔偿损失责任规定时，不应该简单地拘泥某一条文，而应当根据个案的具体事实，综合分析相关法律规范，给出合法、公正的认识。

4. 支付违约金。

（1）违约金的意义。违约金是当事人双方约定的违约方应当向对方支付的一定数额的金钱。《民法典》第 585 条是违约金的基本规范。

（2）违约金的特点。①以金钱为其形态。依违约金的名称和对《民法典》第 585 条的一般理解，违约金是一定数额的金钱。违约方没有足够金钱以实物赔偿充抵违约金的，应当合理折价为一定金钱。②由当事人约定，没有约定的不能请求支付违约金。通常的表现方式是合同书中记载"违约方向对方支付人民币若干元的违约金""违约金是合同标的金额的若干百分比"等。违约发生之后，赔偿范围和数额的确定通常是复杂和麻烦的事情，当事人在订立合同时预先约定违约金数额或者计算方法，一旦发生违约，能够直接根据约定确定赔偿范围和数额，减少和避免这些麻烦。当事人之间没有违约金约定的，债权人不能请求支付违约金，得请求其他违约赔偿责任。③功能是填补违约给对方造成的损失。违约金的功能有二：一是明确违约赔偿的范围和界限。以此避免违约行为发生时对违约赔偿范围和数额的争议，徒增纠纷解决成本；二是确定违约行为的代价，以此督促债务人不要违约，否则支付违约金的代价将是不可避免的。此二者之间虽然有密切的关联性，但填补违约损失属于实质，构成违约金的核心功能。其第二个功能，能够督促债务人守约、履约，具有一定的担保功能。④违约发生时，约定的违约金不适当的，当事人得请求予以变更。当事人约定违约金的数额或者比例时，是对可能的违约损失作出的模糊测算，违约发生时造成的损失，可能约等于、大于或者小于违约金的金额。基于公平理念，合同法律和理论认为，约定的违约金数额或者比例与违约造成的损失显然不适当的，准许当事人请求变更。《民法典》第585条第2款规定，约定的违约金低于造成的损失的，人民法院或者仲裁机构可以根据当事人请求予以增加；约定的违约金过分高于造成的损失的，人民法院或者仲裁机构可以根据当事人的请求予以适当减少。这一特点，其实也是违约金"填补损失"功能的展开。

（3）适用条件。①须具备违约责任的一般构成要件。②须有违约金约定。即使具备违约责任的一般构成要件，但是没有违约金约定的，不能适用之。

（4）违约金与其他违约责任的关系。①违约金与违约赔偿金。其一，从广义讲，违约金也是违约赔偿金。但是，由于《民法典》规定了"赔偿损失"的责任方式，在理论上，除违约金之外还存在"赔偿金"的概念，二者在概念的狭义上就发生了区隔。其二，在依据上看，违约金以约定为必要依据，赔偿金则无此要求，因违约而有损失的，无需赔偿金约定即得主张赔偿请求权。其三，在制度适用层面说，二者也有分别：赔偿金的数额以违约造成的损失为准，原则上是损失多少赔偿多少；违约金的数额以约定为依据，只是在低于或者过分高于损失时，得依法定程序予以增减，这样，发生支付"不过分高于损失"但是高于损失的违约金的情形，在所难免。②违约金和定金。定金虽然有担保功能但是其属于《民法典》规定的违约责任的性质不容否认。给付定金的一方违约的无权请求返还定金，收受定金的一方违约的应当双倍返还定金，本身就展示了违约责任的性质和功能。在合同关系中，存在兼有定金和违约金约定的情形，对此，《民法典》第 588 条第 1 款规定，当事人既约定违约金，又约定定金的，一方违约时，对方可以选择适用违约金或者定金条款。债权人自然得选择利益最大的一种责任方式。③违约金和继续履行。当事人无相反约定的，债权人要求继续履行而违约方有继续履行条件的，支付违约金不能排除继续履行。④违约金和其他补救措施。当事人没有相反约定的，二者得予并用。

5. 无权请求返还定金和双倍返还定金。根据《民法典》第七编，定金是一种违约责任。本书从定金具有担保和违约责任双重性质和功能的角度，在第七章"债的债权担保"的第三节对《民法典》的定金制度进行了分析和论述，请参见该节的具体内容。

第四节　债权人受领迟延和无正当理由拒绝受领

一、受领迟延

（一）意义

受领迟延是指债权人对债务人的给付或已提出的给付，因己方原因，未为受领、不能受领或未为必要协助，以致给付未完成的事实，也叫"债权人迟延"。

由上定义可知，受领迟延：①是债务人依债给付而债权人未为受领、不能受领或未为必要协助。债务人的给付不符合债的要求，债权人拒绝受领的，是行使拒绝权的行为，不属受领迟延。②是债权人在债所确定的受领时间上的迟缓拖延。债所确定的债务人给付的时间，就是债权人受领的时间，债务人依债给付而债权人因己方原因未为受领或不能受领的，即构成受领迟延。③因债权人的原因发生。债权人因不可抗力或债务人原因未为受领或不能受领的，不发生受领迟延。

（二）性质

受领迟延是债权不行使，是债不履行但不是债务违反。

给付受领权是债权人的权利。[1]据此，债权人迟延，本质上是债权不行

---

[1] 受领是债权人的权利而非其义务。欲多了解者，请参阅前引史尚宽：《债法总论》，中国政法大学出版社 2000 年版，第 423～425 页。

使的事实。

诚信原则要求双方当事人依债行事，债的效力包括债务人依债给付和债权人依债受领，依债受领也是债的效力，受领迟延违反债的目的，属于债不履行。

受领迟延的性质，在受领迟延的法律效果方面表现得最为清晰：债权人迟延的，承受迟延给自己造成的不利益；对债务人不构成债务违反的责任，仅在有过失的条件下，赔偿其因受领迟延所受损失。典型如演出合同，观众迟到，仅自受欣赏减少之不利，演出者不能请求其支付迟延的违约金或赔偿金。又如买卖合同，买受人履行付款义务后受领标的物迟延的，对出卖人因受领迟延所造成的保管费、提存费用等，有损害赔偿义务，在没有约定的条件下不负担支付违约金等违约责任。再如汽车维修合同，修理完成后车主依债支付修理费但迟延取车，汽车维修公司能够请求其支付迟延期间的保管费或车位占用费，如果按照修理费的一定比例请求其支付迟延的违约金，不但于法理不合，也有悖于交易的习惯。

（三）要件

1. 须债务履行需要债权人的协助。债务人给付的完成，有的以债权人的受领或积极协助为必要条件，有的则无须债权人受领或积极协助。前者如出卖人交付标的物需要买受人受领；承运人将运输的货物运至目的地，需要收货人领取；损害赔偿金的支付需要受害人收取等。后者如广告代理商按约定为委托人传播广告内容而委托人无须受领广告信息，报社按约定送报纸于固定报箱而不必与订户当面授受，宽带公司向用户提供网络服务不以用户必须上网为条件等。

给付以债权人受领或协助为必要而债权人未为受领或协助的，能够发生受领迟延。如出卖人按约定交付标的物而买受人无理拖延时间。给付不以债权人受领或协助为必要条件的，无债权人受领之必要，自不发生受领迟延。如前述宽带公司依合同提供网络服务，用户不存在受领迟延。

2. 须债务人依债为给付或者为给付的提出。首先，债务人按照债所确定的履行期限为给付或者给付的提出。履行期前给付或为给付的提出，属于债务人单方面地改变了履行期限，因此，债权人未受领的，不发生受领迟延。同时，须债务人的给付或提出的给付，在标的、数量、质量、地点、方式等方面均符合债的内容。给付与债的内容不相符，债权人不受领的，因债务人已构成债务违反，不发生债权人迟延。[1]

3. 须债权人未为受领或者不能受领。债权人迟延包括拒绝受领和不能受领。拒绝受领是应当受领而明示不受领，或应予协助而不协助，如出卖人拒绝提供汇款所必需的银行账号。不能受领是债权人的原因而使给付不能按时完成。如债权人患有疾病且无代理人受领，债权人地址变迁而未及时通知债务人等。

（四）效力

受领迟延的法律效力，概括地讲是：债权的请求力减损，债权人负担受领迟延的责任而受有不利，债务人责任减轻而得依法为有利于己的行为。[2]

具体讲，其效力分为五个方面：

1. 债权人负担标的物毁损、灭失的风险，[3]无权请求债务人承担标的物意外毁损、灭失的责任。

2. 债务人有权请求债权人承担因其迟延所发生的保管、运输等费用及损害赔偿责任。

3. 债务人注意义务减轻。债权人无权请求债务人对其轻过失导致的履行不能负担赔偿责任。债务人对债务不履行的注意义务，由迟延前的轻过失注意义务减轻为迟延后的重大过失注意义务。债权人迟延后，非因债务人故意或重大过失发生履行不能的，债务人免除债务和债务不履行的责任。

4. 债务人责任减少，标的物有法定孳息的，不发生新的利息债务；[4]有天然孳息的，对新的孳息物无收取并交付债权人的责任。

5. 债务人有权采取合法方式消灭债的关系。债权人迟延受领时，标的物为不动产的，债务人有权以放弃占有并通知债权人的方式，消灭债的关系。如租赁期满承租人退租而出租人迟延接受，承租人有权自行脱离租赁物，及时通知出租人即发生退还效果。标的物为动产的，债务人得依法提存而消灭债的关系。[5]

---

[1] 《民法典》第 610 条中规定，因标的物质量不符合质量要求，致使不能实现合同目的的，买受人可以拒绝接受标的物或者解除合同。遇有此法定情形的，不发生债权人迟延。

[2] 德国民法学者迪特尔·梅迪库斯认为，德国民法典中关于债权人迟延受领的法律后果是，债权人迟延期间，减轻债务人的责任，债务人仅应对故意和重大过失负责任；危险转移，种类之债的危险转移于债权人；额外费用由债权人偿还。参见［德］迪特尔·梅迪库斯：《德国债法总论》，杜景林、卢谌译，法律出版社 2004 年版，第 325～327 页。

[3] 《民法典》第 605 条规定，因买受人的原因致使标的物未按照约定的期限交付的，买受人应当自违反约定时起承担标的物毁损、灭失的风险。

[4] 《民法典》第 589 条第 2 款规定："在债权人受领迟延期间，债务人无需支付利息。"

[5] 见《民法典》第 570 条至第 574 条关于提存的规定。

二、债权人无正当理由拒绝受领

《民法典》第 589 条第 1 款规定："债务人按照约定履行债务，债权人无正当理由拒绝受领的，债务人可以请求债权人赔偿增加的费用。"第 2 款规定："在债权人受领迟延期间，债务人无须支付利息。"仔细探究，该条的立法目的虽然归结于"债权人受领迟延"及其后果，但是，从文义角度理解和解释，能够认为，该条规定涉及"债权人无正当理由拒绝受领"和"债权人迟延受领"两种情况，并且，这两种情况既有先后出现之逻辑关系，又有相互独立发生的客观实际。

（一）两种情况先后出现之逻辑关系

债权人起初无正当理由拒绝受领，陷入受领迟延后，最终受领了债务人的给付。典型如民间有息借款，借款人到期如数返还本金、支付利息，贷款人无故拖延月余后方才收取。又如，同时履行的动产买卖合同，出卖人按照约定交付标的物，买受人一时资金不便，找借口拖延多天，资金齐备后受领标的物。再如，债权人无正当理由拒绝债务人的如约履行，债务人将标的物"提存"并通知债权人之后，债权人自提存部门领取了提存物。

此种情况，属于"债权人迟延受领"应无异议，适用《民法典》第 589 条也属理所应当。然而，在另外一种情况，则有客观实际和法律适用方面的截然不同。

（二）债权人无正当理由而彻底拒绝受领

债务人按照约定履行债务，债权人不但在债务人如约给付当时无正当理由而拒绝受领，而且此后彻底不受领。包括直接对债务人彻底拒绝、不领取债务人依法交付提存部门的提存物等。

此种情况，显然属于债权人不按照合同为受领行为，不应认为债权人迟延受领，不应适用《民法典》第 589 条。

债权的效力包括给付受领权，权利不能同时兼有义务的性质，所以，受领给付不应当是债权人的义务。债权人无正当理由拒绝受领，尽管行为不当，也应当属于"放弃权利"。在单务之债中，债权人无正当理由拒绝受领的，无损债务人的基本利益。如侵权责任之债，侵权人向被侵权人为赔偿金给付提出，被侵权人无任何理由拒绝受领，其结果对侵权人无害。在各种双务合同之债，当事人双方互负对待性债务，互为债权人和债务人，一方立于债权人地位而无正当理由拒绝受领对方的给付，并不能免除其处于债务人地位而应当向对方当事人履行债务的责任，因此，对方当事人并不因其无正当理由拒绝受领而丧失债权，仍得以债权人资格请求拒绝者履行债务。如买卖合同之债，出卖人按照约定向买受人交付标的物而买受人无正当利益拒绝受领，虽然不必要强制其受领标的物，但是，并不能因此而免除其支付合同价款的债务，出卖人采取提存方式的，能够发生清偿债务的效果。同理，买受人按照约定向出卖人给付价款，出卖人无正当理由拒绝受领的，买受人将约定的价款向提存部门提存的，出卖人交付标的物的债务并不能归于消灭，在事实上和法律上能够继续履行的，买受人可以请求人民法院强制出卖人交付标的物，甚至通过执行程序直接将标的物所有权归于买受人。

三、关于债权人迟延受领是否构成违约责任的学术观点

《民法典》将债权人迟延受领的条文即第589条设置在第三编第八章"违约责任"部分，从该章的规范体系看，很容易得出"既然债权人迟延受领处在违约责任规范体系之中，债权人迟延受领就应该构成违约责任"的理解和解释。

在《民法典》颁布之前，我国民法理论界对债权人迟延受领是否构成违约责任，已经有不同的学术观点。一种观点比较认同德国民法理论中的相关主张，认为债权人迟延受领的，不构成违约责任。另一种观点则主张构成违约责任。这两种观点，所持立法例和理论的依据不同，《民法典》颁布之后两种不同的观点仍然存在，[1]但是，价值判断一致，都是维护按照约定履行债务的债务人的权益，防止债务人因债权人迟延受领蒙受损失。[2]

从成文法国家代表性的立法例看，《法国民法典》没有直接规定债权人迟延受领的条文。[3]《德国民法典》第二编"债务关系法"第一章"债务关系的内容"共两节，其中第一节是"给付义务"，规定了债务人履行给付义务的相关制度；第二节以"债权人的迟延"为节名，从第293条至第304条共12个条文作出了详细的规定。此外，在该编第四章"债务关系的消灭"的第二节"提存"制度中，规定了一些与债权人迟延受领有关的规范。[4]根据这些条文的内容及其在该法典的规范体系中所处的位置，不能得出《德国民法典》

---

[1] 关于两种不同的学术观点，请参见最高人民法院民法典贯彻实施工作领导小组主编：《中华人民共和国民法典合同编理解与适用》[二]，人民法院出版社2020年版，第808～811页。

[2] 关于《民法典》第589条的规定，全国人大法制工作委员会民法室主任黄薇说，"立法过程中，有意见提出，债权人无正当理由拒绝受领，会给债务人增加不利，应该对此作出明确规定。经研究，为了保护债务人利益，参考比较立法例，增加了本条规定。"参见黄薇主编：《中华人民共和国民法典合同编解读》（上册），中国法制出版社2020年版，第456页。

[3] 参见罗结珍译：《法国民法典》，法律出版社2005年版。

[4] 参见陈卫佐译注：《德国民法典》，法律出版社2006年版，第134～136页。

把债权人迟延受领规定为债务不履行的结论。

本书主张，尽管《民法典》对债权人迟延受领作出如此安排，但是，不宜认为债权人迟延受领构成违约责任，主要理由有三：

1. 债权人的受领，是债务人给付的对应行为，是债权人自债务人收取利益的行为，除当事人特别约定为义务者外，不能构成"合同义务"，不具备债务的效力。

在当事人没有特别约定的条件下，债权人迟延受领的，不构成违约，不能发生违约责任。同时，当事人没有特别约定的，法律也不能替代约定而把债权人迟延受领定为"违约"而科以"违约责任"。

2. 债务人的合同目的，不是为了履行债务而使债权人受领，是为了以己方之履行换取对方的给付获取对价利益。

在债权人迟延受领的场合，只要通过合法程序实现债权人立于债务人地位时应为的给付，或者不为该给付时的违约责任，对方的合同利益即得实现，要求迟延受领的债权人履行所谓"受领义务"并不是债务人的合同目的。债务人请求债权人继续履行受领行为的，实质是请求迟延受领者履行其立于债务人地位的给付义务。

3. 第589条具备了"完全法律规范"的全部要素，能够独立作为案件的裁判规范。

该条内容中没有迟延受领的债权人应当承担违约责任的文义，从中也推不出这种立法意旨。在债权人迟延受领的情形，按照约定给付的债务人提存的，根据提存制度确定当事人双方的权利义务，足以公正对待当事人双方的权利义务；债务人不提存的，人民法院依据该条，支持债务人对债权人提出的请求，足以达到不使债务人因债权人受领迟延蒙受损失的立法目的。

参考文献

专著与教科书：

1. 黄薇主编：《中华人民共和国民法典合同编解读》（上册、下册），中国法制出版社 2020 年版。

2. 最高人民法院民法典贯彻实施工作领导小组主编：《中华人民共和国民法典合同编理解与适用》［一］［二］，人民法院出版社 2020 年版。

3. ［意］彼德罗·彭梵得：《罗马法教科书》，黄风译，中国政法大学出版社 1992 年版。

4. 周枏：《罗马法原论》（下册），商务印书馆 1994 年版。

5. 王家福主编：《民法债权》，法律出版社 1991 年版。

6. 王泽鉴：《债法原理》（第一册），中国政法大学出版社 2001 年版。

7. 史尚宽：《债法总论》，中国政法大学出版社 2000 年版。

8. 黄立：《民法债编总论》，中国政法大学出版社 2002 年版。

9. 王胜明主编：《中华人民共和国物权法解读》，中国法制出版社 2007 年版。

10. 张广兴：《债法总论》，法律出版社 1997 年版。

11. 王泽鉴：《债法原理》（第二册），中国政法大学出版社 2002 年版。

12. 梁慧星为负责人的《中国民法典草案建议稿》，法律出版社 2003 年版。

13. 王利明主编：《中国民法典草案建议稿及说明》，中国法制出版社 2004 年版。

14. 徐国栋主编：《绿色民法典草案》，社会科学文献出版社 2004 年版。

15. 朱岩编译：《德国新债法——条文及官方解释》，法律出版社 2003 年版。

16. 张俊浩主编：《民法学原理》（下册），中国政法大学出版社 2000 年版。

17. 江平主编：《民法学》，中国政法大学出版社 2007 年版。

18. ［德］迪特尔·梅迪库斯：《德国民法总论》，邵建东译，法律出版社 2000 年版。

19. 史尚宽：《民法总论》，中国政法大学出版社 2000 年版。

20. 王泽鉴：《民法总则》，中国政法大学出版社 2001 年版。

21. ［日］我妻荣：《债权在近代法中的优越地位》，王书江、张雷译，中国大百科全书出版社 1999 年版。

22. 徐涤宇：《原因理论研究》，中国政法大学出版社 2005 年版。

23. ［德］卡尔·拉伦茨：《德国民法通论》（上册、下册），王晓晔等译，法律出版社 2003 年版。

24. 杨桢：《英美契约法论》，北京大学出版社 1997 年版。

25. 高尔森：《英美合同法纲要》，南开大学出版社 1984 年版。

26. ［德］迪特尔·梅迪库斯：《德国债法总论》，杜景林、卢谌译，法律出版社 2004 年版。

27. 陈自强：《无因债权契约论》，学林文化事业有限公司 1998 年版。

28. 王泽鉴：《侵权行为法》（第一册），中国政法大学出版社 2001 年版。

29. 王泽鉴：《民法概要》，中国政法大学出版社 2003 年版。

30. 魏振瀛主编：《民法》，北京大学出版社、高等教育出版社 2007 年版。

31. ［美］L．L．富勒、小威廉·R．帕杜：《合同损害赔偿中的信赖利益》，韩世远译，中国法制出版社 2004 年版。

32. 梁慧星主编：《民商法论丛》（第 11 卷），法律出版社 1999 年版。

33. 王泽鉴：《民法学说与判例研究》（4），中国政法大学出版社 1998 年版。

34. 王泽鉴："侵害他人债权的侵权责任"，载王泽鉴：《民法学说与判例研究》（5），中国政法大学出版社 1998 年版。

35. 王文钦："论第三人侵害债权的侵权行为"，载梁慧星主编：《民商法论丛》（第 6 卷），法律出版社 1997 年版。

36. 李永军：《民法总论》，法律出版社 2006 年版。

37. 梁慧星主编：《民商法论丛》（第 7 卷），法律出版社 1997 年版。

38. 梁慧星主编：《民商法论丛》（第 11 卷），法律出版社 1999 年版。

39. 崔建远主编：《合同法》，法律出版社 2000 年版。

40. 陈小君主编：《合同法学》，高等教育出版社 2003 年版。

41. 王卫国主编：《民法》，中国政法大学出版社 2007 年版。

42. 沈达明编著：《法国/德国担保法》，中国法制出版社 2000 年版。

43. ［日］近江幸治：《担保物权法》，祝娅、王卫军、房兆军译，法律出版社 2000 年版。

44. 余延满：《合同法原论》，武汉大学出版社 1999 年版。

45. 韩世远：《合同法总论》，法律出版社 2004 年版。

46. 奚晓明主编：《解读最高人民法院司法解释》（民商事卷），人民法院出版社 2006 年版。

47. 李国光等：《〈关于适用《中华人民共和国担保法》若干问题的解释〉理解与适用》，吉林人民出版社 2000 年版。

48. 孔祥俊：《担保法及其司法解释的理解与适用》，法律出版社 2001 年版。

49. 全国人大常委会法制工作委员会民法室编著：《中华人民共和国担保法释义》，法律出版社 1995 年版。

50. 朱庆育：《民法总论》，北京大学出版社 2016 年版。

法律文献：

51. 《中华人民共和国民法典》。

52. 《中华人民共和国民法通则》。

53. 《最高人民法院关于贯彻执行〈中华人民共和国民法通则〉若干问题的意见（试行）》。

54. 《中华人民共和国担保法》。

55. 《最高人民法院关于适用〈中华人民共和国担保法〉若干问题的解释》。

56. 《中华人民共和国合同法》。

57. 《最高人民法院关于适用〈中华人民共和国合同法〉若干问题的解释（一）》。

58. 《最高人民法院关于适用〈中华人民共和国合同法〉若干问题的解释（二）》。

59. 《最高人民法院关于审理买卖合同纠纷案件适用法律问题的解释》。

60. 《中华人民共和国物权法》。

61. 《中华人民共和国侵权责任法》。

62. 《中华人民共和国消费者权益保护法》

63. 《最高人民法院关于确定民事侵权精神损害赔偿责任若干问题的解释》。

64. 《最高人民法院关于审理人身损害赔偿案件适用法律若干问题的解释》。

65. 《最高人民法院关于审理票据纠纷案件若干问题的规定》。

66. 《最高人民法院关于人民法院审理借贷案件的若干意见》。

67. 《最高人民法院关于审理民间借贷案件适用法律若干问题的规定》。

68. 《最高人民法院关于审理城镇房屋租赁合同纠纷案件具体应用法律若干问题的解释》。

69. 《最高人民法院关于当前形势下审理民商事合同纠纷案件若干问题的指导意见》

70. 《最高人民法院关于审理食品药品纠纷案件适用法律若干问题的规定》

71. 《最高人民法院关于适用〈中华人民共和国民法典〉有关担保制度的解释》。

72. ［古罗马］优士丁尼：《法学阶梯》，徐国栋译，中国政法大学出版社 2005 年版。

73. 陈卫佐译注：《德国民法典》，法律出版社 2006 年版。

74. 罗结珍译：《法国民法典》（下册），法律出版社 2005 年版。

75. 曹为、王书江译：《日本民法》，法律出版社 1986 年版。

76. 黄道秀、李永军、鄢一美译：《俄罗斯联邦民法典》，中国大百科全书出版社 1999 年版。

77. 费安玲等译：《意大利民法典》，中国政法大学出版社 2004 年版。

78. 吴兆详、石佳友、孙淑妍译：《瑞士债法典》，法律出版社 2002 年版。

79. 王卫国主译：《荷兰民法典》，中国政法大学出版社 2006 年版。